KB271629

성공한 엄마들은
어떻게
그 많은 일을
했을까?

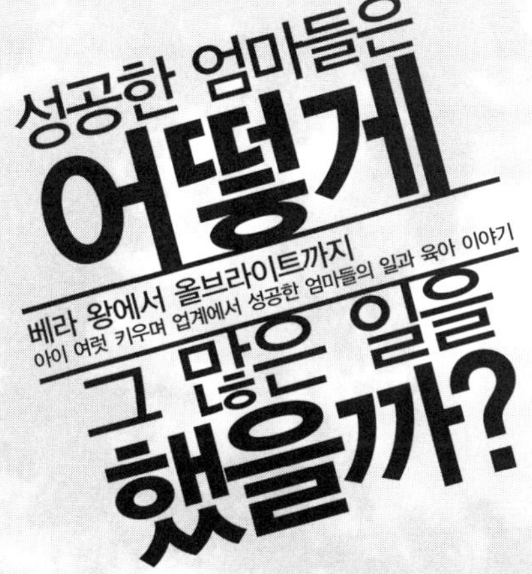

웬디 삭스 지음 · 한은숙 옮김

에코의서재

■ 머리말

아이 둘 셋씩 키우며 일하는 엄마들

나는 3년 6개월 전쯤 아들을 낳고 얼마 안 있어 엄마 역할이라는 새로운 종교에 입문했다. 그리고 출산한 엄마들이 반드시 거치는 사교생활의 통과의례, 즉 비슷한 처지에 있는 사람들의 세계에 합류했다. 엄마와 아기들이 다양한 수업과 점심 모임, 놀이방 사이를 정신없이 오가며 생활하는 사교적이고 활동적인 세계로 말이다.

아들이 태어난 지 6주가 되었을 때 나는 뉴욕의 여러 레스토랑에서 정기적으로 열리는 '신참 엄마' 점심 모임에 참석했다. 20달러의 회비를 내고 들어온 엄마들은 아픈 젖꼭지와 똥 기저귀에 대한 공감대를 형성하고, 임신과 출산에 대한 드라마틱한 이야기를 나누며, 아기용 정장제 중 어떤 것이 가장 효과가 좋은지 등에 관한 정보를 나누었다. 우리가 테이블에 앉아 우는 아기들에게 젖을 먹이고 트림을 시키는 동안 초대된 연사들은 아기 마사지의 좋은 점과 스트롤러사이

ㅈstrollercise유모차를 몸매 가꾸기의 도구로 사용하는 새내기 엄마용 운동 프로그램-역주의 놀라운 지방 연소 효과 같은 중요한 사안들에 대해 설명했다.

나는 이 모임에서 같은 처지에 있는 엄마들을 처음 만났다. 그곳은 출산 후 힘든 시기를 보내면서 동지애로 서로 뭉치게 된 여자들의 사교 클럽 같은 곳이었다. 모임에 참가한 여성 대부분은 아주 놀라운 이력의 소유자들이었다. 그들은 과거에 변호사, 심리학자, 엔지니어, 금융분석가, 사회사업가, 마케팅 실무자, 광고기획자 등으로 활동했다. 그중 상당수는 미국의 명문 대학을 졸업했다. 그래서 출산 휴가가 끝난 후 어떻게 할지에 대한 이야기를 나누다가 단 두 명만이 다시 일을 할 계획이라는 말을 들었을 때 나는 깜짝 놀라지 않을 수 없었다.

한 명은 월 스트리트의 한 금융 기관에 신용분석가로 복귀할 예정이었고, 다른 한 명은(내 친구 수였다) 1년간의 출산 휴가를 마친 후 시간제로 일할 계획이었다. 다른 여성들은 직장에 복귀하느냐 마느냐를 두고 아무 계획 없이 막연히 고민만 하고 있었다. 한 엄마는 그런 불안감 때문에 정신과 상담을 받기도 했다. 결국 그녀는 아이를 하나 더 낳으면서 집에 머물기로 결정했다. 적어도 당분간은 말이다.

출산 당시 나는 한 인터넷 벤처 기업에서 일하기 위해 NBC 방송의 〈데이트라인〉 부제작자 일을 그만둔 상태였다. 스톡옵션과 재택근무의 가능성 때문에 나는 한동안 마음이 들떠 있었다. 하지만 출산 후 벤처 거품이 빠지면서 그 회사가 붕괴 직전에 놓이자 나는 내가 정말 좋아하는 방송 제작 일에 복귀하고 싶어졌다. 나는 속보를 전할 때의 흥분을 사랑했다. 추적, 성취, 역사의 일부가 되었다는 그 중독된 느낌을……

2001년 9월 11일, 두 대의 비행기가 세계무역센터에 충돌했을 때, 내 가슴 위에는 아들 조나가 깊은 잠에 빠져 있었다. 무역센터가 무너져 내리는 모습을 TV로 지켜보던 나는 잠든 아기의 달콤한 냄새를 맡는 순간, 갑자기 가슴속에서 울컥하는 것을 느꼈다. 지금 우리에게 가장 큰 뉴스거리인 그 사건을 직접 취재하고 싶은 마음이 간절해졌던 것이다. 그 후 그 사건과 관련된 소식들이 방송되는 몇 주 동안 나는 전 직장 동료들과 NBC 방송에서 프리랜서로 일하는 문제에 대해 의논하기 시작했다. 그들에게는 추가 인원이 필요했고 나는 그들과 당장 계약을 맺고 싶었던 것이다. 하지만 아이가 문제였다. 연달아 몇 주씩은 아니더라도 종종 야근을 해야 할 텐데, 그것을 감수하면서 아기를 떼어놓고 일을 하는 게 가능할까?

그 후 몇 달 동안 나는 어떻게 하면 방송국으로 돌아갈 수 있을지 고민했다. 내가 이 역사적인 사건의 가장자리에 있다는 사실을 참을 수가 없었다. 아프가니스탄에서 현장 취재를 하는 대신 스타벅스에서 아기 젖이나 먹이고 있다니……. 명료했던 나의 미래가 태어나서 처음으로 갑자기 불투명해졌다. 엄마 역할이 미래에 대한 나의 원대한 계획을 방해하고 있다면 어떻게 해야 할까?

하지만 점점 커져가는 나의 이런 불안감을 이해하지 못하는 엄마들도 많았다. 그들은 직장일을 그만둔 것에 만족하고 있었고 전업주부 역할에 점점 익숙해지고 있었다. 나는 점점 불안해지는데 그들은 점점 더 만족하는 것처럼 보였다. 엄마 역할을 기꺼이 즐기고 더 이상 바랄 것 없어 보이는 그들이 부러웠다. 하지만 한편으로는 엄마 역할에 쉽게 만족하는 그들의 모습이 당황스럽기도 했다. 나는 왜 그들처럼 되지 않는 걸까? 나는 '좋은 엄마'에 대한 전통적인 고정관념에 점점 물들어가는 나 자신을 발견했다. 그리고 내가 좋은 엄마가 아니라는 생각이 들면서 나는 점점 불안해지기 시작했다. 정말 내가 좋은 엄마라면 다른 일을 하고 싶어 안절부절 못하기보다는 엄마 역할을 즐겨야 한다는 생각이 들었던 것이다.

이 책에 대한 아이디어가 떠오르기 시작한 건 바로 그 무렵이었다. 나는 아주 똑똑하고 재능 있는 많은 여성들이 출산 후 일선에서 물러나거나 〈뉴욕 타임스〉의 기자인 리자 벨킨의 표현대로 '자진해서 일을 그만두었다'는 걸 알고 깜짝 놀랐다. 우리 세대 여성들은 무엇이든 가능하다는 믿음 속에서 성장했다. 우리는 능력껏 승진할 수 있는 기회를 스스로 만든 여성들이다. 그런데 왜 그렇게 많은 여성들이 일단 엄마가 되고 나면 발길을 돌려 그곳을 떠나는 것일까? 그 많은 여성들이 자기 안에 숨겨져 있던 마사 스튜어트적인 기질을 겸허히 받아들이고 완벽한 파이를 굽는 것에서 성취감과 행복을 찾았단 말인가? 나는 일을 그만두지 않고도 가정생활에 충실한 엄마들을 절실히 만나보고 싶었다. 그리고 어떻게 그들이 그 모든 것을 해내는지 알고 싶었다.

나는 일과 가정생활을 성공적으로 병행하는 여성들을 찾아가 내

고민에 대한 도움을 청했고 직장과 가족이라는 까다롭고 힘든 관계를 어떻게 조율하고 있는지 그들에게 물어보았다. 그것은 '신참 엄마' 같은 모임에서는 얻을 수 없는 도움이었다. 어떻게 하면 멋진 직업을 가지면서도 동시에 훌륭한 엄마가 될 수 있을지에 대한 고민을 털어놓으면서 나는 나만 그런 고민에 빠져 있는 게 아니라는 것을 깨달았다. 가정에 안주하는 여성들은 집에 머무는 것을 스스로 원하고 또 그럴 능력이 되었기 때문에 정말 행복해하는 것 같았다. 그러나 나처럼 일을 원하는 많은 여성들은 불안감을 느끼며 일과 엄마 역할을 병행할 수 있는 방법을 애타게 찾고 있었다. 그 두 가지 역할을 병행하면서 삶의 '균형'을 이룬다는 것은 생각했던 것보다 훨씬 미묘하고 복잡했다. 일하는 엄마에게 그것은 손에 잡기 힘든 신기루나 다름없었다.

세상은 일하는 엄마에게 불리하게 돌아가고 있었다. 내가 알게 된 세상의 진실은 엄마들에게는 너무나 가혹한 것이었으나 아무도 그것을 인정하고 싶어 하지 않았다. 그 사실이 내게는 추악하게만 느껴졌다. 세상은 아무리 바쁘게 일하는 여성이라도 엄마 역할을 우아하게 해내야 한다고 믿게 만들었다. 그러나 신참 엄마들에게 물어보라. 모든 사람들을 만족시키기 위해, 그리고 흔들리는 자신의 정체성을 합리화하며 맹목적으로 똑바로 서 있기 위해 그들이 얼마나 비틀거리는지를……. 내가 만난 엄마들은 한결같이 다른 여성들이 엄마 역할과 일 사이의 위태로운 균형을 어떻게 조절하며 사는지 간절히 알고 싶어 했다. 그들은 어떻게 균형을 유지하는 걸까? 그것에 대한 대가는 무엇일까? 그들은 피할 수 없는 갈등을 어떻게 해결할까? 죄책감은 어떻게 감수할까? 그들은 자신의 야망과 어떻게 타협할까? 그들은 행복할까? 후회는 없을까? 그들에게 선택의 여지는 있는 걸까?

우리는 많은 여성들이 일하는 시대에 성장했음에도 불구하고, 훌륭한 엄마이자 멋진 직업을 가진 여성으로서 성공하는 역할모델을 본 적이 거의 없다. 우리는 〈코스비 가족〉에서 미소 짓는 클레어 헉스터블을 보며 성장한 세대이다. 그녀는 정규직 변호사로 일하지만 저녁에는 늘 가족과 식사를 함께 하고 아이들과 끝없는 대화를 나누는, 위트 있고 씩씩한 다섯 아이의 엄마이다. 그녀는 일 때문에 스트레스를 받거나 녹초가 된 모습을 보인 적이 없다. 고객에 대해 불평을 한 적도, 루디의 발레 발표회나 테오의 축구 경기를 놓친 적도 없다. 〈코스비 가족〉은 리얼리티 TV 프로그램이 아닌 목가적인 가족 시트콤의 압축판일 뿐 우리가 알고 있는 현실은 아니었다. 그렇다면 현실 속의 여성들은 어떻게 그것을 해내고 있을까?

우리가 진정 원하는 것은 무엇인가

일하는 엄마 대 전업주부를 둘러싼 논쟁은 아주 팽팽하다. 그것은 '여자로서 그리고 엄마로서 나는 과연 어떤 존재인가' 하는 정체성의 문제를 정면으로 건드린다. 그리고 여성의 개인적인 불안감을 이용해 일터와 가정에서 여성들이 사회의 불공평한 기대를 충족시키도록 강요한다. 또한 인생의 우선순위와 정체성에 이의를 제기하는 한편, 때로는 우리가 이 게임에서 이길 수 없다는 생각을 갖게 만든다. '모든 것을 다 갖길' 기대하고 원하던 우리 세대의 바람 중 많은 것이 이루어지긴 했지만 여기서의 '모든 것'이 과연 무엇을 의미하는지, 그리고 그것이 어떠한 대가를 요구하는 것인지 우리는 다시 생각하게 되었다.

여성에게 '성공'의 정의는 명성과 직위보다는 직업 만족도나 유연성과 더 깊은 연관이 있다. 여성들은 직장에서 일주일에 3~4일을 일하더라도 존중을 받길 원하며 자신이 하는 일에 대해 공평한 보상을 받고자 한다. 또한 근무시간 자유 선택제와 파트타임, 작업 분담 등이 여성의 특권이 아니라 직업 문화의 필수적인 부분으로 자리 잡기를 바란다. 그리고 준비가 되었을 때 전력을 다해 일하고 속도를 늦춰야 할 때 일을 줄일 수 있는 자유를 원한다.

나는 다른 여성의 경험을 통해 좀 더 많은 걸 배울 수 있으리라는 생각에서 아이를 낳고도 일을 계속하고 있는 수십 명의 엄마들과 이야기를 나눠보기로 했다. 그들 중에는 평범한 여성도, 유명 인사도 있었다. 그들은 신선한 자극이 되었을뿐더러 엄마 역할을 하며 몸소 체험한 교훈도 가르쳐줄 수 있었다. 성공한 여성들은 대부분 우리의 역할 모델이 될 만한 인생 경험을 갖고 있었다. 솔직히 그들은 혜택 받은 소수에 불과하고 다른 여성보다 수월한 삶을 살아온 것이 사실이다. 왜냐하면 그들에게는 더 많은 도움을 받을 수 있는 경제력이 있었기 때문이다. 그러나 그들은 모두 우리에게 도움이 될 만한 특별한 무언가를 갖고 있었다. 바로 그 점 때문에 그들의 이야기가 보통 여성들에게도 현실적이고 타당하게 느껴지는 이유일 것이리라. 그리고 무엇보다 중요한 점은 일을 하지 않아도 될 만큼 경제적인 여유가 있음에도 그들은 일하는 쪽을 선택했다는 사실일 것이다. 직장과 가정에서 일어나는 위기 상황에 어떻게 대처했고, 피하기 힘든 죄책감을 어떻게 극복했으며, 우호적이지 않은 가족과 직장 환경 속에서도 어떻게 자신이 원하는 것을 얻어냈는지, 그리고 모두가 도달하고 싶어 하는 일과 가정생활 사이의 편안한 균형을 어떻게 찾아냈는지 등에 관한 그들의 이야기는 우리에게 큰 도움이 될 수 있을 것이다.

지난 2년 동안 나는 1백여 명의 여성들을 인터뷰하고 설문조사했다. 방법은 사회학자들이 '눈덩이 표집방법snowball method' 눈덩이를 굴리듯 작은 표본에서 확대해가는 방법. 모집단의 성격을 모를 때 최초 접촉자에게서 얻은 정보를 바탕으로 다음 접촉자를 찾아내는 식으로 점차 확대해가는 방법을 말한다-역주이라고 부르는 표본조사법을 선택했다. 나는 내 친구들, 그리고 그들의 친구들과 이야기를 나누며 일하는 엄마들 그룹을 만나고 전국에 설문지를 보냈다. 놀이터와 유아원, 병원에서 만난 여성들과도 이야기를 나누었다. 뿐만 아니라 커피숍과 애완견 센터, 생일 파티에서도 대화의 기회를 놓치지 않았다.

내가 만난 여성들은 민족, 인종, 종교, 지역을 총망라했다. 그들은 모두 결혼을 했고 대부분 대학을 졸업했다. 작가 페기 오렌스타인은 '대학을 졸업했다는 사실은 여성의 자아를 구성하는 데 큰 도움을 주는 중요한 요소' 라고 말했다. 여성 스스로 기회를 만들 수 있다는 점에서 대학 교육이 도움이 된다는 지적은 일리가 있다. 그래서 나는 선택의 기회가 많았고 학교 성적이 뛰어났으며 사회에서 열심히 일하면 어떤 것도 가능하다고 믿고 성장한 여성 세대와 이야기를 나눠보고 싶었다.

내가 만나본 여성들은 미국 전역에서 성장기를 보냈지만 인터뷰를 하던 시기에는 주로 포틀랜드, 로스앤젤레스, 피닉스, 오스틴, 미니애폴리스, 마이애미, 뉴욕과 그 외곽 그리고 워싱턴 D.C. 지역에 살고 있었다. 몇몇 여성의 경우는 그들의 요구에 따라 신분이 드러날 만한 세부 사항들과 이름을 임의로 바꿨다. 비록 과학적인 방법론을 따르지는 않았지만 이 연구를 통해 몇 가지 주제들로 모아지는 결과를 도출해냈다. 바로 그 주제들이 이 책의 기본 틀을 이루었다.

이 프로젝트는 앞서 말했듯이 다소 개인적인 목적에서 시작되었다. 이 작업을 시작할 당시 내 아들은 이제 막 걸음마를 시작한 아기였다. 프리랜서로 방송 일을 하며 그동안 아기로 인해 빼앗긴 내 모든 에너지와 놓쳐버린 시간 때문에 고통스러운 세월을 보내던 나는 과연 다시 정식으로 방송국 생활을 할 수 있을지 늘 불안해했다. 당시 나는 정규직으로 일할 준비는 물론 출장을 갈 준비도 되어 있었다. 그러나 결국 정규직으로 복귀하지 못했고 프리랜서로 방송일을 병행해가며 이 프로젝트를 시작하게 되었다.

2년이 지난 지금 내 아들은 세 살 반이 되었고 그 사이에 딸이 태어나 18개월이 되었다. 나는 가족이 점점 늘어감에 따라 나의 우선순위도 점차 바뀌었다는 것을 깨닫는다. 이젠 일 때문에 출장을 간다는 사실이 더 이상 매력적으로 느껴지지 않는다. 지금은 아들을 매일 유아원에 데려다주거나 아이가 월요일 오후에 축구장에서 공 차는 법을 배우는 모습을 지켜보는 것이 방송 뉴스를 제작하는 것만큼이나 중요하게 느껴진다. 그리고 시간이 쏜살같이 지나간다고 느껴질 때마다 아이들의 소중한 어린 시절을 좀 더 즐기고 싶어진다. 그렇다고 일을 하고 싶지 않다는 건 아니다. 다만 내가 진정으로 하고 싶은 일이 무엇이고, 그것을 어떤 방법으로 할 수 있을지 다시 생각해보고 싶을 뿐이다.

나는 책을 마무리하면서 일과 엄마 역할이라는 두 가지 욕구를 충족시키는 데 절대적으로 옳거나 절대적으로 그른 방법은 없다는 것을 깨달았다. 마찬가지로 엄마로서 우리의 욕구가 늘 똑같은 것은 아니기 때문에 완벽한 공식이나 만병통치약 같은 해결책 역시 존재하지 않는다는 것을 알게 되었다. 여성의 욕구는 시간에 따라 변하고 개인에 따라 다양한 방식으로 발현되었다. 그러나 내가 깨달은 것은 대부분의 여성이 선택의 폭이 넓어지기를 원하고 있다는 것이다. 가정생활과 일을 병행할 수 있는 다양한 방법들이 주어져야 한다는 말이다. 결코 일과 엄마 역할이라는 교차로에 갇혀 있어선 안 될 일이다. 우리는 스스로 좀 더 많은 기회를 창출해야 하며 일터에서 끈질기게 변화를 요구해야 한다.

나는 '일터에 머무는 엄마들'이라는 용어를 강조하고자 한다. 왜냐하면 이 책은 계속해서 일을 하기로 결정한 여성들에 관한 것이기 때문이다. 일터에 남는 것을 선택한 엄마들은 청구서들을 지불하고 자신의 생활 패턴을 유지할 수입이 필요해 일을 하기도 하지만 그것만이 전부는 아니다. 자신의 경력을 위하여 일을 하기도 한다. 일은 자신의 정체성을 확인하는 데 도움을 주며 우리 스스로 완성되고 있다는 만족감도 준다. 따라서 일은 개인의 행복을 가져다줄 뿐만 아니라 부부 관계를 더 좋게 해주며 경제적으로 좀 더 안정된 미래를 보장해준다. 부디 이 책에 실린 여성들의 경험담이 일과 엄마 역할을 둘 다 수행하는 여성들에게 자극이 되고 힘이 될 수 있기를 바란다.

차례

머리말 아이 둘 셋씩 키우며 일하는 엄마들

1 기저귀 가방 대 서류 가방

슈퍼맘에서 사커맘으로 27   1백 명의 직장엄마에게 조언을 구하다 29   멋진 직업, 만족스러운 가정생활 30   야망이 큰 여성의 결혼생활이 더 행복하다 35   섹스 앤 더 시티 그리고 수유브라 39   그냥, 가정주부라고? 41   우리의 역할 모델은 어머니 44   여자에게 월급의 의미는? 47   임신 전에는 미처 생각하지 못한 것들 49

2 서른, 난자 그리고 여자의 위기

남자들의 세계에서 일하며 '아이 낳기' 59   일하는 여성의 임신 타이밍 62   CNN 방송 앵커 솔데드 오브라이언 이야기 67   그만두기엔 너무 늦은 현실 74   나의 욕심이 너무 많은 걸까? 80   일하는 엄마들이 뭉치다 83

3 베테랑 직장 엄마들의 줄타기 전략

모유 수유 투쟁 93   "일을 사랑한다면 포기하지 마세요" 97   일과 가정 사이에 경계선 긋기 102   한계 설정하기 106   모든 일에는 지름길이 있다 108   일하는 엄마가 경계해야 할 것 115   뇌를 분산하여 사용하라 118   멀티 태스킹의 귀재들 122   일과 가정의 물리적 거리 좁히기 123   완벽해야 한다는 환상 버리기 125

4 죄책감은 일하는 엄마의 적

모성애의 진실 135 일과 가정이 충돌할 때 136 '좋은 엄마'라는 강박관념 141 "왜 출근하셨어요?" 143 베라 왕과 올림픽맘 148 우리 어머니들의 신화 152 얼마나 힘들게 낳은 아이인데…… 154 엄마를 슬프게 하는 것들 157 죄책감은 버리고 아이와 친밀해져라 162 부족한 시간을 메우는 방법 165

5 포기도 방법이다

임기 중에 쌍둥이를 낳은 여성 주지사 170 일을 버리고 가정을 택한 여성 182 일과 가정 사이의 균형 조절 186 집중력의 힘 190 그만둘 것인가, 일을 줄일 것인가 194 내게 맞게 일을 재창조하라 199

6 사업가로 변신한 엄마들

세 아이의 엄마, 바비 브라운 206 가정을 위해 사업을 시작하다 212 웨딩드레스 디자이너 베라 왕 이야기 216 유아용 침구 사업의 대표가 되다 222 거버 유아식의 탄생 225 암을 극복한 사업가 엄마 228 엄마의 삶이 영감을 불러일으키다 234

7 선택의 기로에 서다

"엄마처럼 살긴 싫어" 245　일을 잠시 떠나 있을 때 249　퇴직과 재취업 251　카드로 만든
집 254　타이밍이 중요하다 258　나의 직업은 무엇? 265

8 여성들이여, 새로운 판을 짜라

엄마 역할의 왕도 277　사회 통념에 대항하기 시작하다 279　해답은 융통성에 있다 285　무
모한 전쟁은 그만 286　간절히 원하면 이루어진다 290　관행의 값비싼 대가 297　여자의 삶
은 지그재그 인생 306　엄마의 더 나은 삶을 위하여 309

1

기저귀 가방 대 서류 가방

우리는 많은 여성들이 일을 하는 시대에 성장했지만 어떻게 해야 훌륭한 엄마 역할과 멋진 직업을 병행할 수 있는지를 보여주는 표본은 거의 없었다.

작년에 두 살이었던 내 아들 조나는 잎이 우거진 뉴저지 교외의 한 유아원에 다니고 있었다. 그 동네 엄마들은 대부분 자동차에 아이들을 태우고 체육관과 쇼핑몰, 음악 학원 사이를 오가며 하루를 보냈다. 내가 아들의 선생님에게 CNN 방송에서 프리랜서 뉴스 제작자로 일하게 되었다는 이야기를 하자 그녀는 공포스러운 표정을 노골적으로 드러냈다. 당시 둘째아이가 6개월이 된 상태여서 그런 반응을 보인 것 같았다.

"뉴욕에서, 그것도 매일 일을 하신다고요? 그러면 누가 아이들을 돌보죠?" 그녀는 믿을 수 없다는 표정으로 내게 물었다. 나는 다정한 미소를 지으며 내가 일하는 동안 아이들을 돌봐줄 훌륭한 베이비 시터가 있다고 대답했다. 잠시 후 아이를 태우고 집으로 돌아오면서 문득 드는 생각이 있었다. 나는 내가 일하는 것에 대해 선생님에게 변명을 하고 있었던 것이다. 나는 내가 풀타임으로 일한다고 해서 아이들을 버리는 이기적인 엄마가 아니라는 걸 조나 선생님에게 증명해 보이려고 애썼다는 사실을 느꼈다. 그래 봐야 일주일에 겨우 두 시간씩 내 아들을 가르치는 그녀에게 말이다. 나는 방송국 일을 다시 시작하는 것이 내 선택일 뿐만 아니라 경제적으로 꼭 필요한 일이라는 것을 굳이 설명하지는 않았다. 그러나 내가 아무리 내 결정에 확신을 갖고 있다고 해도 분노에 찬 선생님의 표정은 내 마음에 깊은 상처를 남겼다.

지난 20여 년간 여성의 대학 졸업자 수는 남성을 추월했다. 2004년엔 처음으로 하버드 입학생 중 여학생의 수가 남학생보다 많았고, 2003년 버클리 법대 졸업반 학생 중에는 63%가 여성이었다. 또한 그해 졸업한 여학생 수가 하버드는 46%였고 콜롬비아 대학은 51%였다. 뿐만 아니라 오늘날 의대생의 약 47%는 여성이다. 여성들이 고등교육의 장벽을 뚫고(아직 논쟁의 여지가 있긴 하지만) 직장에서 남성과 같은 지위를 획득한 지금, 우리의 가장 큰 적이 위대한 백인 남성들이 아닌 우리와 같은 동료 여성들인 경우가 종종 있다는 건 아이러니가 아닐 수 없다. 우리 옆에서 법과대학 입학시험을 치르고, 대학원 입학 자격시험인 GMAT를 준비하고, 학생회를 이끌던 여성들이 바로 우리의 적이 된 것이다.

여성의 직장활동이 남성 못지않게 활발한 요즘 같은 포스트페미니즘 시대에도 어린아이가 있는 경우에는 이야기가 달라진다. 경제적인 여유가 있음에도 불구하고 전업주부로 살지 않고 일을 하기로 결정한 엄마들은 자신을 정당화시켜야 한다고 느낀다. 다른 여성들, 특히 전업주부에게 그런 강박관념을 더욱 강하게 느끼는 듯하다. 여러 연구 조사 자료들을 보면 여대생들은 대부분 아이를 낳고도 일을 계속할 계획이라는 답변이 지배적이다. 그렇다면 대학생에서 엄마가 되는 사이에 일과 엄마 역할에 대한 여성의 기대와 태도가 무엇 때문에 그처럼 달라지는 것일까?

그 주범 중 하나가 바로 대중문화이다. 요즘은 말 그대로 엄마 역할이 유행이다. 2003년 3월호 〈보그〉지는 안이 비치는 꼭 끼는 드레스 위로 젖은 머리카락을 길게 늘어뜨린 브룩 실즈의 아주 섹시한 임신 사진을 표지에 실어 모성을 찬양했다. 그 외에 다른 연예 잡지들도 기네스 팰트로와 마돈나, 케이트 허드슨, 리즈 위더스푼, 사라 제시카 파커 같은 유명인사 엄마들이 유모차를 밀거나 아기를 안고 가는 사진을 정기적으로 실음으로써 모성을 하나의 상품으로 이용하고 있다.

여기에 발맞춰 고급 의류 브랜드들도 '멋진 엄마' 트렌드를 도입했다. 최근 구찌 광고엔 구찌 제품을 몸에 두르고 아주 통통한 아기를 안고 있는 날씬한 모델 엄마들이 등장했다. 요즘 엄마들에게 좋은 소식이 있다면 아기를 갖는다는 것이 더 이상 페미니스트 선배들이 불평하던 촌스럽고 억압받는 상황을 대변하지 않는다는 사실이다. 이제 그것은 섹시하고 성공한 여성들이 꼭 갖추어야 할 액세서리가 된 것이다.

그러나 이런 모성 이미지는 겉으로만 진보한 듯 보일 뿐 전근대적인 이데올로기는 전혀 달라지지 않았다. 여성들은 여전히 아이들을 위해 무조건 희생하는 한없이 너그러운 어머니의 이미지에 포위당해 있다. 달라진 게 있다면 일주일에 75시간씩 일하고 학부모 회의에 달려가느라 하이힐이 부러지던 1980년대의 '슈퍼맘'이 이제는 사회적으로 구미에 맞는 '사커맘soccer mom' 학교에 다니는 자녀를 둔 여성으로서 대학교육을 받은 전형적인 중·상류층 백인 여성들을 일컫는 신조어-역주으로 대체된 것뿐이다. 이들은 요가 수업 사이사이에 아이들의 정신없는 스케줄에 따라 기꺼이 움직일 수 있는 여성들이다.

베스트셀러가 된 육아 서적인 《첫해에 해야 할 일What to Expect, The First Year》에서조차 저자는 여성들에게 이렇게 묻고 있다.

'아이가 다쳤을 때 유일하게 달려갈 수 있는 사람이 베이비 시터라면 슬프지 않겠는가? 단지 아이와 저녁과 주말을 함께 보냈다는 것만으로 아이들이 표현하지 못하는 모든 욕구에 귀 기울일 수 있다고 생각하는가?'

이런 유도 심문은 아기를 낳은 여성들을 울리기에 충분하다. 이 책은 여성이 집에 있는 것이 엄마와 아기 모두에게 이상적이라는 것을 노골적으로 암시하고 있다. 또한 일을 쉬는 것이 전문직 여성으로 성공하는 것을 '가끔씩' 방해할 뿐이라고 설명하면서 '여성이라면 이 정도 희생은 기꺼이 감수해야 하지 않는가?'라고 묻고 있다. 이런 시대착오적인 논조를 감안할 때 위의 책을 남성이 썼다고 생각할 수도 있을 것이다. 하지만 그것은 오산이다. 이 인기 있는 육아 바이블을 집필한 건 바로 세 명의 여성이다.

슈퍼맘에서 사커맘으로

　이상적인 어머니의 기준이 갈수록 까다로워진 것에 대해서는 이론의 여지가 없다. 모유 수유의 압박은 물론 엄마와 아기가 음악과 율동에서부터 체조, 요리에 이르기까지 수많은 유아 수업에 함께 참여해야 한다는 기대가 팽배해 있는 현실을 감안해보면 시계추는 다시 과거로 돌아간 듯하다. 오늘날 엄마들에게 들려오는 이상적인 어머니상에 대한 메시지는 짜증스러울 정도로 구식이다. 즉 '좋은 엄마'는 일을 하지 말아야 한다는 것이다. 적어도 정규직으로는 말이다.
　"다른 여성들이 우리에게 가하는 비난은 아주 잔인합니다"라고 〈코스모 걸 뉴욕〉지의 임원이자 세 살 된 아이를 둔 로렌 러만은 말한다. "저는 그것이 불안감에서 비롯된 것이라고 생각해요. 집에 있는 엄마들은 일을 포기했다는 사실에서 불안감을 느끼고, 일하는 엄마들은 아이들과 충분한 시간을 보내지 못한다는 것 때문에 마음이 편치 않죠. 양쪽의 불안감이 서로에 대한 분노를 낳는 것 같습니다. 저는 우리가 여성으로서, 엄마로서 서로를 돕지 않기 때문에 우리끼리 서로의 목표를 손상시키고 있다고 생각합니다."
　하지만 우리 세대가 목표를 가진 적이 언제 있었던가? 그것은 윗세대로부터 물려받은 것일 뿐이지 결코 우리 자신의 것은 아니었다. 1960년대에 털이 무성한 다리를 그대로 내보이며 브래지어를 거부하던 페미니스트들의 모습은 케네디 암살을 담은 8mm 필름만큼이나 우리에게 멀게 느껴진다. 그렇다. 그것은 축적된 역사의 일부일 뿐, 우리는 여성의 정체성을 정의하는 페미니즘과 함께 성장하지 않았다. 우리는 일과 가정을 모두 가질 수 있다는 것을 그저 막연히 당연시했다. 그렇기 때문에 인구의 절반가량이 부모 중 한 사람은 아이들과 함께 가정에 머물러야 한다고 생각하는 이 미국 사회에서, 일하는 엄마들은 갈등을 느낄 수밖에 없다. '여성 해방'이 부메랑이 되어 여성들에게 다른 선택이 거의 주어지지 않았던 1950년대로 되돌아가게 했다는 건 아이러니가 아닐 수 없다. 집이 주요 활동 무대인 시대로 말이다.

요즘 복고 분위기가 놀라울 정도로 팽배해 있다. 아이들을 키우기 위해 일을 그만두는 여성들을 찬양하는 분위기도 대단하다. 2003년 〈뉴욕 타임스〉지에는 높은 학력을 자랑하는 수많은 여성들이 스트레스 받는 일을 기꺼이 그만두고 자신의 의무를 다하기 위해 가정으로 돌아간 후, 당당하고 활기차게 엄마 역할을 하고 있다는 기사가 실렸다. 〈비즈니스 위크〉, 〈타임〉, 〈포춘〉지도 최근 직장을 그만두고 가정으로 돌아가는 엄마들의 대이동에 대해 보도했다. 이들의 결론은 일과 엄마 역할이 평화롭게 공존할 수 없다는 것이다.

베스트셀러 소설인 《나는 그녀가 어떻게 그것을 해내는지 모른다 I Don't Know How She Does It》에서 주인공 케이트 레드는 자신의 일이 가정생활을 황폐화시킨다는 이유로 잘 나가던 금융계 일을 그만둔다. 하지만 그녀 같은 여성조차 우리의 영웅이 아니라면 누가 그 주인공이 될 수 있을까?

1백 명의 직장 엄마에게 조언을 구하다

　나는 거의 2년 동안 정치인을 비롯해 패션디자이너, 심리학자, 홍보 담당자, 저널리스트, 교사, 변호사, 의사, 마케팅 매니저, 은행가, 사업가, 광고 및 출판계 간부 등 다양한 직종에서 일하는 엄마들을 인터뷰했다. 파트타임으로 일하는 여성부터 주당 80시간씩 일하는 정규직 여성에 이르기까지 많은 여성들과 이야기를 나누었다. 그들 중 어떤 여성은 일을 해야만 했고 어떤 여성은 일을 선택했다. 하지만 핵심은 똑같았다. 일을 하는 건 여성 자신에게만 좋은 것이 아니라 엄마 역할에도 도움이 된다는 것이었다. 물론 상반된 감정이 교차하거나 고통스러운 선택을 해야 할 때도 있다. 또한 그런 과정에서 희생을 감수해야 하는 경우도 생긴다. 그러나 이들을 통해 알게 된 사실은 직업을 갖는 것이 전반적으로 자신에 대해 좀 더 긍정적인 생각을 갖게 해줄 뿐만 아니라 배우자와 아이들과의 관계에도 도움이 된다는 것이다.

　실제로 몇몇 연구들은 일이 삶의 자신감을 갖게 하는 데 도움이 될 뿐만 아니라 우울증을 완화시킨다는 나의 생각을 뒷받침해준다. 삶의 한 부분에서 만족을 느끼면 다른 부분에서 오는 실망과 스트레스에 잘 대처할 수 있기 때문이다. 이런 연구들은 여성이 가정생활에 만족하지 못할수록 우울해질 확률이 더욱 높다는 걸 보여준다. 반면 일하는 여성들은 전업주부보다 가정 안에서 발생하는 문제에 덜 우울해한다. 자신이 일을 한다는 사실에 자부심을 느끼며 일이 가족경제에도 중요한 기여를 하고 있다고 생각하기 때문이다. 뿐만 아니라 그들은 일과 육아 사이에서 위기감을 느끼더라도 일하는 것에서 행복을 느낀다고 말한다.

멋진 직업, 만족스러운 가정생활

여성의 개인적인 야망은 아이를 낳은 후에도 일을 계속하게 만드는 동기가 된다. 그러나 무언가를 증명하라고, 혹은 세상에 족적을 남기라고 몰아붙이는 야망은 우리를 끊임없이 괴롭히는 악마가 되기도 한다.

NBC 방송의 〈투데이 쇼〉 뉴스 앵커인 앤 커리(47세)에게는 뉴스에 대한 열정과 개인적인 추진력이 매일 새벽 4시에 잠자리에서 일어나게 하는 원동력이다. 경제적인 면에서 앤은 굳이 일을 할 필요가 없다. 그러나 감정적으로 그녀는 방송일이 주는 자극과 일이 가져다 주는 만족감을 즐긴다.

〈투데이 쇼〉 스튜디오의 대기실에서 만난 앤 커리는 아주 아름다운 여성이었다. 그녀의 아름다운 이목구비는 일본인 어머니와 스코틀랜드계 아일랜드인의 후손인 백인 아버지에게서 물려받은 것이다. 앤은 1997년부터 〈투데이 쇼〉의 뉴스 앵커로 활동해왔다.

아홉 살인 아들 워커와 열두 살인 딸 매켄지를 둔 앤은 직장생활을 병행하는 엄마들이 직면하는 갈등을 잘 알고 있었다. 그녀는 내가 질문을 던지기도 전에 녹색 소파에 몸을 기대고는 엄마 역할에 대한 자신의 생각을 이야기하기 시작했다.

"많은 여성들이 엄마가 된 이후의 삶의 변화에 대해 준비가 되어 있지 않은 것 같습니다. 엄마가 되었다는 이유로 얼마나 많은 여성들이 자신의 희망과 꿈과 일을 포기하는지 지켜보고 있자면 거의 무서울 정도예요. 자신의 삶에서 꼭 해야 한다고 느끼는 것을 포기하지 않으면서 엄마 역할을 어떻게 잘 수용하느냐가 힘든 점이지요. 현모양처가 되는 것이 항상 자신의 꿈이었고 궁극적으로 가장 큰 성취감을 가져다주는 일이라면 그것은 당연히 존중되어야 합니다. 하지만 많은 여성들에게 그것은 궁극적인 목표가 아닙니다. 그것은 삶의 한 여정일 뿐이죠. 여성들이 성취감을 느끼고 싶어 하는 일은 따로 있습니다. 자신의 일을 좋아한다면, 그리고 그것이 자신에게 의미가 있다면 포기하지 말라고 이야기하고 싶어요. 저는 여성들이 엄마가 되고 아이들을 키우는 것에만 모든 것을 쏟아 붓던 시절로 돌아가고 싶지 않습니다."

오리건 주에서 다섯 자녀의 맏이로 태어난 앤은 아기를 낳기 전까지 경력을 쌓기 위해 많은 에너지를 쏟아 부었다. 맏이로 자라면서 인생에서 하고 싶은 일을 하려면 아이를 갖기 전에 해야 한다는 것을 일찍 깨달았던 것이다.

앤은 직장생활에 대한 목적의식과 추진력이 대단했다. 그녀는 저널리즘이 세상을 변화시킬 수 있는 직업이라고 믿었기 때문에 이 분야에 발을 들여놓았다고 이야기한다.

"아버지께서는 저희를 키우시면서 사회에 봉사할 수 있는 일을 하는 것이 무엇보다 가치 있다는 것을 강조하셨습니다. 역사의 현장에 있는 것이 중요하다고 생각하셨죠. 저는 워터게이트 사건과 베트남전 그리고 여성의 권리와 시민권 운동이 한창일 때 성장했고, 지식의 힘으로 사람들에게 정보를 제공함으로써 뭔가 좋은 일을 할 수 있다고 깨달았기 때문에 방송일에 매료되었답니다."

실제로 앤은 엄마가 됨으로써 더 큰 야망을 갖게 되었다고 말한다. 왜냐하면 아이들의 역할 모델이 되기 위해 더욱 노력하게 되었기 때문이다. 그것이 9.11 테러든 인도양의 쓰나미든 앤은 자신의 일이 아이들에게 중요한 메시지를 전달해주고 있다고 말한다. 그녀는 내게 1999년 코소보 난민 문제를 취재할 당시 위성전화를 통해 아들과 나눴던 대화에 대해 이야기했다.

"제가 '잘 있었니? 엄마야' 그러자 워커가 그러더군요. '엄마, 나쁜 사람들이 그 불쌍한 사람들에게 한 짓을 봤어요. 그건 잘못된 거죠, 그렇죠?' 그래서 제가 대답했습니다. '그래, 그건 나쁜 짓이야, 워커. 그 사람들은 불쌍한 사람들에게서 음식을 빼앗아 갔어.' 그다음에 아들과 나눈 대화는 이랬어요. '그들이 사람들을 집에서 내쫓았죠?' '그래 그랬단다. 그건 잘못된 거야.' '엄마가 그들을 집으로 돌려보내 주었나요?' '아니, 워커. 난 그들을 집으로 돌려보내지 못했어.' '그럼 엄마가 그들에게 도움을 주었나요?' '글쎄, 그들에게 음식을 가져다주긴 했어. 그리고 사람들에게 지금 일어난 일이 잘못된 것이고 올바른 조치가 이루어질 거라는 사실을 알려주고 있고…….’ ‘그거 멋진데요. 엄마, 멋져요.’ 바로 이런 점이 제 아이들이 저에 대해 알게 되었으면 하고 바라는 부분입니다. 저는 아이들이 제 삶을 보면서 ‘엄마가 그곳에 계셨던 게 중요했어’ 라고 말하길 바라요. 그리고 아이들은 이미 엄마가 일을 통해 다른 사람들을 도우려 하고 있다는 것을 알고 있습니다.”

〈투데이 쇼〉 진행자 네 명 중 한 사람인 앤 커리는 방송계에서 일하는 사람들이 가장 부러워할 만큼 상대적으로 여유 있는 일을 하고 있다. 아기를 낳은 후에도 여자들이 거의 그만두지 않을 만한 일을 말이다. 방송계에서 일하는 사람들의 삶은 다양하다. NBC 방송 뉴스본부의 베이지색 복도를 따라가다 보면 빡빡한 스케줄 때문에 혹독할 정도로 많은 시간을 일에 투자하는 수십 명의 제작자들을 만날 수 있다. 앤의 사무실 위층에선 NBC 방송 〈데이트라인〉의 제작자이자 세 아이의 엄마인 소라야 게이지(43세)가 근무하고 있다. 그녀에게 돈은 일을 계속하는 이유 중 하나일 뿐이다. 앤처럼 그녀도 야망에 사로잡혀 있고 자신의 일에 중독되어 있다.

예쁜 얼굴에 체격이 자그마한 소라야는 NBC 방송에서 잘 나가는 제작자이지만 무척 겸손한 여성이었다. 나와 점심을 먹으며 이야기를 나눌 당시 그녀는 세 번째 아이를 임신한 지 8개월이 된 상태였다. 그날 밤 그녀는 몇몇 프로듀서들과 함께 NBC 방송의 뉴스 앵커인 톰 브로카우와 칵테일을 마시는 자리에 초대되었다. 하지만 소라야는 그날 밤 초대받은 일 때문에 마음이 불편해져 있었다. 여덟 살 된 아

들 조지와 여섯 살 된 아들 데이비드를 두고 외출을 해야 할지 고민
에 빠진 것이다. 그날 밤 모임이 얼마나 중요한 것인지 곰곰이 생각
한 그녀는 결국 그것이 자신의 경력에 아주 중요하며 포기할 수 없는
자리임을 깨달았다. 하지만 하룻밤 외출에도 다음날 아이들과 관계
가 소원해지는 기분을 느낀 적이 많아 그녀는 마음이 편치 않았다.

"제가 보기에 사람들은 한 가지를 모르는 것 같습니다. 자신이 일
하는 사람이고 평생 그 일을 해왔다면 야망은 하루아침에 사라지지
않습니다. 여전히 성취하길 원하고 최고가 되고 싶어 하며 평생 그
일과 함께하길 바라죠. 아이들이 생긴 후에 그런 야망이 사라진다면
물론 그것도 멋질 겁니다. 그렇게 되면 '나는 내 가족이 가장 중요해.
나는 집에 있고 싶어' 라거나 '난 일을 최우선으로 생각하지 않겠어'
라고 생각하게 되겠지요. 그러나 저에게 그런 경우는 별로 없습니다.
'항상 좀 더 많은 것을 성취할 수 있는데, 혹은 좀 더 잘할 수 있는데'
하는 생각이 떠나지 않을 거예요. 제 문제점은 성취욕이 너무 강하다
는 거예요. 저는 NBC 방송국의 최고 제작자이면서 동시에 훌륭한 엄
마가 되고 싶어요. 그래서 내가 그 모든 걸 할 수 없는 이유가 무엇인
지 의문을 갖습니다. 저 스스로 너무 많은 것을 원하지 않는다면 사
는 게 훨씬 편할 텐데 말이에요."

나는 소라야의 생각에 동의한다. 우리가 그렇게 많은 것을 원하지
않는다면 사는 것이 훨씬 편할 것이다. 그러나 아주 많은 여성들이
그 모든 걸 다 갖기를 원하거나 적어도 모든 것을 조금씩은 갖고 싶
어 한다. 그리고 그건 전혀 잘못된 것이 아니다. 멋진 직업을 원하는

동시에 만족스러운 가정생활을 원하는 것에 대해 왜 여성은 스스로 탐욕스럽다고 생각하거나 죄책감을 느껴야 하는가? 남자들은 당연하게 여기는 것을 왜 여자들은 변명을 하며 가져야 하는가?

야망이 큰 여성의 결혼생활이 더 행복하다

리즈 레인지(37세)는 자신의 야망을 숨기지 않았다. 〈보그〉지의 어시스턴트로 활동했던 그녀는 예비 엄마들을 위한 세련된 임부복이 시중에 존재하지 않던 1997년에 패션 임부복 사업을 시작했다. 그녀는 임부복이 비실용적이고 보기 흉하다고 불평을 늘어놓던 임신한 친구들에게서 사업 아이디어를 얻었다. 허리 부분이 펑퍼짐한 베이비돌 드레스와 파스텔 컬러 일색인 임부복은 배심원들 앞에서 논쟁을 벌이거나 클라이언트 앞에서 광고 시안을 설명할 때 입을 만한 옷이 전혀 아니었다.

리즈는 약 1년 동안 임부복 시장을 조사했지만 그녀와 이야기를 나눈 바이어들은 하나같이 세련된 임부복이 잘 팔리지 않을 것이라고 단언했다. 임산부들은 옷을 사는 데 돈을 쓰지 않기 때문에 실패하리라는 것이었다. 하지만 리즈의 생각은 달랐다. 세련되고 잘 만들어진 옷을 공급한다면 임산부들이 돈을 쓸 거라는 확신이 들었다. 리즈는 그것을 증명하기 위해 혼자 힘으로 일을 시작했다.

당시 신혼이었던 리즈는 임부복을 직접 디자인했다. 그녀는 세 가지 색상의 신축성 있는 고급 소재로 여섯 가지 제품을 만들어 내놓았다. 여성들의 반응은 폭발적이었다. 옷을 팔기 시작한 지 얼마 지나지 않아 리즈는 첫아이를 임신했고, 한정 생산되던 임부복 생산 라인을 확장할 필요가 있다는 걸 금세 깨달았다.

"저는 이 시장이 훨씬 커질 수 있겠다는 걸 깨달았어요. 임산부도 수영복, 스커트, 드레스를 입을 수 있으니까요. 9개월이면 긴 시간입니다. 그리고 저처럼 일하는 여성들에게는 많은 옷이 필요하고요. 제게 최고의 고객은 일하는 여성들입니다. 매일 아침 잠자리에서 힘들게 일어나 전혀 프로답지 못한 옷을 입고 직장에 나갈 수는 없습니다. 저 자신이 일을 하는 여성이기 때문에 임신했을 때 돈을 쓰는 것이 어리석은 짓이 아니라는 것을 몸소 깨달았지요. 임신 기간에도 매일 사람들을 만나고 매일 직장에서 일을 해야 하는데 옷장 안에 있는 옷들을 전혀 입을 수가 없잖아요? 그렇기 때문에 세련된 임부복은 필수였습니다. 이미지 관리는 무엇보다 중요하니까요."

현재 그녀는 임부복 분야에서 가장 중요한 인물 중 한 사람이며 12억 달러에 달하는 임부복 시장의 선두 주자이다. 매디슨 애비뉴, 비벌리힐스 그리고 롱아일랜드에 매장을 갖고 있는 리즈는 신디 크로포드나 캐서린 제타존스와 같은 유명 인사들을 고객으로 거느리고 있다. 총수입이 8백만 달러에 달하는 그녀의 임부복 라인은 나이키와 타깃Target과의 라이선스 계약 덕분에 계속 성장하고 있다.

키가 크고 날씬한 리즈는 에너지가 철철 넘치는 매력적인 여성이다. 그녀가 계속 성장하고 있는 자신의 사업 이야기를 할 때면 그 열

의가 끓어 넘친다. 내가 그런 그녀를 만나 인터뷰를 한 것은 어느 금요일 오후 매디슨 애비뉴에 있는 그녀의 사무실에서였다. 리즈는 네 살 난 아들 거스를 12블록 떨어진 유아원에서 데려다가 막 집에 보내고 오는 길이었다. 거스와 두 살 난 딸 앨리스와 몇 분을 보낸 후 그녀는 베이비 시터에게 아이들을 맡기고 사무실로 돌아왔다.

주변에 일하는 엄마들이 거의 없는 뉴욕의 어퍼 이스트사이드에서 성장한 리즈는 자신이 사업가가 되리라곤 상상도 못했다고 한다. 그녀는 지금도 아이들을 두고 직장에 나가야 한다는 죄책감에 시달리지만 사업체가 아직 초기 단계인 관계로 그녀의 지속적인 관심이 계속 필요한 상태였다.

"지난 몇 년간 흥미로웠던 것은 저 자신도 미처 몰랐던 추진력과 야망과 경쟁심이 제 안에 있었다는 것입니다. 대변신을 한 기분이랄까요? 학교 다닐 때 비교적 모범생이었던 저는 성적에 신경을 많이 썼습니다. 하지만 직업적인 면에서도 그럴 거라고는 생각지 못했지요. 지금 돌아보면 왜 스스로 나의 인생이 무의미하게 끝날 거라고 생각했는지 모르겠습니다. 남편이 일하는 동안 그냥 가정을 지키게 될 거라고만 생각했다니, 정말 끔찍해요. 하지만 예전엔 정말 그렇게 생각했습니다."

리즈는 말을 계속 이었다.

"저는 세상에서 운이 가장 좋은 사람 같아요. 누구보다 강한 열정을 가지고 있고, 또 그만큼의 만족감을 일을 통해 얻고 있으니까요. 사업은 거의 종교와 비슷합니다. 사업가가 아니라면 아마 이해하기 힘들 거예요. 매일 심한 스트레스를 받기는 하지만 그에 대한 보상은 굉장히 큽니다. 고객들로부터 임산부로서의 삶이 만족스럽다거나, 생활이 바뀌었다는 내용의 이메일을 받을 때, 또는 잡지에서 인터뷰를 청해올 때 기분이 아주 좋습니다. 전 그저 임부복을 만들 뿐이지만 세상을 변화시키는 동시에 다른 사람들에게 일자리를 제공하고 있다는 생각이 듭니다.”

내가 만난 세 명의 여성은 모두 자신의 일을 사랑하고 있으며 뻔뻔할 정도로 야망이 크다. 그들은 일에 대한 야망을 가질 때 그 부산물로서, 보다 행복한 결혼생활과 가정생활을 영위할 수 있다는 걸 잘 알고 있다. 〈워킹 위민〉지에서 실시한 조사 결과에 따르면 야망이 큰 여성들이 그렇지 않은 여성들보다 결혼생활이 행복하다고 대답한 경우가 더 많았다고 한다. 스트레스가 쌓이는 직장생활과 가정에서의 책임감을 감안한다고 해도 말이다. 야망이 큰 여성들은 스스로 그렇지 않다고 느끼는 여성들보다 자신이 좋은 엄마라고 생각하는 경우가 더 많았다. 왜 그랬을까? 그것은 일과 가정 사이에서 균형 잡힌 삶을 사는 성공한 여성들이 좀 더 긍정적이고 무엇보다 에너지가 넘치기 때문이다. 스스로 만족감을 느끼면 자연히 다른 일들도 더 잘 풀리는 법이다. 뿐만 아니라 여성이 일을 하는 것은 결혼생활을 평등하게 유지하는 데도 도움이 된다.

리즈 레인지는 말한다. “저희 집에서는 어떤 일을 반드시 누가 해야 한다고 생각하지 않습니다. 아이들이 한밤중에 깰 경우 중요한 것은 이번에 누가 일어날 차례이냐 하는 것이지 제가 엄마이기 때문에 일어나야 하는 건 아닙니다. 그것을 다른 식으로는 생각할 수 없어요. 저나 남편이나 똑같은 사람이고 각자 잠이 필요하며 누구도 그런 일을 즐거워하지는 않으니까요."

소라야는 지금 하는 일을 그만둘 상황이 되더라도 결혼생활의 활력소가 사라지지 않도록 어떤 일이든 계속 찾아서 할 것이라고 말한다. 그녀는 자신의 일이 결혼생활에 도움이 된다고 믿고 있다.

"우리 가정은 아주 평등합니다. 남편과 아이들은 저를 존중해줘요. 엄마는 아빠만큼 중요한 사람이고 엄마도 중요한 일을 하고 있다고 아이들은 생각합니다."

섹스 앤 더 시티 그리고 수유브라

일이 여성의 자신감과 만족감을 전반적으로 향상시켜주는 역할을 하는 것은 사실이다. 샤워를 하고, 머리를 말리고, 립스틱을 바르고, 일하러 갈 준비를 하는 것만으로도 아이가 남긴 끈적이는 음식물로 얼룩진 트레이닝 바지에 슬리퍼를 질질 끌던 엄마들을 180도 바꾸어 놓는다. 일의 사교적인 측면도 무시할 수 없다. 엄마가 되기 전에는 커피를 천천히 음미하는 것이 별일 아니었다. 그러나 아이를 낳은 후엔 외식을 하거나 커피 한 잔 마시는 단순한 행위도 마치 휴가를 받은 것 같은 기분이 들게 한다. 일은 또한 엄마 역할에서 벗어나 자신이 누구인지를 일깨워주는 신선하고 중요한 역할을 한다. 과거에 가졌던 자신의 정체성을 되찾게 해주는 것이다.

TV 드라마 〈섹스 앤 더 시티〉에서 붉은 머리의 독설가인 변호사 미란다 홉스 역을 연기했고, 맨해튼 연극계에서는 오래 전부터 이미 유명 인사였던 신시아 닉슨(38세)은 딸 사만다가 한 살이었을 때 브로드웨이 연극 〈밸리후의 마지막 밤Last Night of Ballyhoo〉에 출연했던 일을 지금도 기억하고 있다. 내가 신시아를 만났을 때 그녀는 두 번째 아이를 임신한 지 7개월째로 접어들고 있었다.

"연극배우들은 자유분방하고 제멋대로 사는 경향이 있습니다. 아침 늦게까지 침대에 누워 있는 게 다반사고, 어떤 사람은 하루 종일 말을 한마디도 하지 않기도 해요. 이런 연극배우인 제가 엄마 역할을 동시에 한다는 것은 쉽지 않은 일이었지요. 무엇보다 힘든 점은 할 일이 하루 종일 끊이지 않았다는 거였어요. 낮에 공연 때문에 극장에 도착하면 이미 집에서 열두 시간 이상 종종거리며 하루를 보낸 후였지요. 극장에서 분장을 하고 의상을 입은 뒤 무대 밖으로 나와 내 순서를 기다리며 혼자서 이런 생각을 하곤 했습니다. '마침내 여기 앉아 약간의 휴식을 취할 수 있으니 얼마나 다행인가' 라고 말이지요. 물론 그것이 무대 오르기 직전의 배우가 가질 수 있는 최고의 자세는 아니지만 말이에요." 신시아는 웃으며 말한다.

내가 신시아를 만났을 때 그녀는 에미상 후보에 올라 시상식 참석차 로스앤젤레스로 갔다가 막 돌아오는 길이었다. 최근에 그녀는 〈섹스 앤 더 시티〉 덕분에 갑자기 유명해지긴 했지만 TV, 영화, 브로드웨이에서 쌓은 그녀의 인상적인 무대 경력은 열두 살 때부터 이미 시작되었다. 뉴욕 바너드 대학에 다닐 때는 막간에 두 극장 사이를 오가며 두 편의 브로드웨이 연극에 동시 출연하기도 했다. 이런 다채로운 경력을 지닌 그녀가 스스로 특별히 목표지향적인 사람은 아니라고 말했을 때 다소 이상하게 들리지 않을 수 없었다. 사실 어린 시절 신시아의 유일한 희망은 엄마가 되는 것이었다고 한다. 그러나 아이를 낳고 실제로 엄마가 되었을 때 연기를 계속하고 싶은 욕망은 조금도 무뎌지지 않았다.

"딸아이를 낳았을 때 두 달을 쉬었어요. 사실 더 오래 쉬려고 했는데 제가 소속된 극단 측이 캐스팅에 어려움을 겪고 있는 것을 보니 '내가 하면 안 될 이유가 없지' 라는 생각이 들었습니다. 무대에 오르기 직전에는 심장이 마구 고동치더군요. 그렇게 빨리 일할 준비가 되었다는 사실에 저 자신도 깜짝 놀랐습니다."

그냥, 가정주부라고?

과거의 여성들은 자신이 만든 요리나 남편의 직업에 의해 평가를 받곤 했다. 그러나 X세대 여성들에게 직업적인 정체성은 자신의 성별만큼이나 큰 부분을 차지한다.

내가 둘째아이를 임신한 뒤 이 책을 집필하기 위해 집에서 일하고 있을 때 우리 부부는 처음으로 집을 마련할 준비를 하고 있었다. 대출 담당자를 만난 자리에서 나는 지난 10년간 다양한 직장생활을 거치면서 내가 얼마나 많은 수입을 벌어들였는가 설명을 해야 했다. 나는 국회 언론 담당 비서였고 방송국 프로듀서였으며 홍보 책임자였다. 그리고 아직 출판되지 않은 책을 집필하고 있는, 소위 작가였다. 많은 커리어 우먼들처럼 나는 내 경력들로 자신을 치장했다. 그것은 나를 정의해주고 인정해주었으며 내가 중요한 사람이라는 생각을 갖게 해주었다. 그러나 은행의 대출 담당자는 나를 그런 식으로 보지 않았다. 대출 서류들이 돌아왔을 때 내 이름과 직업란 옆에는 불쾌하고 거친 글씨로 '가정주부' 라고 적혀 있었다. 나는 처음엔 어이가 없어서 그것을 뚫어지게 쳐다보았다.

그냥, 가정주부라고? 나는 나 자신이 그처럼 시대착오적이고 성차별적인 신분으로 분류된 것에 놀랐고 솔직히 공포에 질렸다. 나는 그 공포가 구태의연한 분류 때문이 아니라 원대한 직업 계획을 가진 여성, 세상을 정복하고픈 여성으로서의 내 정체성을 잃어버리고 있다는 두려움에서 비롯된 것이라는 사실을 깨달았다. 엄마 역할이 아무리 숭고하다고 해도 아이들을 키우는 것 말고는 다른 할 일이 없다는 생각을 하자 등에서 식은땀이 났다. 여러 가지 이유로 나는 일을 해야 한다고 생각했다.

NBC 방송의 〈데이트라인〉 제작자인 소라야 게이지는 둘째아이가 태어난 후 장기 휴가를 보내는 동안 일과 자신의 정체성이 얼마나 밀접한 연관이 있는지 알게 되었다. 그녀는 출산 휴가 때 어느 디너파티에서 만난 여성들과 나눈 대화를 떠올리며 이렇게 말했다.

"많은 여성들이 제게 어떤 일을 했었는지 묻더군요. 그래서 제가 방송 제작자였다고 했죠. 그러자 다들 '와, 정말 멋진 직업이군요. 그런데 어떻게 그런 일을 그만둘 수 있죠?' 라고 하더라고요. 저는 전업주부로 사는 게 사실은 아주 힘든 일이라고 생각합니다. 왜냐하면 이 사회에서는 확실한 직업을 가져야 인정을 받기 때문입니다. 뿐만 아니라 어디를 가든 직업에 대한 이야기를 해야 한다는 압력이 팽배해 있습니다."

우리 문화에서는 부모라는 직업에 대한 명예와 보상이 거의 없다고 해도 과언이 아니다. 남자 전업주부라는 것이 그들이 원하거나 일반적으로 수용 가능한 직업이 아니라는 사실은 그리 놀라운 것이 아니다. 그러나 여자들은 자신의 삶을 엄마 역할에 몽땅 할애할 준비가 되어 있어야 한다. 신나는 일을 맹렬히 하고 어머니 세대엔 들어보지도 못한 경제적인 독립을 성취한 순간 엄마 역할에 굴복해야 하는 것은 복잡하고 씁쓸한 느낌을 주는 것임에 틀림없다.

한편 우리는 모델이나 여배우에서 맹렬 직장 여성에 이르기까지 엄마 역할이 가져다주는 행복에 푹 빠져 있는 것처럼 보이는 완벽한 엄마 이미지에 포위당해 있다. 요즘엔 이런 이미지들이 대중문화를 점령한 탓인지 꽉 조이는 T셔츠 밑으로 불룩하게 나온 배가 사랑스러워 보이지 않거나 엄마 역할에 특별한 짜릿함이 느껴지지 않으면 자신의 심리구조에 결함이 있는 건 아닌지 의심하게 된다. 그러나 다른 한편으로는 결혼을 일부러 늦추면서까지 대학원에 진학하도록 장려를 받고 자란 첫 세대인 우리가 엄마 역할을 하기 위해 그 모든 걸 포기한다는 건 상당히 위선적인 행동으로 보인다.

우리의 역할 모델은 어머니

　일하는 엄마 밑에서 자랐느냐 그렇지 않느냐 하는 점은 아기를 가진 여성의 일에 대한 욕구와 밀접한 관계가 있다. 내가 인터뷰한 전업주부 중 약 4분의 3은 한 번도 집 밖에서 일을 해본 적이 없는 엄마 밑에서 자랐다. 그들은 엄마가 늘 곁에서 도움을 준 것에 대해 고마움을 느끼긴 했지만 아빠와 달리 '진짜 직업'을 갖지 않았기 때문에 엄마를 무시한 기억을 갖고 있었다. 한편 일하는 엄마를 둔 여성들은 나중에 자신에게 아이가 생겨도 일을 할 것임을 어린 시절부터 알고 있었다고 말했다. 그리고 그들 대부분은 이런 결정에 대해 상호 모순적인 감정이나 불안감을 거의 느끼지 않았다고 대답했다.

　배우 신시아 닉슨 역시 자신이 일하는 엄마가 될 것임을 알고 있었다. 그녀의 어머니는 15년 동안 결혼생활을 하면서 집안의 가장 노릇을 했다. 신시아의 아버지는 신통치 않은 라디오 기자였고 무직일 때도 자주 있었다. 하지만 그녀의 어머니는 뉴욕의 여러 TV 프로덕션에서 다양한 일들을 했다.

　"전 일을 원치 않는 여성을 이해할 수 없어요. 저희 집안 여자들은 항상 일을 해왔고 그러면서 아이들을 낳았거든요. 요즘 아기를 기르는 여성들이 일하는 것을 보고 놀라워하는 건 주로 상류층인 것 같습니다. 저희 어머니는 매일 아침 8시부터 저녁 6시까지 밖에서 일을 하셨죠. 그런데 저는 그것에 대해 화가 난 적이 없어요. 본래 그런 거라고 생각했으니까요. 어머니는 그런 식으로 본보기를 보여주셨지요. 저는 사무실에 있는 어머니와 전화를 자주 했어요. 어머니와 연락하기가 힘들다고 생각해본 적은 없습니다. 제가 전화를 하거나 방문을 하면 모든 교환원들이 저를 다 알아볼 정도였지요."

뉴욕에서 내과의사로 일하고 있는 로라 피셔 박사는 네 살이 채 안 되는 세 딸을 둔 엄마이다. 그녀는 어릴 때부터 의사가 되기로 마음먹었다고 한다. 로라의 형제는 모두 일곱 명인데 놀랍게도 그녀의 부모님을 포함해 피셔의 가족 모두가 의사이다. 로라의 어머니는 대부분의 여성들이 아이를 낳기 위해 일을 그만두던 1950년대에 콜롬비아 대학에서 생물물리학을 전공했다. 로라가 어렸을 때도 어머니는 일을 계속했지만 결국 한창 자라는 아이들을 키우기 위해 콜롬비아 대학의 일자리를 포기할 수밖에 없었다. 하지만 아이들이 조금 크고 나서 다시 일을 시작한 어머니는 다른 학교에서 생물통계학을 가르쳤고, 최초의 컴퓨터 소프트웨어를 프로그래밍하는 작업을 맡았으며, 정치계에서도 활발히 활동했다.

"어머니는 항상 저에게 '모든 걸 가질 수 있어'라고 말씀하셨지요. 그리고 여자 형제들이 모두 의사가 되는 데 아주 중요한 역할을 하셨습니다."

로라는 자신의 세 딸들에게도 그와 비슷한 역할 모델이 되길 바라고 있다. "전 우리 아이들이 성장하면서 엄마가 똑똑하고, 자기 일을 갖고 있으며, 일에 자부심을 느낀다는 사실을 알길 바라요. 또 제가 다른 사람을 돕고 있다는 것을 알고 존경해주길 바라고요. 전 아이들이 절 닮고 싶어 하길 바랍니다."

단돈 5천 달러로 화장품 회사를 세워 메이크업계의 거물이 된 바비 브라운은 어머니와 나눈 대화가 자신의 길을 찾는 데 중요한 동기가 되었다고 말한다. 시카고 교외에서 성장한 바비는 결혼 후에 아이를 낳고, 가능하면 누군가를 가르치는 일을 하고 싶다는 것 말고는 별다른 계획이 없는 느긋하고 평범한 학생이었다.

"저는 어떤 것에 푹 빠지는 성격이 아니었어요"라고 바비는 말한다. 애리조나 대학에서 평범한 첫해를 보낸 후 그녀는 어머니와 미래에 대한 얘기를 나누었다.

"어머니는 앞으로 무슨 일을 하고 싶은지 저에게 물으셨지요. 그래서 전 잘 모르겠다고 대답했습니다. 학교생활이 따분하다고 생각했으니까요. 그러자 어머니께서 그러셨어요. '그럼, 평생 하고 싶은 일 말고 오늘 무엇을 하고 싶은지 생각해보렴' 하고 말씀하시더군요. 그래서 저는 마샬 필즈 백화점의 화장품 코너에서 놀고 싶다고 말했습니다. 그러자 어머니는 이렇게 말씀하셨어요. '그럼, 메이크업 아티스트가 되는 건 어떻겠니?' 라고요. 하지만 저는 미용 학원엔 다니고 싶지 않았어요. 그런 학원들이 별 볼일 없어 보였거든요. 그러자 어머니는 '어딘가에 메이크업을 공부하는 데 도움이 될 대학이 있을 거다' 라고 말씀하셨습니다. 당시엔 그런 대학이 없었지만 보스턴에 있는 에머슨 대학이라면 길을 찾을 수 있을 거라는 확신이 들더군요."

바비에게 학교를 옮겨서 전혀 생소한 전공을 개척해보라고 자신감을 준 것은 그녀의 어머니였다. 에머슨 대학을 졸업한 지 채 5년도 안 되었을 때 그녀는 여성들이 원하는 모든 컬러를 만들 수 있을 정도로 잘 섞이고 퍼지는 열 가지 립스틱 아이디어를 실현시켜줄 화학자를 만났다. 이렇게 해서 바비 브라운 코스메틱스가 탄생했다.

여자에게 월급의 의미는?

신참 엄마들 중 55%가 다시 직장으로 돌아간다. 어떤 여성들은 선택의 여지가 없어서, 또 어떤 여성들은 스스로 원해서 직장으로 돌아간다. 내 경우엔 선택의 여지가 없었다. 청구서들을 지불하기 위해 돈이 필요했을 뿐만 아니라 심리적으로도 월급을 받는 것이 나에겐 중요했다. 나의 어머니는 두 번 이혼을 했고 그것이 가정 경제에 엄청난 타격을 주었다. 한때 우리는 살 집도 없었다. 어린 시절부터 나는 돈에 대한 불안감으로 늘 시달렸다.

이혼녀의 딸이었던 나는 나 자신과 아이들을 위해 경제적으로 자립해야 한다고 늘 생각했다. 내 결혼생활이 깨지지 않을 거라고는 믿고 있었지만 우울한 통계들은 분명한 메시지를 전해주었다. 결혼한 부부 중 거의 절반이 이혼을 하고, 이혼 후 1년 동안 여성들의 생활수준은 45% 급락하는 데 반해 남자들은 15% 상승한다는 것. 그것은 엄연한 현실이었다. 그러나 대중문화는 모성과 일에 대한 언급을 하면서 여성들이 자신과 아이들을 먹여 살려야 한다는 아주 현실적이고 두려운 가능성을 언제나 외면한다. 최근 인구조사를 보면 미국에만 1

천만 명의 싱글 맘이 있으며 그중 대부분이 아이들을 부양하기 위해 일을 해야 한다.

많은 연구들은 직장을 떠나 있는 기간이 길면 길수록 다시 돌아가기 힘들다는 것을 보여준다. 우리가 어머니 세대 때보다 더 나은 위치에 와 있는 것은 엄마가 되는 것을 미루고 먼저 경력을 쌓았기 때문이다. 그러나 몇 년 동안이라도 일을 완전히 그만두게 되면 위험할 수 있다. 일을 그만두고 시간이 오래 흐르면 흐를수록 복직을 해서 예전의 수입을 회복하기가 점점 더 힘들어지는 것이다. 실제로 한 조사에 따르면 40세까지 일을 계속 해온 여성이 직장을 그만두었다가 재입사한 여성보다 40% 정도 수입이 높다고 한다.

작가 앤 크리텐든은 자신의 책《엄마 역할의 대가The Price of Motherhood》라는 책에서 엄마가 되는 것이 노년의 가난을 야기하는 가장 큰 위험 요인이라고 쓰고 있다. 또한 엄마 역할이 미국에서 빈곤을 초래하는 가장 큰 위험 요인이 되었다고 말한다.

어떤 전업주부들은 좋은 학벌이 미래를 위한 보험 역할을 할 것이라고 생각한다. 어린 두 아이의 엄마인 킴벌리 모리스는 스탠퍼드 대학과 하버드 법대를 졸업했다. 그녀는 3년 전 첫딸이 태어났을 때 변호사 일을 그만두었다. 킴벌리는 적어도 5년 동안은 일을 하지 않을 계획이다. 훗날 때가 되면 법조계로 돌아갈 거라고 말한다.

"어느 정도는 법조계로 돌아갈 수 있을 거라고 생각합니다. 현재는 정확히 무엇을 해야 할지 모르겠지만요"라고 킴벌리는 말한다.

직업 전문가들 대부분은 하버드 법대 졸업장이 그보다 낮은 수준의 대학 졸업장보다 가치가 있다고 입을 모아 이야기한다. 적어도 처음에는 말이다. 그러나 그것이 긴 휴직 뒤에도 직장으로 복귀하는 것을 보장해줄까? 하버드 대학이 아닌 다른 법대를 졸업한 여성들은 어떨까? 그들은 집에서 5년을 쉰 후에 법조계로 돌아갈 수 있을까?

우리는 다양한 직종을 누비며 미지의 세계를 개척하고 있는 첫 여성 세대이다. 하지만 경제학자이자 작가인 실비아 앤 휼렛에 따르면 현재 그 전망은 그다지 밝지 않다. 여성의 직장과 가정 문제를 연구하고 있는 휼렛은 아이들을 키우기 위해 직장을 그만둔 여성의 3분의 2가 직장으로 돌아가길 희망하지만 결국 그 과정이 굉장히 힘들다는 것을 깨닫게 된다고 말한다. 그녀는 여성들이 과거의 이력에 의존해서 5~10년의 공백 기간을 인정받을 수는 없을 것이라고 말한다. 그러나 아이들이 어렸을 때 어느 정도 일을 계속한 여성들은 준비가 되었을 때 자신의 일을 다시 시작하기가 좀 더 수월하다.

"효력이 보장되는 단 한 가지 보험이 있다면 그것은 일을 완전히 떠나지 않는 것입니다. 어떤 형태로든 일을 계속하는 것이 앞으로 자신의 선택을 보호해주는 방패막이 됩니다."

임신 전에는 미처 생각하지 못한 것들

나는 우리 세대 여성들 대부분이 백마 탄 왕자가 자신을 구원해주리라는 꿈 같은 건 꾸지 않았을 거라고 생각한다. 잘생긴 왕자가 끔찍한 개구리로 변할 수 있다는 것을 잘 알고 있기 때문이다. 우리는 부모가 결혼을 헌신짝처럼 내버리는 현실을 경험했거나, 친구들의 눈을 통해 이혼을 목격했다. 설사 운이 좋아서 이혼이 뭔지 모를 정도로 화목한 가정 속에서 자라왔다 하더라도 가만히 들여다보면 근사해 보이는 결혼생활에도 오점은 있게 마련이다. 많은 부모들이 그것을 숨기려고 노력하지만 말이다. 물론 결혼식장으로 걸어 들어가는 사람 중에 자신의 결혼생활이 끔찍하게 변하거나 광채를 잃어버릴 거라고 생각하는 사람은 없을 것이다. 우리는 여전히 근사한 결혼생활에 대한 섹시하고 로맨틱한 환상을 갖고 있다. 그러나 결혼 서약을 하기 몇 년 전에 이미 연애 경험을 한 우리는 시간이 지나면 뜨겁던 사랑도 차갑게 식을 수 있다는 걸 알고 있으며 그런 현실을 인정한다. 특히 아이들이 태어난 후엔 더욱 그렇다. 내 경우엔 한때 부엌 바닥에서 나누던 열정적이고 충동적인 섹스가 TV 광고가 나가는 짧은 시간 동안 해치우는 기계적인 격주 행사로 변질되어버렸다.

아이를 낳은 후에도 그런 부부는 되지 않겠다고 맹세한 것은 나뿐만은 아니리라. 하지만 내가 아는 모든 부부들이 그런 식으로 변해갔다. 두 아이와 쳇바퀴 도는 생활에 쫓기다 보면 늘 피로감에 짓눌려 부부 관계가 뜨겁기는커녕 예의를 갖추는 수준도 유지되기 힘들었다. 밤새 달콤한 잠을 잘 것인지, 아니면 몇 분간의 뜨거운 오르가슴을 선택할 것인지 묻는다면 대부분의 여성들이 잠자는 쪽을 선택할 거라고 나는 확신한다.

여기서 핵심은 대부분의 여성들이 결혼생활의 실상에 대해 잘 안다고 해도 엄마 역할에 대해선 거의 무지하다는 것이다. 우리는 자신을 영원히 바꾸어놓을 '엄마 호르몬'에 대해서 알지 못했다. 그것이 단기 기억력을 악화시키고 예쁜 카드 광고만 봐도 눈물을 흘리게 만든다는 것을 우리는 전혀 몰랐다. 아기에 대한 본능적인 애착에 대해서도 마찬가지였다. 그것이 아이와 떨어져 있을 때 육체적인 고통을 야기한다거나 아이의 초등학교 입학식을 놓쳤을 때 가슴을 아프게 한다는 사실도 몰랐다. 아이에 대한 분노, 열정, 사랑, 심지어 무관심 같은 복잡한 감정들에 대해서도 전혀 준비가 되어 있지 않았다. 또한 아기를 낳은 직후 간호사로부터 자신의 이름 대신 '엄마'로 불리기 시작했을 때부터 정체성이 영원히 바뀌게 된다는 것을 알지 못했다. 우리의 인생을 바꿔놓고 마음을 둔하게 만들며 신체의 변화를 가져오는 이런 중대한 행사가 직장생활에 어떤 영향을 미칠지에 대해서도 전혀 예상하지 못했다.

우리는 많은 여성들이 일하는 시대에 성장했지만 어떻게 해야 훌륭한 엄마 역할과 멋진 직업을 병행할 수 있는지에 대해 배울 수 있는 표본을 거의 본 적이 없었다. 그동안 조사를 하면서 만난 직장 여성 대부분은 일하는 엄마 밑에서 자란 여성들이었다. 그러나 그들의 어머니들이 종사했던 직업은 보다 전통적이고 융통성 있는 '여성적인' 직업이었다. 선생님, 간호사, 도서관 사서, 인테리어 디자이너, 법조계 비서 같은 직업 말이다. 물론 나처럼 의사나 변호사, 박사, 사업가 같은 전문직에 종사하는 어머니를 둔 여성들도 있기는 했다. 그러나 그것은 대부분 아이들이 학교에 입학할 나이가 된 이후에 이루어졌다(우리 어머니도 내가 고등학생 때 법대에 다니셨다). 그래서 아기가 태어나 초등학교 1학년이 될 때까지의 힘든 시기가 우리 어머니들에겐 우리만큼 힘들지 않았던 것이다.

여성이 엄마 역할과 직장생활을 모두 잘하려고 할 때 어떤 일이 일어날까? 내가 만난 여성 중 일부는 그것에 성공해서 행복을 누리고 있었고, 또 어떤 여성들은 개인적인 변화와 직업적인 변화를 꾀하려고 고군분투하고 있었다. 그리고 무엇보다 중요한 것은 보다 많은 여성들이 일과 가정생활에서 모두 성공한다는 것이 어떤 것인지에 대한 패러다임을 바꿔가고 있다는 것이었다.

2

서른, 난자 그리고 여자의 위기

커리어 우먼 가운데는 서른 살의 문턱을 넘은 후에도 아기를 가질 생각조차 하지 않는 여성들도 많지만, 출산을 미룸으로써 부딪치게 될 생물학적 현실을 쉽게 무시할 순 없다.

"난 절대 임신할 수 없을 거예요. 집에서 섹스 할 시간도 없는 걸요. 미친 소리처럼 들리겠지만 감옥 촬영이 배란기와 겹쳐서 촬영을 다음 달로 미뤘어요"라고 나의 동료인 제니가 말했다. "그게 가능해요?"라고 내가 묻자 제니는 이렇게 대답했다. "감옥이 없어지진 않잖아요. 하지만 내 난자는 그렇지 않거든요."

NBC 방송의 〈데이트라인〉 팀에서 함께 일하던 우리는 당시 둘 다 서른을 코앞에 둔 기혼녀로서 아기를 낳을 생각은 늘 하고 있었지만 작업 스케줄이 여의치 않아 힘들어했다.

〈데이트라인〉에서 섭외 담당 부제작자로 일을 처음 시작했을 때 나는 스물다섯 번째 생일을 하루 앞두고 있었다. 그때만 해도 나는 아기에 대해 전혀 생각하지 않았다. 당시 〈데이트라인〉 섭외 담당자로서 내가 할 일은 세간의 이목을 끌 만큼 경쟁이 치열한 인터뷰를 따오고 다른 뉴스쇼들보다 한발 앞서 시청자의 큰 호응을 얻는 것이었다.

일반적으로 섭외 담당자는 지옥과 천당 사이를 오가는 생활을 한다. 호출기가 울리면 최신 기사를 취재하기 위해 다음 비행기를 타러 긴급 출동해야 한다. 내 경험상 그곳은 미국 어딘가에 있는 이름 없는 동네인 경우가 대부분이다. 우울한 모텔방, 맛없는 커피, 취약한 통신 서비스……. 그럼에도 불구하고 나는 내 일을 사랑했다. NBC 방송국에서 보낸 4년 동안 O. J. 심슨의 재판 때는 거의 4개월 동안 배심원들을 뻔뻔하게 쫓아다니며 샌타모니카 법원에서 밤을 새웠고, 동남아시아에서는 한 왕자로부터 비역 행위를 당했다고 주장하는 여성들을 찾아 스트립 클럽을 전전했다. 검사들의 직권 남용과 1급 살인을 포함한 중요한 뉴스들을 취재했으며, 대량 살상무기에 대한 보도를 하기도 했다. 폭풍이 캔자스 지역을 휩쓸고 있는 동안에도 토네이도 생존자들을 인터뷰하기 위해 새벽 3시에 오클라호마행 개인 비행기를 전세낸 적도 있었다. 인터뷰 장소가 감옥이든 트레일러 공원이든 법정이든 가리지 않았다. 게다가 나는 항상 방송계 최고의 실력자들과 함께 일했고, 그것은 나 자신을 중요한 사람처럼 느끼게 해주었다. 내 일은 모임 친구들에게 매혹적인 이야기를 들려줄 수 있는 흥미로운 직업이었다. 그러나 그것이 해결해주지 못한 것이 있었으니 그것은 바로 가정을 이룰 여유가 없다는 것이었다.

커리어 우먼 가운데는 서른 살의 문턱을 넘은 후에도 아기를 가질 생각조차 하지 않는 여성들도 많지만 나는 출산을 미룸으로써 부딪치게 될 생물학적인 현실을 무시할 수 없었다. 슬프게도 이런 문제로 뒤늦게 후회하고 고통받는 경우를 너무 많이 보아왔기 때문이다.

대부분의 직종처럼 언론사에도 똑똑하고 유능한 여성들이 많이 있었다. 뉴스 분야의 넘치는 여성 호르몬 속에서 나는 막강한 여자 방송 선배들 중 많은 사람들이 불행하게도 아직 싱글이거나 결혼은 했지만 불임으로 고통받고 있다는 것을 알게 되었다. 그 여성들은 성공의 최정점에 있었고 에미상도 여러 차례 탔으며 경제적으로 안정되고 직업적으로도 만족스러운 상태였다. 그러나 그들이 개인적으로 반드시 행복한 삶을 사는 것은 아니었다.

임신을 원하는 몇몇 여성들은 강도 높은 불임 치료를 받고 있었고 여러 번의 유산을 경험하기도 했다. 때로는 그 과정에서 엄청난 빚을 지기도 했다. 임신을 간절히 원했던 한 통신원은 대통령 전용기에서 부시 대통령과 얘기를 나누는 사이사이에 화장실로 달려가 허벅지에 불임 치료제를 놓았다고 한다. 이상하게 들릴지 모르겠지만 이런 여성들은 그래도 운이 좋은 편이다. 자신의 경력은 화려하게 장식했지만 사생활을 무시해버린 바람에 남편감을 찾고 아기를 낳을 수 있는 시기가 지나버렸음을 뒤늦게 깨닫게 된 여성들도 있다.

실비아 앤 휼렛은 2002년에 쓴 《생명 만들기Creating a Life》라는 책에서 커리어 우먼들이 일하기 위해 아기를 가질 수 있는 시간을 낭비함으로써 '불임의 위험'으로 고통받고 있다고 단언했다. 휼렛은 많은 전문직 여성들이 세균 배양용 접시와 불임 전문의에게 의존하는 것만이 임신을 할 수 있는 유일한 희망이 될 때까지 엄마 되기를 미룬다고 말한다. 휼렛의 연구 결과는 〈오프라 윈프리 쇼〉, 〈투데이 쇼〉 등에 보도되었고 수백만 명의 여성들을 공포로 몰아넣었다. 내 주변에도 머지않아 이러한 진실을 깨닫고 고통스러워할 여성이 너무나 많았다.

그에 비해 나는 몇 가지 면에서 운이 좋았다. 일찍 결혼했고 스물 아홉 살이 될 때까지 생물학적으로 아무 문제가 없었다. 나의 난소에는 통통하고 활발히 움직이는 난자들이 풍부했다. 그러나 나는 이중적인 불운에 직면해 있었다. 정신없이 바쁜 직업에 종사하고 있었지만 아직 신참 축에 속하는 편이어서 출장 스케줄을 내 마음대로 조절할 수 없었고 파트타임을 고려하기엔 경력이 충분치 않았던 것이다. 당시 나와 비슷한 직급에 있던 직원 중에 아이를 가진 여성은 없었다. 시간을 좀 더 유연하게 사용하기 위해서는 제작자로 승진해야 했다. 그러나 승진의 기회는 아주 적었다. 부제작자는 너무 많았고 제작자 자리는 너무 적었다. 승진으로 가는 길에 병목현상이 있었던 것이다. 실제로 나와 〈데이트라인〉에서 함께 일을 한 사람 중 몇 명은 그로부터 8년이 지난 지금까지 제자리걸음을 하고 있다.

그래서 나는 〈데이트라인〉에서 아무도 하지 않는 짓을 했다. 회사를 그만둔 것이다. 나는 늘 TV 뉴스 분야에서 성공을 꿈꿨다. 그러나 그때는 불안정한 임신에 대해 경고를 받은 듯한 기분이 들었기 때문에 내가 생각했던 미래 계획에서 잠시 벗어날지언정 엄마가 되는 것이 우선이라고 생각했다. 그래서 인터넷 사업 붐이 가라앉을 무렵 꽤 짭짤한 스톡옵션과 재택근무 혜택이 주어지는 신생 인터넷 기업의

미디어 담당자 자리를 수락했다. 그리고 NBC 방송을 떠난 지 두 달 만에 임신을 했다.

여러 가지 이유에서 나는 아기를 갖기 위해 기다리지 않아도 된다는 사실이 기뻤다. 그러나 아들 조나가 태어나자마자 나는 걱정에 휩싸였다. 멋진 이력이 되어주리라 생각했던 분야에서 밀려나면 어쩌나 하는 걱정이었다. 왜냐하면 충분히 높이 올라가기도 전에 사다리에서 뛰어내렸기 때문이다.

남자들의 세계에서 일하며 '아이 낳기'

맨해튼 중심부에 위치한 코넬 클럽의 강의실은 사람들로 웅성거리고 있었다. MBA 학위를 갖고 있는 2백여 명의 20~30대 여성들이 신간 서적에 대한 설명과, '30대에 오는 중년의 위기'를 피하는 법에 관한 조언을 듣기 위해 모인 것이었다. 청중의 대부분을 차지하는 투자은행이나 금융계 여성들은 높은 수입이 보장되는 만족스러운 직업과 사랑하는 남편, 정신적·정서적으로 안정된 아이들 등을 어떻게 하면 모두 가질 수 있는지 알고 싶어 하는 것 같았다.

질의응답 시간이 되자 뒤쪽에 앉아 있던 도나라는 이름의 한 여성이 자리에서 일어나 마이크에 대고 마치 고해성사를 하듯 말했다. "저는 이제 막 30대로 접어들었고 아이가 하나 있습니다." 그녀의 목소리에선 카리브 해 연안의 악센트가 약간 섞여 있었다. 정장 구두와

진주 목걸이를 두른 여성들로 가득한 강의실에서 도나는 아주 특이한 케이스였다. 바로 아이를 키우는 엄마였던 것이다. 투자 은행과 금융계는 여전히 명문대 출신의 남자들이 대세를 이루고 있었다. 한때 남자들이 지배하던 대부분의 직종에 여자들이 벽을 깨고 들어갔다고는 하지만 금융계는 여전히 에스트로겐 수치가 위험할 정도로 낮은 분야이다. 물론 몇몇 여자들은 부사장과 관리이사 자리까지 올라갔다. 그러나 근무 환경은 가정 친화적이지 않으며 마흔 살 미만은 말할 것도 없고 서른다섯 살 미만의 여성 중 아이를 가진 사람은 거의 없었다.

"제가 아이를 가졌을 때 사람들은 마치 머리 두 개 달린 괴물을 보듯 저를 쳐다보았습니다"라고 그녀는 강의가 끝난 후 자신의 두 친구와 얘기를 나누며 내게 털어놓았다. 그녀의 친구들 역시 이제 막 일을 시작한 젊은 투자 전문가들이었다.

"사람들은 제게 이런 식으로 말했어요. '어떻게 임신을 해서 네 경력을 망칠 수가 있어? 너는 아직 아이를 가질 만큼 사다리를 높이 오르지 못했잖아.' 그런 말을 들을 때마다 전 임신이 제게 득이 되지 않을 거라는 걸 알 수 있었지요. 제 주위엔 아이가 있는 여자 선배가 없었어요. 당연히 어느 누구에게도 도움을 받을 수가 없었고요. 금융업은 아주 고된 일입니다. 그래서 이 일을 하는 여성들은 아기를 가지지 않아요. 한때는 임신하기 전에 그 모든 것을 알지 못했던 자신을 책망하기도 했습니다. 하지만 지금은 아기를 가진 걸 후회하진 않아요"라고 도나는 말했다.

　그러자 도나의 친구 앤이 말을 이었다. "우리 사무실 여자들은 임신에 대해 아주 방어적입니다. 저희 팀에 임신 8개월 된 여성이 있는데 그녀는 아주 못된 여자로 돌변했어요. 임신한 것 때문에 스트레스도 많이 받는 것 같고 임신하기 전보다 훨씬 더 강하게 자신을 증명해 보이려고 애쓰는 것 같더군요. 그래서인지 일을 지나치게 열심히 하면서 그만큼 다른 사람들에게 아주 못되게 굴더라고요."

　앤의 말에 도나는 고개를 끄덕이며 말했다. "엄마들에게 너무나 불친절한 환경에서 임신을 하고 아기를 낳는 건 정말 힘든 일이에요. 우리는 24시간 내내 고객들의 요구에 응해야 하는 서비스 업종에서 근무하고 있습니다. 엄마가 되면 그런 일을 할 수가 없죠. 저 역시 보모가 내 아이들을 키우는 걸 원치 않아요. 솔직히 직장에 있는 동안 아이들을 돌볼 사람을 고용할 능력도 안 되고요. 그렇지만 어쩔 수가 없었죠. 게다가 출산 휴가를 마치고 돌아왔을 때 전 제가 정말 좋아하는 투자 금융 부서를 떠나 재미도 없고 비중도 덜한 부서로 옮기게 되었습니다. 아이가 있으면 출장을 갈 수도 없고 투자 금융 부서에서 요구하는 일도 할 수 없을 거라는 인식이 깔려 있었기 때문이지요. 그 모든 것을 가질 수 있는 남자 동료들을 보면 전 정말 화가 납니다. 여자들은 그럴 수 없으니까요."

　출산 휴가를 마친 후 자연스럽게 곧장 직장에 복귀한 여성들도 물론 있다. 하지만 일의 성격을 잘 알기에 출산 휴가가 끝난 후 업무에 복귀하는 것이 불가능하진 않지만 상당히 힘들 거라는 걸 알고 머뭇거리는 여성들도 있다. 사회의 노동구조는 여전히 고집스럽게 남성

중심으로 돌아가고 있다. 왜냐하면 처음부터 생명을 낳는다는 것을
염두에 두지 않았기 때문이다. 나는 투자 분야에서 일하는 여성들 대
부분이 몇 년간 열심히 일하다가 아기를 낳은 후 일을 그만둔다는 것
을 알게 되었다. 도나를 화나게 하는 것은 남자 동료들은 '그 모든 것
을 다 가질 수 있다' 는 사실이었다. 젊은 남성 투자 전문가들은 아내
가 아기를 낳고 집에 있을 때 아기를 돌보지 않는다. 그것은 남자들
이 직업적으로 계속 발전하기 위해 합의한 조건이다. 그러나 여성들
의 경우엔 그런 것이 받아들여지지 않는다. 그건 생물학적인 요인 때
문일 수도, 사회적인 요인 때문일 수도 있다. 그러나 어쨌든 일과 인
생 문제에 있어 남성보다 여성 쪽에서 자신의 선택 가능성들을 재평
가할 수밖에 없는 경우가 더 많은 것이 사실이다.

일하는 여성의 임신 타이밍

　수잔 밀러(34세)는 적어도 하루에 한 번씩 일을 그만둘까 생각한다.
일이 싫어서가 아니다. 그녀는 지금 하고 있는 일을 정말 좋아한다.
그러나 몇 달 전 승진을 해서 회사가 진행해온 가장 큰 신규 사업을
책임지고 있는 그녀는 자신의 직업적인 방향에 대해 불안감을 느끼
고 있다. 직장생활을 시작한 후 처음으로 그녀는 자신이 정말 승진을
원하는지 확신이 서지 않았고 그런 생각이 그녀를 불편하게 만들었
다. 항상 혼자 힘으로 목표를 세우고 매번 그 목표를 조금씩 달성해

온 수잔으로서는 뜻밖의 상황이었다.

수잔은 대학에 다닐 때 중동에서 1년을 살았고, 대학을 졸업한 후에는 인도에서 1년간 생활했다. 그녀는 뉴욕 마라톤 대회에 두 번씩이나 참가했다. 한번은 참가하기 며칠 전에 다리를 다쳤지만 전혀 아랑곳하지 않았다. 그리고 스물다섯 살 때는 학교로 돌아가 MBA를 따기로 결심했다. 이유는 그것이 자신이 해야 한다고 느끼는 일 중 하나였기 때문이다.

"저에겐 많은 목표가 있었고 계속 저 자신을 증명해야 한다고 생각했습니다. 저희 집은 인맥이 튼튼한 성공한 집안이 아니었어요. 저는 동네 사람들이 서로 시시콜콜 알고 지내는 시애틀의 조그만 마을에서 성장했죠. 그렇기 때문에 일도 돈도 없는 제가 뉴욕에 와서 콜롬비아 대학의 MBA 학위를 받는다는 건 정말 굉장한 일이었습니다."

수잔은 원기왕성하고 운동을 좋아하는 여성이다. 현재 18개월 된 아들 하나를 둔 수잔은 틀을 깨고 모든 것을 자기 방식대로 하는 것에 익숙해 있다. 서른이 되기 몇 개월 전에 경영대학원을 졸업한 그녀는 당시 다른 학생들보다 나이가 많았다. 그 후 그녀는 컨설팅 분야에서 명망 있고 수입이 높은 직업들을 두루 섭렵했다. 하지만 그녀는 행복하지 않았다. 근무 시간이 길었던 데다가 늘 아이를 갖고 싶었기 때문에 공동 경영자가 되기 전에 임신하는 것을 금기시하는 환경이 마음 편치 않았던 것이다. 그래서 1년 후 회사가 인력 감축을 하면서 자신을 정리 해고했을 때 그녀는 오히려 마음이 편했다.

그 후 수잔은 곧 브랜드 마케팅 회사에 취직했다. 그곳은 투자나 컨설팅 업계보다 '가족 친화적'인 직종으로 분류되는 분야였다. 그러나 새로운 일을 시작하려는 순간 수잔은 고통스러운 유산을 경험했다. 그녀는 임신한 사실조차 몰랐다. 유산은 그녀가 더 늦기 전에 임신을 해야 한다는 절박함과 그것이 자신이 상상했던 것보다 힘들지 모른다는 공포심을 불러일으켰다. 그래서 그녀는 회사의 말단 직원에 지나지 않았지만 아이를 낳기 위해 남편과 함께 적극적으로 노력하기 시작했다. 새 일을 시작한 지 몇 개월 후에 수잔은 자신이 임신했다는 사실을 알고 너무나 기뻤다.

"제 직급에서 아기를 가진 건 전례가 없던 일이었습니다. 직장 동료들은 제가 아기를 낳고 다시 복직하는 것이 있을 수 없는 일이라고 생각했을 거예요. 제가 아기를 가졌다고 하자 모두 충격을 받더군요. 사실 어느 정도 질투심도 느꼈을 거라고 생각합니다. 그것은 모든 사람들이 생각하는 한계를 훨씬 뛰어넘는 일이었으니까요. 일을 하는 데에는 정해진 단계와 타이밍이라는 게 있습니다. 바로 기업의 사다리라는 거죠. 그래서 제가 너무 빨리 뛰어 올라갔다가 뛰어내리는 것을 보고 모두들 정말 놀랐을 겁니다. 아마 제가 돌아오지 않을 거라고 생각했을 거예요. 하지만 전 다시 돌아왔습니다. 경제적으로 그래야만 했으니까요. 그리고 그것이 힘들거라는 것도 짐작하고 있었습니다."

출산 휴가 후 수잔이 직면한 첫 번째 어려움은 자신이 적어도 저녁 7시 30분까지 일을 해야 하는데 보모는 6시에 퇴근해야 한다는 것이었다. "회사에 복직을 했을 때 저녁 6시에 퇴근해야 한다는 얘기를 꺼내기가 두렵더군요. 항상 퇴근시간이 아주 늦은 업종에서 일해왔기 때문에 7시 전에 퇴근을 하면 최선을 다했다는 기분이 들지 않았거든요. 특히 직급이 낮을 때는 더 그랬습니다. 하지만 저는 일찍 퇴근해야 했고, 뾰족한 방법이 떠오르지 않았죠."

그러나 직장으로 복직한 수잔은 일찍 퇴근하는 것을 가능하게 만들었다. 그녀가 출산 휴가를 마치고 직장으로 돌아왔을 때 그녀의 상사는 깜짝 놀랐지만 그는 수잔이 예전보다 일찍 퇴근할 수 있도록 도와주었다. 예전과 달라진 점이 있다면 일이 완전히 끝날 때까지 회사에 남아 있는 대신 매일 밤 일거리를 집으로 가져간다는 것이었다.

복직 후 1년이 조금 못 돼 수잔은 승진을 했고 지금은 회사에서 가장 중요한 새로운 업무 하나를 책임지고 있다. 이렇게 다른 동료들을 따라잡고 승진을 할 수 있었던 것은 자신의 열정과 정신적인 후원자인 어머니의 격려 덕분이었다고 그녀는 말한다.

아이러니컬하게도 현재 수잔은 몇 년 전 일을 처음 시작할 때와 비슷한 딜레마에 빠져 있다. 아이를 하나 더 낳고 싶은 것이다.

"2주 후면 서른다섯 살이 되는데 그날이 오지 않았으면 좋겠어요. 나이가 더 들기 전에 아기를 낳아야 할 텐데 지금은 아기를 갖기에 적기가 아니거든요. 하지만 기다릴 수가 없습니다. 지금 중요한 프로젝트를 진행 중인데 어쩌면 몇 개월 후에 '오, 그건 그렇고 저 임신했어요' 라고 말해야 할지도 모르겠어요. 그러면 이렇게들 말하겠죠? '그녀가 뭘 했다고? 우린 그녀에게 회사에서 가장 중요한 프로젝트를 맡겼단 말이야!' 라고요. 그래서 저는 남편에게 몇 달만 기다려달라고 사정하고 있습니다. 그때쯤이면 출장도 모두 다녀왔을 테고, 해야 할 일들도 거의 마무리가 되었을 테니까요. 하지만 남편은 그럴 수 없다고 합니다. 그도 곧 서른여섯이 되고 나이가 계속 들어가고 있거든요. 임신을 더 미룬다면 직장 경력은 그만큼 더 쌓이겠지만 그건 바람직한 생각이 아닌 것 같습니다."

일하는 여성에게 아기를 갖기에 좋은 때는 없는 것 같다. 특히 성공을 향해 달려가면서 열심히 그리고 충분히 오래 일하면 언젠가 모든 것이 저절로 따라오는 행복한 시점에 도달할 거라는 희망을 안고 승진 대열에 서 있는 여성들에겐 더욱 그렇다. 베이비붐 세대의 여성들은 20대 초반에 아기를 낳고 일을 하거나 혹은 일을 먼저 하다가 아슬아슬하게 아기를 갖는 데 반해 요즘 여성들은 일과 엄마 역할 사이에 끼어서 어느 쪽을 먼저 해야 할지 모르고 있다.

내가 이야기를 나눠본 여성들 가운데 몇몇은 마치 군대처럼 정확하게 임신 계획을 세우고 싶어 했다. 어떤 여성들은 배가 눈에 띄게 나왔음에도 상사에게 임신한 사실을 이야기하지 못했다. 승진을 앞두고 있는데 임신이 그것을 방해할까 봐 두려웠기 때문이다. 그러나 수잔은 첫 아이를 임신했을 때 회사 체제에 도전한 것처럼 다음번에도 그럴 수 있으리라는 것을 잘 알고 있다. 그녀는 자신이 현재 엄청난 경험을 쌓을 수 있는 위치에 있다는 것을 알고 있기 때문에 지금은 우선 프로젝트를 마쳐야 한다고 생각한다. 현재 하고 있는 일이 가정생활에 너무 버겁게 느껴질 경우 다른 직장에서 그동안 쌓은 실력을 발휘할 수 있기 위해서라도 말이다.

CNN 방송 앵커 솔데드 오브라이언 이야기

　CNN 방송 〈아메리칸 모닝〉의 공동 앵커 솔데드 오브라이언(37세)은 바쁜 직장생활과 가정생활을 병행할 수 있다는 사실에 감사한다. 쌍둥이 아들을 임신한 지 7개월 반째로 접어든 솔데드는 약속 시간보다 몇 분 늦게 뛰어 들어왔다. 그녀는 뉴욕의 한 병원에서 초음파 검사를 받기 위해 2시간 30분을 기다리느라 꼼짝할 수 없었다고 했다. 솔데드는 의자에 앉으면서 늦은 것에 대해 사과했고 내게 형체를 알아보기 힘든 초음파 사진을 보여주었다.

　"그렇게 오래 기다리다 보면 이보다는 나은 사진을 기대하게 되는데, 우습죠?"라고 유머러스하게 말문을 연 솔데드는 오늘날 방송계에서 똑똑하고, 성격 좋고, 재능 있는 여성 앵커 가운데 한 사람으로 알려져 있다. 그녀는 전국흑인기자협회 및 히스패닉기자협회의 회원이자, 〈피플〉지가 뽑은 세계에서 가장 아름다운 50인 중 한 명이며, 〈아이리시 아메리칸 매거진〉으로부터 1998년에서 2004년까지 가장 주목받은 1백 명의 아일랜드계 미국인 가운데 한 명으로 선정되기도 했다.

　캐러멜 빛 피부에 수많은 주근깨와 사슴 같은 눈이 이국적인 조화를 이루고 있는 그녀의 외모는 쿠바 출신의 흑인 어머니와 호주 출신의 백인 아버지에게서 물려받은 것이다. 솔데드의 부모님은 시민권 운동이 일어나기 전에 볼티모어에 있는 존스 홉킨스 대학에서 만났으며, 결혼하기 위해 1959년 워싱턴 D.C.로 이사했다. 왜냐하면 당시만 해도 타인종 간의 결혼이 볼티모어에선 불법이었기 때문이다.

여섯 명의 형제들 중 다섯째인 솔데드는 뉴욕의 롱아일랜드에서 성장했다. 그곳에서 그녀의 아버지는 대학교수로 일했고 어머니는 고등학교에서 프랑스어와 스페인어를 가르쳤다. 오브라이언 형제들은 주로 백인들만 살고 있는 스미스타운에서 두각을 나타냈다. 솔데드는 자신이 다른 아이들과 다르게 생겼고 마을 사람들과 한번도 데이트를 해보지 못했지만 자신의 정체성 때문에 괴로워해본 적은 없다고 말한다.

"부모님은 저희들이 아버지가 백인인 혼혈 흑인이라는 걸 분명히 말씀해주셨습니다. 저는 보통 흑인보다 피부색이 밝은 흑인이죠. 하지만 저는 인종 문제로 그다지 고민하지 않았어요. 흑인이기 때문에 사람들이 나를 받아들이지 않는다고 느낀 적도 없었고요. '사람들은 내가 하는 일로 날 판단한다'고 저는 생각했습니다. 저는 제 피부색이 전혀 불편하지 않았어요. 다른 형제들도 마찬가지였고요. 그래서 다른 사람들도 그렇게 느꼈을 거라고 생각합니다."

솔데드도 다른 형제들처럼 하버드 대학에서 공부했다. 그리고 대학을 졸업한 후 줄곧 방송국에서 일해왔다. 보스턴과 샌프란시스코에 있는 지역 방송국과 NBC 방송의 뉴스 제작 부서에서 일한 후 솔데드는 MSNBC 방송의 앵커가 되었고 그 후엔 NBC 방송의 〈위크엔드 투데이〉에서 영예로운 공동 앵커의 자리에 올랐다. 그녀는 이 프로그램을 4년간 진행했으며 그 와중에 투자 금융가인 브레드 레이몬드를 만나 데이트를 하고 결혼을 했다. 솔데드는 유대가 돈독한 대가족에서 성장했기 때문에 항상 아이를 많이 낳고 싶었다. 그래서 〈위크엔드 투데이〉의 앵커가 된 지 1년 만에 첫딸을 가졌을 때 그녀는 몹시 흥분했다. 그러나 아이를 낳은 후에 닥칠 엄마 역할의 어려움에 대해 자신이 미처 준비가 되어 있지 않았다고 말한다.

"언니에게 너무 비참하다고 말했던 게 기억납니다. 그러자 언니가 그러더군요. '물론 비참할 거야. 꿰맨 자국도 있지, 젖은 계속 흐르지, 살은 10킬로그램도 넘게 쪘지, 게다가 그 살은 금방 빠지지도 않거든. 다른 방에선 아기가 울어대는데 어떻게 해야 할지는 모르겠고……. 그런 상황에서 비참하지 않으면 이상한 거지' 라고요. 언니의 말은 오히려 힘이 되었습니다. 아기를 낳고 처음 4개월은 지옥 같을 거라고 말해주는 사람이 있다는 것, '너는 미치지 않았어. 그리고 그런 기분은 계속되지 않을 거야' 라는 말을 듣는다는 것은 정말 큰 위안이 됩니다."

솔데드는 첫딸이 태어난 후 5주간 출산 휴가를 보냈고, 둘째딸이 태어난 후엔 4주를 쉬었다. 쌍둥이 아들이 태어나기 두 달 전인 2004년 8월에는 아기를 낳고 나서 대통령 선거를 취재하러 다시 직장에 복귀할 것이라고 말했다. 그런 점에서 볼 때 그녀는 모든 일이 계획대로 이루어지는 것 같아 보인다. 그러나 솔데드는 아기를 염두에 두고 작업 스케줄을 조절하는 것이 처음에는 아주 힘들었다고 말한다.

"딸 소피아를 낳은 후에 정말 괴로웠던 것은 제가 모든 일에 서툴다는 사실이었습니다. 뭘 해야 할지 몰랐고 직장일과 엄마 역할을 효과적으로 병행하는 방법도 몰랐죠. 제가 아이를 잘 키우지 못하는 것처럼 느껴졌습니다. 저는 네 시간마다 젖을 짜야 했고 그러고 나서 두 시간, 혹은 그보다 오랫동안 뉴스쇼를 진행해야 했어요. 그것은 정말 힘든 일이었고 두 가지를 병행하는 것이 너무나 고달팠죠. 그러다가 저는 방법을 터득했습니다. 일하는 엄마로서 좋은 점 중 하나는 갑자기 모든 것을 깨닫게 된다는 거예요. 스스로 '넌 정말 잘하고 있어'라는 생각이 들게 되는 거죠. '이걸 보라고. 나는 젖을 짜고, 머리 손질을 하고, 화장을 하고, 쇼를 진행할 수 있게 되었어. 그리고 15분 쉬었다가 다시 젖을 짜면 되는 거야. 나는 예전보다 훨씬 많은 일을 하고 있다고' 하며 자신감을 갖게 됩니다. 남편의 직장 동료 중 한 사람은 제가 아파트 수리를 직접 감독한다는 얘길 듣고는 믿을 수 없다는 듯 이렇게 말했다더군요. '우리 집사람은 전업주부에, 하루 종일 보모가 옆에 있는데도 아무것도 못한다니까.' 하지만 제가 그 모든 일을 할 수 있는 건 슈퍼우먼이라서가 아닙니다. 그것이 가능한 것은 주어진 시간이 한정되어 있으므로 항상 모든 일을 계획에 맞게 따르기 때문이지요"라고 솔데드는 담담하게 말한다.

솔데드의 하루는 새벽 3시 30분에 시작된다. 그리고 한 시간 후 사무실에 도착해 세 시간 동안 생방송으로 진행될 TV 뉴스쇼를 준비한다. 방송이 끝난 후 촬영할 기사나, 강연 약속 또는 CNN 방송과의 다른 계약 사항이나 참석해야 할 자선 행사가 없을 경우 큰딸을 학교에서 데리고 와 오후 시간을 함께 보낸다.

"정오 무렵에 일이 끝나는 직업은 그리 많지 않죠"라고 솔데드가 솔직히 털어놓는다. 그런 면에서 아침 뉴스 앵커가 엄마에게 특히 좋은 직업임에 분명하다.

솔데드는 '엄마는 완벽해야 한다' 는 주위의 압력과 기대는 불공평한 것이라는 데 동의하면서 잡지 표지에 실리는 유명한 엄마들과 자신을 비교하고 싶지 않다고 말한다. 왜냐하면 그것이 허상이며 경쟁을 통해 얻을 수 있는 이미지가 아니라는 것을 잘 알고 있기 때문이다. 그녀는 첫딸을 낳은 후 〈위크엔드 투데이〉에 복귀했을 때 일을 다음과 같이 털어놓았다.

"출산 휴가를 마치고 직장에 복귀했을 때 임신을 했거나 아기가 있는 NBC 방송사 직원들이 이렇게 말하더군요. '와, 정말 근사해 보여요. 얼마 전에 아기를 낳았다고는 믿기 어렵겠어요.' 그러면 전 이렇게 대답하죠. '물론, 근사해 보이겠지요. 나에게 이런 옷을 입혀 날씬해 보이게 하고 화장을 멋지게 해주는 사람이 위층에 세 명이나 있으니까요. 여러분에게도 그런 스태프들이 있다면 아주 근사해 보일 거예요' 라고요. 저는 유명 인사들과 저 자신을 비교하지 않습니다. 왜냐하면 제게는 집으로 찾아오는 개인 요가 선생님도 없고 다이어트를 관리해주는 영양사도 없으며 물론 개인 트레이너도 없기 때문이죠. 제가 이런 옷을 다시 입는 것은 단지 일 때문입니다. 유명 인사들이 예전의 몸매로 돌아가는 건 그렇게 하지 않으면 안 되기 때문이에요. 실제로 그들은 살을 빨리 뺄 경우 약간의 홍보 효과를 얻을 수 있습니다. 하지만 그렇지 못하면 비난을 받지요. 그건 불행한 일입니다. 사라 제시카 파커를 보면서 '왜 나는 그녀처럼 될 수 없을까?' 라고 생각할 필요가 없는 거예요."

솔데드는 여성들, 특히 엄마들에게는 속마음을 털어놓을 수 있고 자신을 지지해주는 사람들이 필요하다고 생각한다.

"다른 사람들에게 자신의 좌절감을 털어놓으세요. 엄마 역할이 별 것 아니라고 얘기하는 사람들은 피하고요. 왜냐하면 실제로는 전혀 그렇지 않으니까요. 그건 자신의 일을 아주 쉽게 얻은 것처럼 얘기하는 연예인들과 같습니다. 사실 연예인이 되는 것도 쉬운 일이 아니지요. 저 역시 현재 위치에 오르기 위해 엉덩이 붙일 시간도 없이 일했습니다. 그래서 사람들에게 그게 아주 간단한 일이었다고 말하고 싶지 않아요. 왜냐하면 실제로 쉽지 않았으니까요. 그건 정말 정말 힘든 일입니다. 아이를 키우는 것도 정말 힘든 일이고요. 육아와 직장생활을 병행하는 것은 두말할 필요도 없지요. 하지만 그에 따른 성취감도 대단하죠. 그런 힘든 과정은 견딜 만한 가치가 있어요."

솔데드는 직장생활과 엄마 역할을 병행하면서 수많은 어려움을 견뎌낼 수 있었던 것은 긍정적인 태도 덕분이었다고 말한다.

"제가 가진 자질 중 가장 좋은 점이 바로 긍정적인 태도와 유머 감각입니다. 저는 어떤 상황에서도 걱정하거나 당황하지 않아요. 걱정을 해봐야 아무 도움이 되지 않는다는 것을 아주 오래 전에 깨달았기 때문이죠. 그건 유연성과도 관련이 있습니다. 동물원으로 소풍 가는 것이 멋지다고 생각되면 그곳에 가서 잠시 머물며 점심을 먹으면 되고, 그것이 싫으면 그냥 나오면 되는 거예요. 저는 모든 것을 완벽하게 하려고 애쓰지 않습니다. 다만 일을 할 때만큼은 진지해지죠. 그래도 실수를 했을 때는 주저하지 않고 그것을 인정합니다."

겉으로 보기에 모든 것을 가진 것처럼 보이는 여성이 있다면 그건 바로 솔데드 오브라이언일 것이다. 그녀는 두 딸을 두었고 멋진 직업을 가졌으며 9년간 행복한 결혼생활을 해오고 있다. 그리고 인터뷰를 할 당시 쌍둥이 아들을 임신하고 있었다. 내가 그녀에게 "모든 것을 가졌다고 생각하느냐"고 묻자 그녀는 내게 되물었다.

"여기서 모든 것이란 무얼 의미하는 거죠? 제게는 일이 있고 아이들도 있어요. 다행히 모든 식구도 건강하고요. 하지만 그것이 제가 가진 전부예요. 전 외출을 하지 않습니다. 파티에도 가지 않죠. 요리도 정말 못합니다. 사람들도 초대하지 않아요. 전 많은 일을 하지 않습니다. 그리고 그 정도에 만족해요. 아이들이 집에 오면 함께 시간을 보내고 저녁을 준비하고 잠자리에 들지요. 제가 모든 걸 가졌다고 말하고 싶진 않아요. 다른 여자들이 보면 그 정도로 모든 걸 가졌다고 말하는 것이 온당치 않다고 생각할 테니까요."

솔데드는 잠이 부족한 것만 빼면 자신이 무언가를 희생하고 있다고 느끼지는 않는다고 말한다. 부족한 잠 때문에 피곤함을 느끼지만 삶에서 중요한 것은 자신의 선택과 통찰력이라고 그녀는 믿고 있다.

"어머니는 늘 이렇게 말씀하셨어요. '누구에게나 하루 24시간은 똑같이 주어지지만 그것을 어떻게 이용하느냐에 따라 삶은 달라진단다. 두 마리 토끼를 동시에 잡을 수는 없어. 일을 하는 엄마는 두 가지를 조절할 수 있어야 해. 엄마가 되면 출장을 많이 다니기가 조금 힘들 거야. 출장을 자주 다니고 매일 밤 파티에 가는 건 더더욱 힘들 거고. 물론 네가 원한다면 그 많은 일을 다 할 수 있어. 다만 네가 꼭 하고 싶은 것만을 선택할 필요가 있단다' 라고 말이죠."

솔데드에게 꼭 하고 싶은 일이란 가능한 한 오후와 저녁 시간은 집에서 가족과 함께 보내는 것을 의미한다. 저녁 식사 후에는 아이들에게 책을 읽어주거나 아이들이 좋아하는 노래를 불러주며 아이들의 잠을 재운다. 그리고 아이들이 잠들자마자 그녀도 곧 잠자리에 든다. 그녀의 주변에는 직장을 그만두고 전업주부가 된 친구들이 많지만 그녀는 그들과 비교해 자신의 일 때문에 모순된 감정을 느끼진 않는다. 일로 인해 에너지가 생기고 열정을 느끼기 때문에 더욱 그렇다.

"저는 일과 가정생활을 병행하고 있지만 가족이 최우선이라는 걸 보여줌으로써 아이들에게 좋은 역할 모델이 되고 싶습니다. 엄마가 일을 하는 것이 아이들에게 해가 되기보다는 도움이 된다고 생각해요. 정말로요. 한순간도 그것을 의심해본 적이 없어요."

그만두기엔 너무 늦은 현실

뉴저지에서 허드슨 강을 건너 24킬로미터쯤 떨어진 곳에 위치한 한 기업에서 판매 담당 부장으로 일하고 있는 킴벌리 쿠퍼(29세)는 갈등에 휩싸여 있다. 솔데드처럼 그녀의 어머니도 직장 여성이었다. 그리고 그녀 또한 솔데드처럼 아기를 낳은 후에도 일을 계속할 것이라고 항상 생각해왔다. 그러나 1년 전 첫아이가 태어난 후 일을 하고 싶은 마음과 집에 머물고 싶은 마음 사이에서 갈등하는 자신을 깨닫고는 깜짝 놀랐다.

홍콩에서 어린 시절을 보낸 킴벌리는 열일곱 살 때 대학에 가기 위해 미국으로 건너왔다. 그리고 스물다섯 살 때 컬럼비아 대학에서 MBA를 받았다. 그녀는 집안 대대로 여자들이 일을 해온 필리핀 가정에서 태어났다. 그래서 이런 집안의 전통과 성공 때문에 부담스럽기도 하고 축복을 받은 기분이 들기도 한다고 했다. 집안의 기업가 정신과 역사는 킴벌리에게 자신의 일을 열심히 하도록 동기를 부여해 주었지만 또한 그 기대감 때문에 부담을 느끼기도 했다. 그녀의 집안에서 여자가 스스로 돈을 벌지 않는다는 것은 용납할 수 없는 일일 뿐더러 어리석은 일로 여겨졌다.

"저희 어머니는 필리핀의 아주 부유한 가문 출신이십니다. 하지만 전쟁 중에 모든 걸 잃으셨요. 저희 외할머니는 가족을 부양하기 위해 기차역에서 물과 빵을 팔아야 했습니다. 나중에는 미국인과 재혼을 하시고 필리핀 최초의 라디오와 TV 방송국을 시작하셨지요. 외할머니는 혼자 힘으로 모든 걸 바꿔놓으셨습니다"라고 킴벌리는 자랑스럽게 말한다.

"그것이 어머니가 성장한 환경이었죠. 성인이 된 어머니는 홍콩으로 오셔서 그곳에서 호주 출신의 사진작가인 아버지를 만났습니다. 아버지는 돈을 많이 벌지 못했어요. 하지만 어머니는 아버지가 번 돈을 알뜰하게 모아서 부동산에 투자하셨습니다. 그것이 어머니가 하신 일이었지요. 어머니는 항상 자기 일을 갖고 계셨어요."

　킴벌리가 홍콩에서 성장할 때도 어머니는 일을 했지만 어머니의 친구들은 대부분 일을 하지 않았다. 그들은 대부분 부유한 남자와 결혼한 후 일을 그만두었다. 하지만 결혼생활이 파경에 이르렀을 때 그들의 드라마틱한 삶은 그녀에게 교훈으로 다가왔다.

　"홍콩에선 그런 여성들을 '타이 타이 와이프'라고 불렀어요. 몇몇 여성들은 의사와 같은 전문직을 갖고 있었지만 결혼 후 집안일을 돌보고 멋진 집을 꾸미고 남편을 내조하기 위해 일을 그만두었습니다. 하지만 세월이 흐르자 남편들은 바람을 피웠고 아내들은 버림을 받거나 남편에게 매달렸지요. 어떤 경우엔 이혼한 전 남편으로부터 경제적인 도움을 계속 받기도 했습니다. 하지만 중요한 건 돈이 아니라 '이제 나는 뭘 하지? 15년 혹은 20년 전엔 나도 의사였는데 지금은 뭘 할 수 있지?'라는 의문이었어요. 그들은 무엇을 해야 할지 몰랐습니다. 어머니는 늘 제게 이렇게 말씀하셨어요. '그런 일이 너에게 일어나지 않게 해라. 넌 세상의 모든 것을 가질 수 있어. 하지만 그걸 네 힘으로 얻지 않으면 모두 사라질 수 있단다'라고요. 저 역시 일을 그만두고 싶을 때가 종종 있어요. 하지만 다음 단계로 가기 위한 준비가 될 때까지는 그럴 수가 없습니다. 일을 그만두면 집에서 무엇을 해야 할지 모를까 봐 두렵거든요. 며칠이 지나도 별 계획이 생기지 않을 테고, 그렇게 몇 년이 흐르고 나면 가족을 부양할 수 있다는 자신감도 사라질 겁니다. 저는 어머니 친구분들을 통해 그것을 목격했어요. 몇 년이 지나자 그들은 의지할 데가 없었습니다. 스스로 무언가를 할 수 있다는 자신감도 사라졌고요. 그건 정말 슬픈 일이지요."

킴벌리는 딸이 태어났을 때 13주 동안 출산 휴가를 보냈다. 휴가를 더 길게 쓸 수도 있었지만 주부의 생활에 너무 깊이 빠지기 전에 일터로 돌아가야 한다고 생각했던 것이다. 그녀는 자신이 전업주부에 대한 낭만적인 환상을 가지고 있다는 것을 인정한다. 그리고 그것이 꽤나 유혹적인 생활방식이라는 것을 부인할 수 없다고 한다. 실제로 킴벌리는 몇 달 동안 직장으로 돌아가는 것이 싫었고 다시 출근한 첫날이 생애 최악의 날이었다고까지 말했다.

"직장에 제 시간에 도착하지 못할까 봐 내내 두려웠어요. 그러다 갑자기 고속도로 위에서 차를 멈추고 싶은 충동을 느꼈죠. 몸을 돌려서 텅 빈 아기 시트를 보았을 때 '맙소사, 난 다시 회사에 갈 수 없어' 하는 생각이 들었기 때문이에요. 회사에 도착해서도 위층으로 올라갈 수가 없었습니다. 로비 화장실에서 울면서 이런 상황을 견딜 수 없다고 생각했어요. 엘리베이터를 탔어도 숫자를 누를 수 없었지요. 겨우 어렵게 숫자를 눌렀지만 다시 아래층 화장실로 내려가야 했습니다. 그러다 보니 위층까지 올라가는 데 자그마치 45분이 걸렸어요. 하지만 우스운 건 위층에 올라가자마자 제가 그곳을 한 번도 떠난 적 없었던 것처럼 느껴졌다는 겁니다. 저는 아침 9시에 아무 일 없었다는 듯이 직원회의에 곧바로 참석했습니다. 그러고는 다시 울지 않았어요. 지금 돌아가지 않으면 다시는 일터에 복귀하지 못하리라는 것을 알고 있었기 때문이지요. '나는 할 수 있다'는 것을 저 스스로에게 증명했고, 그렇게 한 것이 저는 너무 기쁩니다."

킴벌리는 가정 수입의 절반을 책임지고 있다. 그녀는 내가 인터뷰한 대부분의 직장 여성들처럼 일을 해야 하는 상황에 있었고, 또 스스로 일을 원하기 때문에도 일을 하고 있었다. 그러나 그녀가 직업적으로 원하는 것과 감정적으로 원하는 것 사이의 비율은 유동적이다. 킴벌리는 출산 휴가 후 2개월 만에 승진한 것이 기쁘긴 하지만 궁극적으로 아기를 더 낳으면 현재의 자리를 유지할 수 없을 거라고 생각하고 있다.

실제로 킴벌리는 딸 칼리를 낳은 후 성공에 대한 생각이 바뀌었음을 깨달았다. 몇 년 전만 해도 그녀의 목표는 부사장이 되는 것이었다. 그러나 지금은 경제적인 안정감이 주어지면서도 오후 시간을 아이들과 좀 더 자유롭게 쓸 수 있는 사업을 하고 싶어 한다. 직장에서 자신보다 높은 직위에 있는 여성들을 보면서 그들처럼 살고 싶지 않다는 생각을 하게 되었기 때문이다. 킴벌리는 직업을 가진 자신이 자랑스러운 한편 가족을 제대로 보살피지 못한다는 점 때문에 전업주부들에게 질투를 느끼기도 한다.

"직장에서 제일 부러운 사람은 임원들이 아닙니다. 하루 종일 집에서 아이들과 지내는 남자 동료들의 아내들이 전 제일 부러워요. 남자 동료들의 수입은 저와 같기 때문에 그들이 어떻게 생활을 꾸려나가는지는 잘 모르겠어요. 하지만 뭔가 해결책을 찾아냈겠죠. 그 아내들이 정말 멋진 삶을 살고 있다고는 생각하지 않지만 그래도 부러운 건 사실이에요. 그들은 자신들만의 북 클럽도 따로 있고 하루 종일 수영장과 놀이터에서 시간을 보낼 수도 있어요. 저는 그런 것을 꿈도 꿀 수 없는데 말이에요."

킴벌리도 다른 일하는 엄마들처럼 자신이 진정 원하는 것이 무엇이며 경제적으로, 감정적으로 필요로 한 것은 무엇인지 파악하려고 애쓰고 있다.

"그 모든 것은 자신의 출발점에 따라 달라질 수 있어요. 만약 어느 정도의 긴장과 자극, 사람들과의 상호 관계에 익숙하고 새로운 것을 배우는 것과 월급에 만족하고 있다면 그 모든 것을 포기하기는 아주 힘듭니다. 그러나 그런 환경에 익숙하지 않거나 늘 아기를 갖고 싶어 했던 사람, 게다가 월급이 그리 많지 않은 사람이라면 상황은 달라질 수 있죠. 저는 테이블 위에 아무 음식이나 차려놓고 싶지 않습니다. 값비싼 유기농 식품을 내놓고 싶어요. 제가 일을 하지 않고 하루 종일 아이들과 함께 있다면 남편과 저 사이에 문제가 생길 겁니다. 왜냐하면 우리는 처음 만났을 때부터 꽤 높은 생활수준을 유지해왔기 때문이에요. 전 그 수준을 유지하기 위해 모든 책임을 남편에게 떠넘기고 싶지는 않아요."

그녀는 이런 복잡한 감정을 느끼고 있음에도 불구하고 균형을 잃어본 적이 없다고 말한다.

"전 매일 아침 직장에 출근하면 여러 가지 일을 처리하고 나서 다음 일에 필요한 사항들을 점검합니다. 그렇게 하루 종일 어른들과 지내죠. 그리고 집으로 돌아오면 칼리와 함께 있습니다. 그래서 어느 정도 균형을 유지할 수 있다고 생각해요. 하루 종일 집에만 있다면 그런 균형감을 느끼지 못할 겁니다."

그러나 아이러니컬하게도 킴벌리는 자신의 경제력을 황금 수갑이라고 생각하고 있다. 그녀는 자신이 높은 교육을 받고 돈을 벌 수 있는 것을 행운이라고 생각하면서도 때로는 그 때문에 일을 그만둘 수 없어 이러지도 저러지도 못한다고 느낀다.

"때론 제가 MBA 학위를 받은 걸 저주하기도 해요. 지금 전업주부의 길을 선택하기엔 제가 너무 많은 돈을 벌고 있으니까요. 제가 버는 돈이 보모나 유아원 비용을 댈 수 없을 정도라면 아마 선택의 여지가 없었을 겁니다. 그래서 선택을 할 수 있다는 게 때로는 저주처럼 느껴져요. 제가 이런 얘기를 하게 될 줄은 꿈에도 몰랐습니다. 하지만 MBA 학위가 일을 포기할 수 없게 만든 건 사실인 것 같아요. 왜냐하면 그 덕에 제가 우리 가족 수입의 절반을 책임질 수 있게 되었으니까요. 생활비만 생각하면 저까지 일을 할 필요는 없지만 집을 사야 한다고 생각하면 스트레스가 너무 큽니다."

나의 욕심이 너무 많은 걸까?

요즘 엄마들은 여러 가지 면에서 어머니 세대보다 모든 것을 쉽게 얻는다. 하지만 괴로움도 훨씬 많은 것 같다. 어떤 결정을 내리든 죄책감과 갈등을 느끼지 않는가. 우리에겐 여러 가지 선택의 가능성이 주어졌지만 엄마 역할은 훨씬 복잡해지고 있다. 우리 어머니들은 선택의 여지가 별로 없었고 기대치도 낮았으며 지금보다 단순한 삶을 살았다. 대부분 20대에 아이를 낳고 그 후에 직업 전선에 뛰어들거나 가정에 머물렀다. 그들은 모든 일을 순차적으로 해나갔다. 하지만 우리는 그것을 동시에 하고 있다. 우리는 어머니의 충고에 따라 경력을 쌓기 위해 엄마가 되는 것을 미뤘다. 그러나 신참 엄마들은 그들에게 열려 있는 많은 선택들 때문에 해방되었다고 느끼기보다는 당혹감을 느끼고 있다.

만일 킴벌리가 그 귀중한 MBA 학위를 딴 것을 후회한다는 이야기를 초기의 페미니스트 세대들이 듣는다면 아마 자신들의 브래지어로 킴벌리의 목을 조르고 싶을 것이다. 1968년만 하더라도 전국에서 6백9명의 여성만이 MBA 학위를 받았다. 오늘날엔 해마다 4만 명이 넘는 여성들이 MBA를 받고 있다. 우리는 참으로 힘든 길을 걸어왔다. 그렇다면 왜 그렇게 많은 여성들이 자신에게 선택권이 없다고 느끼는 걸까? 아마도 일하는 아내들 중 48%가 적어도 가구 수입의 절반을 책임지고 있고, 일을 지금 그만두기엔 너무 많은 돈을 벌고 있기 때문일 것이다.

노동 통계국에 따르면 세 명의 기혼 여성 중 한 명이 남편보다 수입이 높다고 한다. 그러나 고소득층의 여성들만이 남편보다 수입이 높은 건 아니다. 실제로 남편보다 수입이 많은 여성의 연봉이 75만 달러(약 7천5백만 원) 이상인 경우는 전체의 3%에 지나지 않는다. 아이들이 있을 경우 생활비가 너무 많이 들어가기 때문에 현재 미국 가정의 대부분은 생존을 위해 두 사람의 수입이 필요하다. 그러나 엘리자베스 워렌과 아멜리아 워렌 타이아기는 《맞벌이 부부의 덫The Two-Income Trap》라는 책에서 다음과 같이 쓰고 있다. '아이를 갖는

다는 것은 여자들이 경제적 붕괴에 직면하게 되는 가장 큰 지표가 된
다.' 그리고 다음과 같은 우울한 사실들은 그것을 뒷받침해준다. 올
해 파산신청을 하는 여성의 수는 대학을 졸업하는 여성들보다 더 많
을 것이다. 그리고 미국인의 70%(약 1억 4천만 명)는 빚 때문에 가정
생활이 행복하지 않다고 대답한다. 올해엔 부모의 이혼을 경험하는
아이보다 부모의 파산을 경험하는 아이가 더 많을 것이다. 우리가 경
제적으로 취약한 시대에 살고 있는 것은 확실하다. 집값, 육아비, 교
육비가 너무 비싼 탓에 부모가 맞벌이를 하는 가정에서도 수입의 대
부분이 그쪽으로 흘러들어가고 있다.

오늘날 여성들은 전 세계적으로 과거 어느 때보다 많은 돈을 벌고
있지만 실제로 그들의 노동 시간은 부모나 조부모들보다 훨씬 더 길
다. 원래 평균 노동 시간은 전문직과 간부직의 경우 주당 48시간이고
소위 파트타임 직종도 주당 40시간 가까이 된다. 미국 맞벌이 부부의
합산 노동 시간은 1997년 주당 81시간에서 2002년 91시간으로 늘어
났다. 〈타임〉지는 비즈니스 못지않게 시간 부족 현상 역시 세계화 되
는 추세라고 보도했다. 프랑스는 주당 35시간의 노동 시간을 법제화
했지만 유럽의 간부급들의 경우 여성이 주당 50시간, 남성은 55시간
일하고 있다. 하지만 유럽이나 미국의 여성 임원들이 직면하고 있는
어려움에는 거의 차이가 없다는 점에서 모두 놀라게 된다.

솔데드 오브라이언이 말한 것처럼 우리 모두에게 주어진 시간은
24시간이다. 그러나 시간은 과거보다 더 줄어든 듯하다. 교외 주택
단지들이 한때 늪지였던 곳까지 확장되면서 더 많은 사람들이 예전

보다 먼 곳에 거주하고 있다. 따라서 출퇴근 시간이 지난 세대보다 더 길어졌으며 직장에 머무는 시간도 늘어났다. 오후 6시에 가족과 함께 저녁식사를 하는 것은 아주 진기한 일이 되어버렸다. 그렇기 때문에 하루 9시간 일하는 엄마라면 시간에 쫓기는 기분이 드는 것도 당연하다.

일하는 엄마들이 뭉치다

광고 마케팅 회사의 임원인 마리사 탈버그(35세)는 4년 전 출산 휴가를 받아 집에 있는 동안 일과 육아를 성공적으로 병행하는 다른 엄마들을 만나 유대감을 쌓고 싶었다. 그래서 내가 그랬던 것처럼 그녀도 엄마와 아기들이 모이는 점심 모임에 참석했다.

"꼭 입학식 날처럼 느껴졌어요. 주최 측에선 그 자리에 모인 여성들이 새로운 평생 친구가 될 것처럼 얘기하더군요. 그들은 한 사람씩 돌아가면서 자신의 이름과 아기의 이름, 아기 나이 그리고 직장으로의 복귀 여부 등 네 가지 항목에 답변하며 자기소개를 해보라고 했습니다. 그런데 그 자리에 모인 여성들은 모두 직장으로 돌아가지 않을 것이라고 말했어요. 전 '그럴 능력이 되다니 정말 좋겠군. 와!' 하는 생각이 들더군요. 저는 지금껏 일하는 엄마와 일하지 않는 엄마들 사이에 큰 차이가 있을 거라고 생각해본 적이 없어요. 하지만 그들이 금요일 오후 5시가 되길 기다리지 않아도 되고 아이들과 놀아주기 위해 날을 따로 정하지 않아도 된다는 건 굉장한 일처럼 보이더군요. 그 후 제가 직장으로 돌아가자마자 우리의 공감대는 사라졌습니다. 저는 제가 존경하고 본보기로 삼을 수 있는 일하는 엄마들을 만나고 싶었어요. 그리고 내가 참여할 만한 단체가 있을 거라고 생각했습니다. 하지만 나중에 그런 단체가 없다는 걸 알고 충격을 받았죠. 다른 여성들에게 그 이야기를 할 때마다 그들로부터 돌아온 반응은 '뒤통수를 맞는' 듯한 느낌을 주었어요. 제가 만나본 여성들은 모두 '왜 그런 게 있어야 하죠?' 라고 했거든요. 당시 저는 새로운 일을 시작하고 싶은 생각이 없었어요. 하지만 그런 단체가 나를 비롯한 많은 여성들에게 필요하다는 생각에서 결국 그 아이디어를 바탕으로 기구를 설립하게 되었습니다."

그렇게 해서 마리사는 2002년에 또 하나의 생명을 탄생시켰다. 하지만 이번에 그녀가 세상에 내놓은 건 아기가 아니라 엄마이면서 전문직에 종사하는 여성들을 위한 '임원직 엄마들Executive Moms' 이라는 단체 겸 웹사이트였다. '임원직 엄마들' 은 현재 전국적으로 2천 명 이상의 회원을 거느리고 있다.

마리사가 이러한 엄마들의 단체를 만들고 싶었던 이유 중 하나는 육아와 직장생활을 병행하는 것은 둘째 치고 우선 엄마가 되는 것 자체가 생각보다 너무나 복잡하고 스트레스를 주며 외로움을 느끼게 했기 때문이다. 많은 신참 엄마들처럼 그녀도 아기를 낳은 후 자신이 사회적으로 받아들여지지 않는다는 느낌 때문에 힘들었다.

"처음에 엄마가 되었을 때는 너무나 불편했습니다. 그래서 저에게 엄마다운 면이 부족한 것은 아닌가 싶었어요. 아이를 갖는다는 것은 생각보다 훨씬 힘들고 무서운 일이었죠. 게다가 저는 모든 면에서 앞서가는 것에 익숙한 사람이었습니다. 조금 웃기면서도 심각하게 표현하자면, 저란 사람은 학교 다닐 때 늘 A학점을 받았기 때문에 중요한 일에서 중간이나 평균 이하로 떨어질 수 있다는 것을 받아들이지 못했어요. 엄마 역할이 경쟁해야 할 스포츠는 아니지만 정말이지 그 일을 혼자서 잘 해내고 싶었습니다. 그것이 바로 '임원직 엄마들'이 추구하는 가장 멋진 일 중 하나였죠. 우리의 설문조사에 응했던 여성들은 대부분 일을 하는 것이 더 좋은 엄마가 되는 데 도움이 되었다고 말했습니다. 마음에 드는 결과였지요. 아주 긍정적인 결과라고 생각합니다. 성격상 자극이 필요한 사람이고 일이 스스로를 보다 온전한 사람으로 느껴지게 해준다면 그것이 아이에게도 당연히 도움이 되지 않겠습니까?"

마리사는 아기를 낳고 병원에서 퇴원할 때 이미 일터로 돌아갈 준비가 되어 있었다고 농담처럼 말한다. 그녀는 힘들고 지치는 출산 휴가보다 좀 더 재미있고 보람된 시간을 갖고 싶었다. 그녀뿐만 아니라 많은 엄마들이 비슷한 기분을 느꼈을 것이다. 아이러니컬하게도 출산 휴가가 직장일보다 더 지치고 힘들기 때문에 직장으로 돌아갈 날을 손꼽아 기다리는 여성도 많다. 그러나 연구 결과를 보면 긴 출산 휴가를 갖는 것이 엄마의 건강에도 좋고 산후 우울증을 완화하는 데도 도움이 된다고 한다.

매사추세츠 주 케임브리지에 있는 사설 비영리 연구 기관인 전국 경제연구소의 연구에 따르면 적어도 3개월의 출산 휴가를 가진 엄마가 6주 이하의 휴가를 보낸 여성에 비해 직장 복귀 후 우울증 증세가 15% 낮게 나타났다고 한다.

흥미롭게도 마리사가 '임원직 엄마들'에 속한 1백50명의 여성들을 대상으로 실시한 연구에 따르면 출산 휴가의 기간과 질이 점점 낮아지고 있다고 한다. 그녀는 출산 휴가 때에도 일을 하는 여성들이 많다는 것을 알게 되었다.

"그것이 선택에 의해서든, 혹은 그럴 수밖에 없어서든 간에 여성들은 출산 휴가 동안 제대로 쉬지 못하고 있습니다. 자기 일에 정말 열심인 여성들은 3개월 동안 사람들의 눈에서 멀어지는 것을 두려워하지요. 저도 그런 기분을 느꼈습니다. 나 없이도 회사가 잘 돌아가고 있다는 생각은 하고 싶지 않은 거예요."

마리사가 조사한 많은 여성들이 휴가 기간 동안 몸을 추스르며 세상에서 가장 힘든 일인 부모 되는 법을 배우고 있음에도 불구하고 회사에서 벗어나 있는 것이 그다지 편안하진 않았다고 대답을 했다. 이것은 어쩌면 당연한 일인지도 모른다. 몸은 회복되었다고 해도 고용주에게 엄마 역할이 일에 방해가 되지 않는다는 것을 증명해야 한다고 느끼기 때문이리라. 여성에게는 남성만큼 직업 안정성이 보장되지 않기 때문일까? 아니면 보다 현실적이기 때문일까? 어쩌면 두 가지 모두일지도 모른다.

놀랍게도 미국에서는 아직 법적 출산 휴가를 인정하지 않고 있다. 실제로 산업국가들 가운데 출산 휴가 기간 동안 보수를 지급하지 않는 나라는 미국과 호주뿐이다. 다른 1백63개 국에서는 출산과 관련해 유급 휴가를 주고 있다. 그중에서 가장 너그러운 모성 보호법을 시행하는 나라는 스웨덴이다. 스웨덴의 산모는 96주를 쉴 수 있고 그 기간의 절반 이상은 월급의 80%를 받는다. 영국 여성들은 12개월 동안 출산 휴가를 낼 수 있으며 처음 6개월 동안은 월급의 전액을 받을 수 있다. 1993년, 미국에서 법제화된 가족의학휴가법에 따르면 가족 내에 환자가 있거나 아기가 태어나거나 입양을 했을 경우 부모가 12주 동안 무급 휴가를 가질 수 있지만 이것은 직원이 50인 이상 되는 회사에만 해당된다. 통계적으로 미국 내 개인 회사 중 이 조건에 해당되는 회사는 11%밖에 되지 않는다. 미국에서 출산 휴가 수당은 연방정부가 권한을 위임받아 정하는 것이 아니라 병가와 일반 휴가를 합산해 단기 장애 수당의 형태로 지급되는 것이 보통이다.

평균적으로 미국 여성들은 세계에서 가장 짧은 출산 휴가를 보내는 것으로 추정된다. 내가 조사한 바에 따르면 전문직 여성들은 보통 2~12주의 출산 휴가를 갖는다. 그리고 많은 여성들이 휴가 기간 동안 어느 정도는 집에서 일을 하고 있다. 유럽 국가들의 정책은 차치하더라도 각각 28주와 20주의 출산 휴가를 보장하는 체코 공화국과 러시아의 정책과 비교해보더라도 평균 12주의 출산 휴가는 아주 불충분한 것으로 보인다. 그러나 미국 여성의 대부분은 이제 단기 출산 휴가를 갖는 것에 익숙해진 것 같다. 그리고 그 짧은 출산 휴가 기간 동안 아기를 돌보고 냄새나는 기저귀와 더러운 젖병과 싸우면서 엄마 노릇이 아빠 노릇보다 훨씬 힘들다는 것을 분명히 깨닫게 된다. 남성들은 아기가 태어난 직후 정상 생활로 돌아가지만 엄마가 된 여성들은 자신의 삶이 너무 낯설게 느껴진다. 엄마 역할은 체모에서 골반에 이르기까지 근본적으로 모든 것을 바꾸어놓는다.

"사람들은 묻습니다. 왜 '임원진 아빠들'이라는 단체는 없느냐고요. 글쎄요, 있을 수도 있겠지요. 하지만 결국 여성 문제로 귀결되는 엄마 역할에는 특별한 면이 있습니다. 왜냐하면 중요한 감정적 이끌림은 여성만이 느끼는 것이기 때문이지요. 이런 감정은 아주 복잡합니다. '임원직 엄마들'이 '엄마 역할을 더 잘할 수 있는 5단계 법칙' 같은 것으로 당면한 문제들을 해결할 수 없는 것도 그런 이유 때문이죠. 과연 '해결책'이라는 것이 있기나 한 건지 모르겠어요. 하지만 고군분투하고, 극복하고, 발전해가는 여성들을 지켜보는 것만으로도 그 모든 것을 준비하는 데 도움이 됩니다."

3

베테랑 직장 엄마들의 줄타기 전략

"여성인 우리가 창의적인 해결책을 내놓을 필요가 있습니다. 그래야 원하는 것을 얻을 수 있지요. 남자들이 그 문제를 해결해줄 것이라고 생각해선 안 됩니다."

나는 CNN 방송 일을 시작하면서 딸아이의 모유 수유를 중단했다. 그만두고 싶어서가 아니라 새 직장에서 젖을 짜내는 것이 불가능해 보였기 때문이다. CNN 방송국 사람들은 뉴스실처럼 밖이 훤히 보이는 장소나 공동으로 사용하는 사무실에서 일을 한다. 아이가 없는 사람들이 지배하는 뉴스 프로그램의 신참 제작자로 일하면서 엄마라는 티를 내는 것은 서로 불편한 일이었다. 사무실 공간을 살펴보면서 나는 유착기를 콘센트에 연결할 만한 장소가 없다고 생각했다. 그리고 내 몸의 유선이 말라버리고 모유 수유를 포기한 것에 대한 죄책감과 약간의 우울증을 느낀 후에야 수유실이 존재한다는 걸 알게 되었다.

나는 CNN 방송국에 근무하는 몇 명의 여성들이 모유를 짤 수 있는 공간을 확보하기 위해 투쟁을 벌여왔다는 사실을 뒤늦게 알게 되었다. 처음에 CNN 방송의 임원들은 수유하는 몇몇 여성들을 위해 소중

한 부동산을 내주는 것에 반대했다. 그러나 이 용감한 여성들은 그 문제를 계속 밀고 나갔다. 그들은 사내에 선례가 있는지 조사했고 애틀랜타에 위치한 CNN 본사에 모유를 짤 수 있는 공간이 있다는 걸 알아냈다. 그들의 노력 덕분에 뉴욕 CNN 방송의 임원들은 그 문제를 다시 생각해보게 되었고 복사실 코너를 돌아 벽에 명패를 붙인 지정된 수유실을 만들기에 이르렀다. 고참 제작자인 카렌 파머(41세)는 모유를 짜낼 수 있는 사적인 공간의 덕을 본 여성들 중 하나이다.

"수유실은 꼭 필요합니다. 그건 여성들이 창피해할 필요가 없는 자연스러운 과정 중 하나예요. 그리고 그런 움직임은 많은 곳에서 일고 있다고 생각합니다. 젖을 짜내는 가슴이 어쩌다 우리 여자들 몸에 붙어 있는 것뿐인데 사람들은 왜 그것을 이상하게 여기는지 모르겠어요. 어느 회사나 볼 일을 볼 수 있는 화장실을 마련해놓은 것처럼 젖을 짜는 수유실도 그와 마찬가지로 꼭 필요한 공간입니다. 관건은 그것을 우리가 간절히 부탁했기 때문이 아니라 당연히 있어야 하기 때문에 만드는 거라고 생각하게 하는 데에 있습니다. 여자들은 아기 낳는 것을 그만두지 않을 것이고, 수유도 마찬가지입니다. 모유가 아기의 건강에 더 좋다는 얘기를 들으면 들을수록 더 많은 여성들이 수유를 할 테니까요"라고 카렌은 담담하게 말한다.

1997년 미국 소아과학회는 모든 엄마들에게 1년 동안 모유를 먹일 것을 권고했다. 하지만 내가 이 글을 쓰고 있는 지금, 캘리포니아 · 코네티컷 · 일리노이 · 미네소타 · 테네시 등 다섯 개 주만이 고용주들에게 '모유 수유를 하는 직원들을 위해 사적인 공간을 제공할 것을 요구하는 법조항을 마련하고 있다.

신참 엄마들 중 신생아에게 젖을 먹이는 비율은 71%이다. 그 수치가 3개월이 지나면 50%로 떨어지고, 6개월 후 대부분의 여성들이 일터로 돌아가게 되면 36%로 떨어진다. 수유와 회사 업무를 병행하는 것은 엄마들이 직면하는 크나큰 딜레마 중 하나이다.

"3주간의 출산 휴가에서 돌아왔을 때 대대적인 판매 설명회가 배 위에서 진행된다는 사실을 알게 되었습니다. 전 직원들은 설명회를 무사히 마치기 위해 신경을 곤두세우고 있었지요. 하지만 제 관심사는 오직 배 위에서 젖을 짜낼 방법을 찾는 것뿐이었습니다. 그리고 결국엔 찾아냈지요. 가방 안에 유착기를 넣어 작은 화장실 칸막이 안으로 들어가 젖을 짰던 겁니다. 그러고는 '어린 딸에게 젖을 먹이기 위해 어쩔 수 없어'라고 생각했어요"라고 판매 담당 부장인 킴벌리 쿠퍼는 말한다.

모유 수유 투쟁

웬디 벨리시모는 로스앤젤레스에 있는 유아 상점의 유모차 코너에서 업무 스케줄을 약간 미뤄야겠다는 이야기를 전화로 하고 있었다. 여배우 브룩 실즈와의 쇼핑이 생각보다 늦어지고 있었기 때문이다. 그녀는 브룩실즈의 아기 방을 장식하는 일과 다가올 베이비 샤워 baby shower친척과 지인들이 모여 아기 용품을 선물하고, 아기에 대한 조언과 축복을 해주는 파티-역주 준비 작업을 돕고 있었다. 웬디는 자신의 이름을 내건 유아 및 어린이 침구 사업을 성공적으로 이끌고 있으며, 유명 인사들의 아기 방 장식가로도 인기가 높다. 그녀가 꾸민 아기 방은 〈인스타일In Style〉과 〈차일드Child〉 같은 잡지에 실리고 있으며 그녀의 침구 디자인은 한때 전국 수백 개의 부티크에서 팔려나갔다. 하지만 사람들이 모르는 것이 하나 있다. 바로 웬디도 '수유를 위한 법적 투쟁'에 족적을 남겼다는 사실이다. 어린이 용품 박람회 때 모유 수유 규정을 만들어달라고 도전했던 것이다.

박람회에 참석하기 위해 4개월 된 딸과 텍사스로 떠날 준비를 하고 있을 때 웬디는 협회 관계자들로부터 아기를 데리고 있을 수 없다는 이야기를 들었다. 아기와 함께 있으면 사람들의 호감을 사서 그녀의 전시만 유리해질 수 있으며 전시장에 아기를 두는 것 자체도 위험하다는 것이었다. 웬디는 그들의 말을 그대로 받아들일 수가 없었다. 그녀는 당장 변호사를 고용하여 아기가 늘 엄마곁에 있을 권리가 있다는 텍사스 주의 법조항을 찾아냈다. 수유를 위한 전쟁이 뜨거워졌을 때 웬디는 친구이자 동료 엄마인 캄린 맨하임(ABC 방송의 드라마 〈더 프랙티스The Practice〉에 출연 중인 배우)에게 아기 출입 금지 문제로 언론 전쟁을 벌이도록 도와달라고 부탁했다. 〈엔터테인먼트 투나잇〉 방송에서는 〈더 프랙티스〉 촬영장에 있는 웬디와 캄린을 찾아가 어머니의 수유권에 관한 인터뷰를 했다. 이 인터뷰가 방송된 다음날 박람회 책임자들은 항복했고 웬디는 결국 아기를 데려갈 수 있었다.

"그건 굉장한 싸움이었어요"라고 웬디는 말한다. 그녀는 네 번째 딸을 임신한 지 4개월째 접어들고 있다. "전 이번 일을 통해 아직도 우리가 권리 투쟁을 해야 한다는 걸 알게 되었습니다. 관계자들은 아무 관심도 없어요. 올해 저는 다시 아기를 낳을 겁니다. 제게 일과 수유 중 하나를 선택하라는 강요를 받았다고 호소하는 엄마들이 얼마나 많은지 모르실 거예요."

현재 세계 76개 국에서 여성의 수유권을 보호하고 있지만 미국은 아직 그렇지 않다. 신참 엄마들 대부분이 수유를 하는 실정인데도 수유실을 마련해놓은 대기업은 7%에 지나지 않는다. 그럼에도 수유를 하는 여성들을 위해 젖을 짤 수 있는 공간을 보장하라는 법조항을 요구하며 워싱턴으로 몰려가는 여성 단체는 보기 힘들다. 겨드랑이 털을 기른 촌스러운 엄마들을 떠올리게 하는 선구적인 모유 수유 기구 '라 레체 리그La Leche League' 국제 모유수유 엄마들의 모임-역주나 모유가 좋다는 사실을 홍보하는 어설픈 모유 옹호 단체들 말고는 젖을 짤 권리가 대부분의 여성들에게 가장 중요한 의제가 아니기 때문이다.

많은 신참 엄마들은 불편한 환경을 묵묵히 참아야 한다고 여긴다. 그들은 하루에 몇 번씩 젖을 짜내기 위해 사라진다는 것을 상사에게 상기시키고 싶지 않아 불평을 하지 않는다고 말한다. 또한 엄마 역할 때문에 일에 방해가 된다는 인상을 주고 싶지 않다고 한다.

CNN 방송의 고참 제작자인 카렌 파머는 수유라는 행위에는 사람들을 '구역질나게 하는 요소'가 있다고 말한다. 적어도 수유하는 모습을 지켜보는 사람들은 누구나 조금씩은 그렇게 생각한다는 것이다. 그렇기 때문에 여성들은 회사가 특별한 편의를 봐주지 않을 경우

수유 시설을 마련하기 위해 로비를 벌이는 것은 말할 것도 없고 젖을 짜내는 문제를 논의하는 것 자체를 불편해한다. 그러나 카렌은 여성 자신을 위해 목소리를 내는 것을 두려워해서는 안 된다고 말한다.

"기업은 수유하는 엄마의 편의를 봐주는 것이 자신들의 역할이라고 생각하지 않습니다. 그것은 항상 개인의 몫이죠. 누구나 가정을 이루는 것을 당연하게 생각하면서도 이런 사회적 분위기가 팽배해 있다는 것은 당황스러운 일이 아닐 수 없습니다. 아기를 낳을 시간과 회복할 시간이 필요하다는 데 동의했다면 아기가 좀 더 건강하게 자라도록 도와주는 다른 절차도 배려해주는 것이 당연한 것 아닌가요? 그래야 궁극적으로 아기가 아파서 회사에 결근하는 날이 줄어들 것이고, 아기를 위해 할 수 있는 일을 하고 있다는 생각에 걱정을 최소화할 수 있으니까요. 저는 이것을 비용과 이익의 관점에서 생각하고 싶습니다"라고 카렌은 말한다.

메릴랜드 주 실버스프링에 위치한 디스커버리 방송국의 다큐멘터리 제작자이자 4개월 된 아기의 엄마인 조다나 웰(32세)의 경우 회사의 진보적인 태도 덕분에 일하는 신참 엄마로서 회사생활이 훨씬 편하다고 말한다. 실제로 디스커버리 사는 '라이프 웍스Life Works' 라는 직원 프로그램을 운영하고 있다. 여기에는 임신과 인생 경영이라는 과정이 포함되어 있다. 이 회사는 임산부에게 임신과 육아 관련 비디오와 책을 포함한 육아 패키지를 제공하고 있으며, 일주일간의 가정·육아 프로그램을 운용하고 있다. 그리고 유착기 구매 시 보조금을 지급하고 무료 수유 상담 서비스도 해주고 있다. 뿐만 아니라 쿠선 의자, 전화, 냉장고, 아기 사진을 걸 수 있는 편안한 수유실도 갖추고 있다. 이런 시설들은 규모는 비록 작지만 직원인 동시에 어머니이기도 한 여성들을 편안하게 대해주는 직장 문화에 대한 관심을 보여주는 좋은 예이다.

"저는 젖을 짜야 하기 때문에 회의실에서 일찍 나오곤 합니다. 하지만 아무도 기분 나빠하지 않아요. 누구도 그것에 대해 농담을 하지 않고요"라고 조다나는 말한다.

"사람들은 오히려 어서 가서 할 일을 하라는 표정을 짓지요. 관리자들은 직원들의 요구 사항에 아주 민감합니다. 그것은 회사 정책과 그들이 고용한 직원들 사이의 제휴라고 할 수 있어요. 저는 항상 직장으로 돌아가고 싶었습니다. 회사 측에선 그런 과도기를 좀 더 편안하게 만들어주었지요."

"일을 사랑한다면 포기하지 마세요"

NBC 방송 〈투데이 쇼〉 앵커인 앤 커리는 직장 여성들이 직면한 문제들을 속속들이 알고 있다. 몇 년 동안 그녀는 아이들을 키우고 한밤중에 하루를 시작해야 하는 힘든 직장생활을 계속하면서 완전히 지쳐버렸다.

"저는 아이들을 낳고 키우는 몇 년 동안 밤잠을 거의 자지 못했습니다. 겨우 낮잠 정도만 잤지요"라고 앤은 말한다. 1997년, 〈투데이 쇼〉의 앵커를 맡기 전까지 그녀는 주중 새벽 5시에 방송되는 NBC 방송의 〈뉴스 엣 선라이즈News at Sunrise〉의 앵커로 일했다. 앤은 이 일을 하는 5년 동안 딸 맥켄지와 아들 워커를 낳았다.

"둘째아이를 임신했다는 사실을 알게 되었을 때 전 울고 말았어요. 아이를 원치 않아서가 아닙니다. 앞으로의 생활이 어떨지 뻔히 알고 있었기에 저 자신이 불쌍해서 운 거죠. 저는 그것이 육체적으로 지치고 힘든 일이 될 거라는 걸 알고 있었습니다. 하지만 지금은 제가 그 일을 해냈다는 것이 너무나 자랑스러워요. 아이들을 키우기 위해 제가 했던 일, 그리고 지금까지 아이들이 잘 자라준 것이요. 다른 식으로는 생각하고 싶지 않아요. 하지만 정말이지……"라고 말하며 앤은 긴 한숨을 내쉬었다.

"어떤 때는 두 아이가 밤새 저를 못 자게 했어요. 그리고 나서 새벽 2시 45분에 일어나 방송을 하러 가야 했죠. 정말 힘들었어요. 불면에 대처하는 저의 비법은 바로 초콜릿이었습니다. 허시 키세스 초콜릿을 먹고 방송에만 집중했지요."

앤은 어린 두 아이와 전쟁을 벌이던 처음 몇 년 동안 가까이 사는 가족도 없이 새벽에 일을 했기 때문에 지탱하기 힘들었다고 한다.

"처음엔 숨 쉴 틈도 없었어요. 일을 하고 아이들을 돌보는 것 이외에 다른 것은 아무것도 할 수 없었죠. 청구서 지불은 물론 운동도 못했어요. 그래서 첫째아들이 다섯 살이 될 때까지 임산부 때의 살이 빠지지 않았습니다. 제 첫 번째 목표는 아이들을 돌보고 좋은 엄마가 되는 것이었어요. 하지만 회사일 역시 실수가 용납되지 않았죠."

앤의 살인적인 작업 스케줄은 육체적으로 그녀에게 큰 타격을 안겨주었다. 그러나 방송국 앵커 일이 가져다준 엄청난 기회를 포기하고 싶지 않았던 그녀는 일과 가정생활에 모든 에너지를 쏟아 부었다.

"직장에 가서는 아이들 생각을 하지 않으려고 노력했고, 완전히 일에만 몰두했습니다. 그리고 집에 오면 일 생각을 하지 않으려고 했어요. 전화도 받지 않고 일이나 상사에 대해서는 잊으려고 노력했지요. 전 온전히 아이들에게만 집중했습니다. 아이들과 되도록 많은 시간을 함께 보내면서도 제 일을 유지했죠."

앤은 일하는 엄마들이 직면하게 되는 균형 문제에 간단한 해결책이 없다는 것을 알게 되었다. 그녀는 건강이 위험할 정도로 수면부족에 시달렸던 그 힘든 시기를, 아이들이 자라면 끝나리라 스스로 세뇌시키며 버텨냈다.

"아기에게는 엄마의 모든 시간이 필요합니다. 하지만 일하는 엄마들은 아이에게 모든 시간을 쏟아 부을 수 없죠. 그것이 딜레마예요. 남자는 이런 갈등을 겪지 않아도 됩니다. 일부는 생물학적인 이유 때문이고 다른 일부는 사회적인 이유 때문이죠. 제가 깨달은 것은 일과 육아 사이의 완벽한 균형을 찾는 건 불가능하다는 겁니다. 그 두 가지를 모두 손에 거머쥘 수 있다는 것은 거짓말이며 여러 가지 일을 동시에 할 수 있다는 생각은 자기 학대에 불과합니다. 저는 위기의 시기라는 게 있다는 결론을 내렸어요. 아이가 태어나서 초등학교 1학년이 될 때까지는 엄마가 운동선수처럼 뛰어다닐 필요가 있습니다. 문제는 어떻게 이런 시기를 견디느냐 하는 것이죠. 아이들이 1학년이 되었다고 해서 엄마가 필요 없다는 건 아닙니다. 단지 아이가 학교에 있으면 직장생활이 조금은 쉬워지지요."

앤은 아이들이 이제 아홉 살, 열한 살이 되었기 때문에 일과 가정 사이에서 곡예를 하는 것이 훨씬 쉬워졌다고 말한다. 촬영이나 출장이 없을 경우에는 방과 후에 아이들을 데리러 갈 수도 있다. 그녀는 학교 도서관에 들러 아이들과 함께 한 시간 정도 숙제를 한 다음 택시를 타고 집으로 온다. 그리고 저녁 6시가 되면 가족 모두 모여 식사를 할 수 있도록 간단하게 저녁상을 차린다. 사업가인 앤의 남편 브라이언 로스도 저녁 식사를 함께 하기 위해 늘 일찍 들어온다. 가족이 함께 하는 저녁 식사는 앤에게 아주 중요하다.

"저는 그것을 거의 강요하다시피 합니다. 작년에는 그러지 못했거든요. 올해는 그것을 우선으로 생각하고 있습니다."

일로 성공한 다른 엄마들처럼 앤 또한 남편의 도움이 육아와 직장생활을 병행하는 데 아주 중요하다고 말한다. 그녀의 남편 브라이언은 아침 시간에 아이들과 함께 집에 있기 때문에 앤이 일하는 동안 아이들을 학교에 데려다준다. 저녁이면 온 가족이 모여 저녁 식사와 목욕, 독서를 하고 잠자리에 든다.

"저녁 식사가 끝나면 아이들의 숙제를 돌봐주어야 합니다. 그래서 남편과 전 아이들을 하나씩 맡아서 각자의 방으로 데려가 숙제를 하지요. 그다음엔 아이들을 바꾸어 숙제를 도와주고 아이들에 대한 정보를 서로 교환해요."

숙제가 끝난 후엔 목욕을 한다. 그리고 남편 브라이언만 빼고 모두

8시 30분경에 잠자리에 든다. 다음날 인터뷰 준비를 해야 할 경우에 만 침대에서 잠시 일을 한다. 앤은 새벽 5시 30분까지 스튜디오에 도 착하려면 해가 뜨기 몇 시간 전에 잠자리에서 일어나야 한다. 그러나 그녀는 아이들이 어렸을 때보다 요즘이 훨씬 편해졌다고 말한다.

인터뷰가 끝나갈 무렵 나는 앤에게 일과 가족 문제, 그리고 피할 수 없는 갈등을 어떻게 해결해야 할지 모르는 신참 엄마들에게 조언 을 해달라고 부탁했다. 그러자 그녀는 주저하지 않고 이렇게 말했다.

"처음 아기를 낳았을 때는 일을 계속한다는 것이 매우 부담스럽게 여겨지지요. 처음엔 그것이 끔찍하게 느껴질 겁니다. 하지만 그 기분 은 곧 사라집니다. 언젠가는 그것을 이해하게 될 거예요. 자신에게 효과적인 시스템을 찾는 게 중요해요. 일을 사랑한다면, 그리고 그것 이 삶의 일부분이라고 느낀다면 포기하지 말고 그것을 계속하라고 말하고 싶습니다. 직장에선 100% 일에 에너지를 쏟아 붓고 집에서는 가족에게 100%를 투자하십시오. 아기가 태어나고 처음 4~5년 동안 은 자신을 조직화하도록 노력해야 합니다. 그래야 직장을 잃지 않으 면서도 가능한 한 아이들과 많은 시간을 보낼 수 있어요. 당분간 근 무시간을 줄여야 한다면 그렇게 하십시오. 일을 사랑한다면, 그리고 그것이 자신에게 의미가 있다면 결코 일을 포기해서는 안 됩니다."

앤이 말한 것처럼 자신에게 영감을 불어넣고 동기를 부여해주는 일을 갖고 있다는 것은 '위기의 시기'를 견뎌낼 수 있는 중요한 원동 력이 된다. 앤에게는 NBC 방송의 아침 뉴스 앵커라는 아주 멋진 기 회가 있었기 때문에 이런 시기를 견뎌낼 수 있었다. 그녀는 열심히 일하면 언젠가는 그 분야에서 앞서 나갈 수 있다고 믿었다. 그런 그녀가 전략적으로 사용한 방법 중 하나는 시간을 나눠서 당장 주어진 일에 철저히 집중하는 것이었다. 그렇게 함으로써 그녀는 일과 가정생활을 분리할 수 있었다.

앤이 들려준 이러한 이야기는 종종 내 귓가를 맴돌았다. 이 책의 마감 날짜를 지키기 위해 엄청난 속도로 일하는 동안 나는 죄책감에 주기적으로 시달렸다. 당시 나는 하루 종일 글을 쓰고 밤에 1시간 정도만 아이들과 놀아주었기 때문이다. 그래서 아이들과 함께 있을 때는 아이들에게만 집중하려고 노력했다. 하지만 고백컨대 나는 그것을 잘 해내지 못했다. 나는 금세 다른 생각을 했고, 아이들과 찰흙 놀이를 할 때도 머릿속으로 문장을 다시 쓰거나 적절한 단어를 떠올렸던 것이다. 그러나 나는 앤의 충고가 합리적이라고 생각한다. 그래서 항상 일과 가정생활을 동시에 생각하지 않으려고 노력하고 있다. 그리고 아이들과 있을 때 나의 관심을 온전히 집중한다면 아이들과 떨어져 있는 동안 죄책감을 덜 수 있다는 것을 확실히 깨닫고 있다.

일과 가정 사이에 경계선 긋기

두 아이의 엄마인 브룩 호먼(35세)은 출근할 때 아이들을 두고 나가면서 죄책감을 느끼지 않는 운 좋은 여성이다. 앤 커리처럼 그녀 역시 직장과 가정생활을 만족스럽게 유지하는 비법 중 하나가 일과 가정 사이에 감정적인 경계선을 명확히 긋는 것이라고 말한다. 변호사이자 자산 관리 회사의 부사장인 브룩은 훌륭한 보육 시설과 일상적인 정리 정돈 습관, 그리고 남편의 적극적인 외조라는 삼박자가 정신없이 바쁜 생활을 비교적 부드럽게 돌아가도록 해준다고 믿는다.

"그중 큰 부분을 차지하는 것은 보육 시설입니다. 낮 동안 아이 걱정을 하지 않아도 된다는 것은 아주 중요한 문제예요. 이 문제가 해결되면 일하기가 훨씬 수월해집니다. 저는 아이들의 보육 시설을 믿고 있어요. 그것이 모든 것의 기본입니다."

브룩은 아이를 낳기 전부터 바쁜 스케줄을 잘 견뎌왔다. 그녀는 4년간 정규직으로 일하면서 야간 법대에 다녔다. 시간을 효율적으로 관리하고 늘 정리 정돈하는 습관이 몇 년 동안 쌓인 스트레스를 해결하는 데 도움이 되었다. 그리고 이런 습관은 엄마가 되는 데도 도움이 되었다. 현재 그녀는 세 살 된 딸과 7개월 된 아들을 두고 있다. 그녀는 일주일에 4일간 근무하고 금요일에는 아이들과 집에서 시간을 보낸다. 그녀와 뉴욕에서 증권사 변호사로 활동 중인 남편 매트는 내가 만나본 부부들 중 가장 평등한 관계를 유지하고 있다.

그녀의 남편 매트는 매일 아침 브룩이 뉴저지에서 뉴욕으로 출근하는 동안 아이들을 유아원에 데려다준다. 그리고 저녁 6시 30분에 퇴근한 매트가 저녁 식사를 준비하는 동안 브룩은 퇴근하면서 아이들을 데리고 온다. 그러고 나서 둘은 아이들에게 음식을 먹이고 목욕시킨 후 교대로 아이들을 바꿔가면서 재운다. 그 두 사람이 유일하게 죄책감을 느끼는 부분은 아이들이 11시간이나 유아원에서 시간을 보내야 한다는 것이다. 그러나 그들은 일정한 생활 리듬과 공동 스케줄의 관리, 유아원 책임자에 대한 믿음 그리고 육아에 관한 평등한 부부관계로 육아와 직장생활을 조화롭게 병행해가고 있다. 그들은 또한 믿을 수 없을 정도로 준비가 철저한 사람들이다.

"보통 저는 전날 모든 걸 준비해둡니다. 좀 바보처럼 들릴지 모르겠지만 잠자리에 들기 전에 정리 정돈을 해두려고 노력해요. 유아원에 가지고 갈 아이들의 가방과 병을 모두 미리 준비해두지요."

내 이웃이자 친구이기도 한 브룩은 나뭇잎 색깔이 바뀌기도 전에 아이들의 겨울 장비를 주문하는 빈틈없는 사람이다. 그녀가 개인 생활을 그토록 철저히 준비하는 것은 자료 기획 부서에서 그녀가 맡고 있는 업무와 연관이 있다. 미래를 예측하고 위기에서 빠져나갈 전략을 세움으로써 부자 고객들의 파산을 막는 것이 그녀가 하는 주요 업무인 것이다. 브룩은 보통 매주 금요일에 빨래를 한다. 남편 매트는 일요일마다 오전 9시에 딸 릴리와 함께 장을 보러 간다. 장을 보면서 그는 거의 일주일치 저녁 식단을 미리 짜놓는다.

매트와 브룩 부부가 이렇게 정해진 순서에 따라 생활을 하는 데 비해 우리 집 부부는 모든 것이 엉망이다. 내가 눈보라를 헤치며 아들의 부츠를 사러 갈 때 매트와 브룩 부부는 이미 모든 겨울 준비를 끝낸 상태이다. 그래야만 생활하기가 훨씬 수월하다고 그들은 말한다. 나 역시 그들이 옳다는 걸 잘 알고 있다. 그래서 어느 정도는 그들을 닮아가고 싶다. 그처럼 질서정연한 생활이 스트레스를 준다는 건 알고 있지만 말이다. 하지만 미리 생각하고 함께 일하는 것이 이들 가족의 생활을 원활하게 돌아가게 해주고 있는 것만은 틀림없다.

작가 페기 오렌스타인은 《끝없는 변화Flux》에서 이렇게 쓰고 있다. '집안일을 거의 동등하게 분담하는 부부는 월급이 비슷하거나 남편이 유동적인 직업을 갖고 있는 경우가 대부분이다. 그리고 그것은 엄마가 모든 것을 당연히 해야 한다는 생각을 바꿔주는 역할을 한다.' 브룩과 인터뷰를 한 지 이틀 후에 나는 매트에게 위의 문장을 읽어주었다. 그러자 그는 말했다. "네, 맞는 말인 것 같군요. 저는 브룩을 동등한 파트너라고 생각합니다. 하지만 당신이 그 요인을 직접적으로 지적해줄 때까지 그것이 '성공 공식'의 일부라는 것을 깨닫지 못했던 것 같네요. 하지만 이런 생활 방식은 제 성장 배경과도 무관하지 않다는 생각이 듭니다. 제 아버지는 일 때문에 출장을 많이 다니셨지만 집에 계실 때는 요리, 청소, 정원 일을 도맡아 하셨거든요. 아버지는 토요일 오전이면 우리에게 팬 케이크를 만들어주셨고 스니커즈 같은 것도 사주셨죠. 전 그런 점을 보고 자랐습니다. 저는 브룩이 저 못지않게 일한다는 것을 잘 알고 있습니다. 그녀도 일 때문에 스트레스를 받을 수 있고 보통 사람처럼 아이들 때문에 짜증이 날 수 있다는 걸 알고 있지요. 저는 그저 제 몫을 하려고 노력할 뿐입니다. 집에 와서 그냥 빈둥거리면 죄책감이 들 것 같아요. 그래서 식기세척기에서 그릇들을 꺼내고, 저녁 식사를 준비하기 시작합니다. 부부관계에 대한 저의 이러한 생각과 스스로 좀 더 생산적인 사람이기를 바라는 마음이 반반씩 작용하는 것 같습니다. 뭔가를 이루고 나면 기분이 좋아지잖아요. 브룩의 생활을 좀 더 편하게 해주었다는 생각도 기분 좋게 하고요. 저는 그녀뿐만 아니라 저 자신을 위해서 그렇게 하고 있습니다. 그래야 그녀가 즐겁게 일하는 데 도움이 되기 때문이죠."

매트가 새로운 세대의 남성을 대변하는지는 모르겠지만 아직까지 그는 여전히 남자들 중 드문 부류에 속한다. 노동 통계청에 따르면 여전히 여성이 가사와 육아의 대부분을 담당하고 있다고 한다. 실제로 2003년 자료를 보면 여성이 남성보다 가사 일은 네 배, 육아는 두 배 더 부담하고 있다.

한계 설정하기

세 살 된 아이의 엄마이자 잡지사의 부 발행인인 미셸 마티네즈가 브룩과 매트 부부의 사례를 참고하면 도움이 될 것이다. 평소 우유 살 시간도 없던 그녀는 친구들에게 언제 장을 보러 가는지 물어 대신 사달라고 부탁할 정도로 살인적인 작업 스케줄 때문에 정신없이 바쁜 생활을 하고 있다. 하지만 그녀는 가사일과 육아 문제에 있어 남편의 도움을 거의 받지 못하고 있다. 미셸은 자신이 공과금도 지불하고, 딸아이의 옷도 사고, 집안 대소사까지 챙기는 등 모든 짐을 혼자 지고 있다는 사실에 종종 화가 난다.

"나도 늘 아내가 있었으면 좋겠다고 말합니다. 저에게 그런 역할은 베이비 시터가 맡고 있지요. 최근에는 베이비 시터에게 장을 대신 봐 달라고 부탁하기 시작했습니다. 케이트의 음악 수업료도 그가 지불하게 될 거예요. 저는 미치지 않기 위해 점점 더 많은 것을 베이비 시터에게 맡기기 시작했어요."

미셸은 남편에게 집안일을 돕도록 압력을 넣는 한편 직장에서도 자신의 한계를 분명히 하고 있다. 현재 집안 경제를 책임지고 있는 미셸은 지난 15년간 잡지계에서 일해왔다. 그녀는 잡지계의 변덕스럽고 경쟁적인 속성이 직원들을 혹사시키고 스트레스를 주는 문화를 낳은 것 같다고 말한다. 그리고 오늘날 많은 여성들이 최고 자리에 올랐음에도 잡지사의 환경은 여전히 가정 친화적이지 않다고 말한다.

"문제는 잡지를 제작하는 여성 고위층의 나이가 저보다 열 살 정도 위이고 그들의 인생 철학이 우리와 다르다는 데 있지요. 그들은 성공하기 위해선 피를 짜내고, 가정생활을 희생해야 한다고 믿습니다. 1년에 수백만 달러를 벌고 싶다면 그런 희생은 당연한 거라고 생각하는 거죠. 하지만 우리 세대는 달라요. 크게 성공하고 멋진 일을 하고 싶긴 하지만 그 과정에서 가정생활이 희생되는 것은 원치 않습니다. 제 상사는 늦게까지 일을 합니다. 그것이 그녀의 생활 패턴이기 때문이죠. 낮에 좀 더 열심히 일하면 일찍 퇴근할 수 있을 텐데 말이에요. 전 아이가 생기기 전부터 제 시간을 갖고 싶었습니다. 저는 한계를 정하는 부분에선 아주 단호합니다."

한계를 정한다고 해서 미셸이 일을 열심히 하지 않는다는 의미는 아니다. 그녀는 사무실에서 열 시간씩 일하고 출장을 1년에 9만6천 킬로미터씩 다닌다. 올해 들어 일주일에 한 번씩은 출장을 갔다.

"케이트가 태어나자 저 혼자 그 모든 것을 해결할 수 없다는 생각이 들었습니다. 이러다가 돌아버릴 것 같았죠. 사실 저는 직급을 한 단계 낮출까 하는 생각도 했어요. 그러나 제 상사는 이렇게 말했습니다. '걱정하지 마. 당신은 할 수 있어' 라고요. 네, 물론 할 수 있습니다. 자신이 원하면 뭐든지 할 수 있다는 건 놀라운 일이에요. 제가 반드시 관리 부서에서 일을 해야 했던 건 아니었습니다. 판매 부서에 가면 보다 여유로운 생활을 할 수도 있었죠. 하지만 그렇게 되면 영원히 발행인이 되지 못할 겁니다. 그런 면에서 저는 어느 정도 제가 원하기 때문에 이 일을 하고 있다고 할 수 있어요. 하지만 제가 이 일을 하면서 깨달은 건 상사가 자신을 괴롭히지 못하게 해야 한다는 거예요. 우리는 삶을 즐길 자격이 있습니다. 저는 제 상사를 잘 알고 있어요. 그녀는 계속해서 밀어붙이고 요구할 겁니다. 그리고 제가 받아들이는 만큼 일을 시킬 겁니다. 그렇기 때문에 한계를 분명히 해야 해요. 할 수 있는 일의 한계를 정해서 그 이상의 것은 거절해야 합니다. 궁극적으로는 바로 그런 점 때문에 그녀가 저를 더 존중해주고 있다고 생각합니다."

모든 일에는 지름길이 있다

신디 버거는 제시간에 집에 도착하기 위해 롱아일랜드 고속도로 위에서 차선을 이리저리 바꾸고 있었다. 아홉 살 난 딸아이의 소프트볼 결승전에 참석해야 하기 때문이다. 그녀는 퇴근을 하면서도 밀린 전화통화를 했다. 그녀의 통화 목록에는 내 이름도 올라 있었다. 그날 오전 내가 전화를 걸어 신디와 인터뷰 날짜를 잡을 수 있을지 물어보았기 때문이다. 그녀는 미국에서 가장 성공하고 가장 유명한 홍보 담당자이다. 그녀는 내게 전화를 걸어 다음 주에 인터뷰 날짜를 잡으면서 공교롭게 자신 역시 일하는 엄마의 갈등에 빠져 있다고 말했다.

신디에게 그날은 특히 정신이 없었다. 그녀의 고객인 여성 그룹 딕시 칙스의 새 앨범 홍보를 위한 인터뷰가 연달아 있었던 것이다. 그러나 신디는 소프트볼 경기에 참석해야 했고 한 시간 반에서 두 시간 정도 걸리는 도로 사정을 감안할 때 오후 4시 15분에는 뉴욕을 출발해야 했다. 그래서 그녀는 안심하고 일을 맡길 수 있는 동료와 함께 그날 스케줄을 처리했다. 덕분에 그녀는 제시간에 도착해 청바지로 갈아입은 뒤 딸을 데리고 경기장에 갈 수 있었다. 이런 일은 두 아이의 엄마이자 미국에서 가장 유명한 디바들(샤론 스톤, 베트 미들러, 바버라 월터스, 로지 오도넬, 딕시 칙스 등)의 홍보 담당자인 신디에게 이미 일상이 되어버렸다.

그 다음 주 나는 맨해튼 시내에 있는 그녀의 사무실에 찾아가 신디를 만났다. 신디는 거의 충동적일 정도로 빠르고 단호하게 홍보 분야에 뛰어들었다고 했다. 때는 대학을 졸업한 이듬해 여름, 그녀는 앞으로 어떤 일을 할지 아직 결정하지 못한 상태였다. 어느 아름다운 5월 아침, 그녀는 친구 집 수영장 고무보트에 누워 캔 음료를 마시면서 〈코스모폴리탄〉잡지를 넘기고 있었다. 그때 그녀는 유명 인사들의 홍보 담당자에 관한 기사를 보게 되었다.

"혼자서 생각했죠. '난 연극도 좋아하고 영화도 좋아하니까 이 일을 할 수 있을 거야. 정말 할 수 있어' 라고요. 그래서 함께 있던 친구에게 뉴욕으로 가겠다고 말했습니다. 그러자 친구는 '뉴욕에 간다니 무슨 말이야? 여기도 멋진데 왜 떠난다는 거야?' 라고 묻더군요. 그래서 전 '평생 하고 싶은 일을 찾았거든. 난 유명 인사들의 홍보 담당자가 될 거야' 라고 대답했습니다."

신디는 당장 수영장에서 뛰쳐나와 부모님의 차를 빌려 타고 뉴욕으로 가 두 곳의 홍보 회사에 이력서를 넣었다. 몇 주 후 그녀는 홍보 대행사 PMK의 안내 데스크에서 일하게 되었고, 20년이 지난 지금은 전무이사가 되었다.

10여 년 전만 해도 신디는 그 회사에서 아이를 낳은 최초의 여직원이었다. 따라서 전례가 없던 그녀는 엄마 역할과 직장생활을 성공적으로 병행할 수 있는 자기만의 방식을 찾기로 했고, 회사의 공동 경영자에게 한 가지 제안을 했다.

"전 출산 휴가에서 돌아와 그들에게 이렇게 말했습니다. '내겐 일이 정말 중요하다. 하지만 가족이 우선이다. 그리고 앞으로도 가족이 우선일 것이다. 복도 끝에 있는 빈 사무실을 탁아소로 만들어도 좋겠느냐' 라고요. 당시 우리 회사는 남자 직원이 두 명뿐이고 나머지는 다 여자들이었기 때문에 모두 좋아하면서 한번 해보자고 하더군요. 그게 잘될지는 저도 몰랐습니다. 하지만 효과가 있었죠. 저는 책상을 기저귀 가는 테이블로 바꿨습니다. 벽에는 예쁜 그림들을 걸었고요.

방에 아기 침대 하나와 장난감들을 가져다 놓고 항상 멕시코 음악이 흘러나오는 카세트 레코더도 준비했지요. 그렇게 해서 전 3년 동안 일주일에 3일씩 딸과 베이비 시터를 데리고 롱아일랜드에서 회사까지 출근했습니다. 저희 회사는 정말 멋졌습니다. 아이를 데려오는 일을 아주 자연스럽게 받아들였으니까요. 딸아이는 생후 9개월 만에 처음으로 인기 가수 바니의 기자회견에 참석하기도 했습니다.”

지금은 아이들이 학교에 다니는 관계로 더 이상 그녀는 아이들을 직장에 데려오지 않는다. 그러나 그녀는 여전히 가족을 우선으로 생각한다. 그리고 아이들의 과외 활동 중 어떤 것도 놓치지 않은 것을 자랑스럽게 생각한다. 그녀는 아이가 항상 먼저라고 말하면서 내게 몇 가지 예를 들어주었다.

“제 고객이 방송 출연을 하거나 인터뷰가 있을 경우 학교 행사가 생기면 저는 학교로 갈 겁니다. 올여름 초에는 딸아이가 참가하고 있는 캠프에 방문해야 했어요. 전 2시까지 캠프장에 도착해야 했지만 뉴욕에서 열리는 아침 회의에도 빠질 수 없었죠. 그래서 전 먼저 뉴욕에 갔다가 아이를 만나기 위해 한 시간 동안 캠프장으로 차를 몰았습니다. 그러고 나서 다시 일하러 가기 위해 뉴욕으로 돌아왔죠. 그것은 아주 힘든 일이었지만 전 했습니다. 다시 일을 하러 뉴욕으로 돌아가는 것에 대해선 잠시 망설였지만 캠프 방문의 날을 놓치는 것에 대해선 재고할 여지도 없었어요.”

신디는 일과 가정생활을 성공적으로 병행할 수 있는 비결 중 하나가 다른 직원에게 자신의 일 중 몇 가지를 위임하는 것이라고 말한다. "비서는 제 오른팔 역할을 톡톡히 하고 있습니다. 제가 관리하는 고객들도 제 가족을 잘 알고 있고요. 하지만 일이 원활하게 진행되도록 늘 신경 써야 해요. 몇 주 전에는 주지사가 베트 미들러에게 훈장을 수여하게 되어 있었는데 같은 날 밤 딸아이의 무용 발표회가 있어서 그곳에 참석할 수 없었습니다. 정말 마음이 아팠지요. 하지만 다른 사람이 베트와 동행할 수 있도록 미리 조치를 취하고 확인했기에 문제는 없었어요."

신디는 모든 가정생활이 질서정연하게 돌아갈 수 있는 것은 남편과 베이비 시터를 비롯하여 자신을 도와주는 시스템이 있기 때문이라고 말한다.

"일하는 엄마는 놀라울 정도로 철두철미해야 합니다. 그리고 확실하게 도움을 받을 수 있는 시스템이 있어야 하고요. 그것은 베이비 시터일 수도 있고, 남편 또는 직장 동료일 수도 있습니다. 일하는 엄마에게는 그런 도움이 절실히 필요해요. 제 남편은 매일 24시간 대기 중인 종양외과 전문의입니다. 그도 아주 힘든 일을 하고 있죠. 하지만 우린 2인 1조라고 할 수 있습니다. 전 아침 일찍 출근해야 하기 때문에 학교 바자회 때 판매할 쿠키를 제시간에 가져다줄 수 없을 경우가 있는데 그럴 땐 남편이 대신해줍니다. 우리는 항상 짐을 나눠 져요. 남편도 아이들 행사에 빠진 적이 없습니다."

인터뷰 중간에 그녀의 비서가 갑자기 들어오더니 샤론 스톤이 전화를 했다고 말했다. 신디는 내게 양해를 구하고 자신이 가장 좋아하는 고객 중 한 사람과 이야기를 나눴다. 전화를 끊은 후 그녀는 샤론과 전화를 하는 동안 베이비 시터에게 그날 오후 아이들이 참석해야 할 생일 파티가 있다는 걸 상기시켜줘야 한다는 생각이 떠올랐다고 했다. 그녀는 인터뷰가 자꾸 중단되어 미안하다고 하면서 베이비 시터에게 전화를 걸어 카풀 일정이 잘 조정되었는지 확인하고 나서 벽난로 선반 위의 생일 선물을 챙겨 보내라고 말했다.

집으로 가는 노선을 효율적으로 짜기 위해 라디오 교통방송에 귀를 기울이는 자칭 A형 인간인 신디는 자신이 모든 일을 철저히 준비하게 된 것은 직장과 가정생활을 병행해온 덕분이라고 말한다. 그녀는 기술이 발달하면서 직장과 가정의 경계가 모호해졌다고도 말한다. 그리고 그것이 어떤 면에선 일을 좀 더 수월하게 만들어준 반면에 혼자 생각할 시간을 빼앗아갔다고도 말한다.

"출퇴근을 하는 엄마에게 자동차는 개인적인 시간을 보장해줍니다. '좋아, 딸아이한테는 두 건의 생일 파티가 있어. 아들아이한테는 한 건의 생일 파티가 있고. 이번 주말엔 친구 집에 데려다 줘야지.' 이런 생각을 하며 혼자 조용히 지낼 수 있죠. 저는 차 안에서 회사일과 상관없는 사적인 일들을 생각하곤 합니다. '맙소사, 명절이 코앞이네. 고기를 주문해야 하는데……' 라든가 '세탁소에서 옷을 찾아오지 않았네, 잊어버리지 말아야지.' 뭐, 이런 생각도 합니다. 자동차는 마음 흘러가는 대로 이런 저런 생각을 할 수 있는 편안한 공간이죠. 하지만 휴대폰이 그런 시간을 앗아갑니다. 차 안에 있을 때 비서가 전화를 연결해주기 때문에 집으로 돌아갈 때까지 90분 동안 여전히 일을 하는 셈이 되거든요. 차고로 들어갈 때에야 비로소 전화를 끄게 됩니다. 그리고 집 안 계단에 오르는 순간 모든 일을 자동차와 사무실에 남겨두지요."

이 모든 것이 겉으로 보기엔 원활해 보이지만 그녀도 갈등을 느낄 때가 수없이 많다고 한다.

"2년 전에는 딸아이가 학교에서 자원봉사를 해달라고 부탁하더군요. 그래서 전 자선 모금을 위한 비스킷 판매 행사에 참가하기 위해 모든 재료를 직접 구입했습니다. 그런데 때마침 유럽에서 〈엘르〉지 표지 촬영과 관련해 문제가 발생했고 신속히 처리를 해야 했어요. 사태가 시시각각 바뀌는 그 와중에 저는 다음날 아침 학교에 들고 갈 쿠키를 구워야 했습니다. 그때 마침 여동생이 전화를 했기에 전 이렇게 하소연을 했죠. '맙소사, 미칠 것 같아. 프랑스에서 문제가 생겼거든. 고객 한 명이 제시간에 도착하지 못할 것 같은 데다가 세계적인 사진작가를 섭외했는데 그 사람이 심장마비에 걸렸대. 지금 잡지 마감 기간이라 빨리 쿠튀르 컬렉션을 찍어야 하는데 말이야. 그 와중에 난 지금 쿠키를 굽고 있다고!' 정말 미칠 지경이었습니다. 동생은 그 모든 이야기를 듣더니 이렇게 말하더군요. '쿠키를 처음부터 굽고 있는 거야?' 그래서 전 그렇다고 했습니다. 그러자 동생은 이렇게 말하더군요. '언니, 언니의 정신 건강을 위한 비법이 있어. 가위로 잘라 기름종이에 얹어 8분간 굽기만 하면 되는 인스턴트 쿠키를 네슬레에서 팔고 있거든.' 그순간 전 생각했습니다. '오, 이건 신의 축복이야.' 전 그런 지름길이 있는 줄 몰랐어요. 정말 멋진 아이디어 아닙니까? 우린 인스턴트 쿠키를 사다가 구웠습니다. 중요한 건 우리가 그것을 함께 했다는 거 아닌가요? 다만 지름길을 택했을 뿐이지요. 일하는 엄마는 몇 가지 지름길을 알아야 합니다. 그런 방법들은 아이를 속이지 않으면서 삶을 좀 더 수월하게 만들어줍니다.”

신디가 모든 일을 해내는 또 다른 비결은 일과 가정 사이에 분명한 선을 긋는 것이다. 그녀는 늘 고객들과 연락을 취할 수 있도록 조치를 취해두긴 하지만 근무 시간 외에는 일을 제한하려고 노력한다.

“저는 더 이상 밤에 열리는 시사회에 가지 않습니다. 제 고객이 출연하는 영화 시사회에만 참석하지요. 영화를 꼭 봐야 할 경우엔 제가 낮 시간에 영화를 볼 수 있도록 영화사에서 준비해줍니다. 홍보 일을 하다 보면 매일 밤 파티와 극장에 갈 수도 있어요. 하지만 저는 그러지 않습니다. 꼭 가야 할 곳만 가지요.”

일하는 엄마가 경계해야 할 것

신디의 사무실을 떠나면서 내 머릿속에 든 생각은 내가 10년 전에만 그녀를 만났어도 나의 직장생활이 크게 바뀌었을 것이고 그녀처럼 홍보 일에 뛰어들었을지 모른다는 것이었다. 어쩌면 그녀 밑에서 일하고 싶었을지도 모른다. 자신의 분야에서 최고 자리에 있으면서도 가족을 가장 우선시 할 수 있는 그녀의 능력은 너무나 인상적이고 강렬했다. 그녀는 우리의 진정한 역할 모델이다. 신디 자신이 만들어낸 직장 내 보육 시설이 대부분의 여성들에겐 그림의 떡일지라도 신디의 사례는 일과 가정생활의 병행을 두려워해선 안 된다는 모범을 보여준다. 그것을 성취하는 것은 충분히 가능하기 때문이다.

일과 가족 사이에 분명한 경계를 긋는 것은 두 가지를 동시에 영위하기 위한 아주 중요한 전략이다. 신디와 미셸, 브룩, 앤은 모두 각자의 일과 가정 사이에서 나름대로의 경계를 만들었다. 앤의 경우 그것은 먼저 정신적인 훈련을 의미했다. 그녀는 아이들과 함께 있을 때는 일 생각을 않으려고 했고, 일을 할 때는 아이들 생각을 단호히 뿌리쳤다. 그녀는 그 경계를 분명하게 나눔으로써 인생에서 가장 중요한 두 가지 일에 완벽하게 집중할 수 있었다. 또한 그녀들은 일상적인 육아 문제를 남편과 함께 나누었다.

신디는 가족이 항상 우선이라는 사실을 분명히 했고 그녀의 직장생활은 그것 때문에 고통받지 않았다. 사실 그녀는 고객들로부터 훨씬 더 많은 존중을 받아야 한다고 믿고 있다. 왜냐하면 자신이 아이들을 얼마나 소중하게 생각하는지 고객들도 잘 알고 있을 것이기 때문이다. 그런 그녀와 달리 자신의 스케줄을 조절할 수 있을 만큼 지위가 충분히 높지 않은 미셸은 더 오랜 시간 일해야 한다는 압력을 계속해서 받고 있음에도 가정생활을 영위하기 위해 상사에게 '되받아치는' 용기를 보였다. 직장에서 시간을 현명하게 쓰는 것이 미셸의 성공과 확고한 평판을 뒷받침해주는 열쇠였다. 그녀는 아주 효율적으로 일할 뿐만 아니라 자신의 분야에서 존경받고 있기 때문에 더욱 자신감을 갖고 자신을 위해 분연히 일어날 수 있다고 생각했다.

자신의 영역과 한계를 분명히 해야 한다는 이야기는 내가 인터뷰한 수많은 여성들에게서 반복적으로 들은 주제이다. 집에서 파트타임으로 일하는 변호사 린 달튼은 쉬는 날에 전화를 거의 받지 않고 이메일 답장도 보내지 않는다고 말한다. 사람들이 자신의 스케줄을 존중해주길 바라기 때문이다. "제가 전화를 어떤 때는 받고 어떤 때는 받지 않는다고 생각하면 상대방 입장에서는 정말 화가 날 겁니다. 그러나 일찍부터 그 한계를 정해서 '미안하지만 전 화요일과 목요일에 일하지 않습니다' 라고 말하면 상황을 통제할 수 있지요. 그러다 보면 어떤 정보를 입수하는 데 시간이 더 걸릴 때도 있습니다. 그러나 회사 측에서는 제가 일을 잘한다는 걸 알고 있어요. 저는 효율적으로 일을 하고 회사 생활에 아주 충실합니다. 그리고 저의 근무 방식이 모든 사람에게 도움이 된다고 생각해요."

오늘날 여성들은 호출기, 전화, 메신저, 문자 메시지, 팩스, 이메일 등이 난무하는 하이테크 시대에 살고 있다. 이런 환경 속에서 일과 집 사이의 경계는 심리적인 동시에 기계적인 것이 되었다고 사람들은 말한다. 어떤 이들은 회사에서 끊임없이 업무를 보내는 블랙베리BlackBerry인터넷, 이메일, 휴대폰, 일정관리 등의 기능을 수행하는 무선 단말기-역주를 집에서 받지 않으려고 노력한다. 회사일에 계속 얽매이다 보면 밤늦게, 또는 주말까지 이메일 답장을 해야 할 수 있기 때문이다. 한편 어떤 여성들은 이런 기술들이 집에서 기저귀를 갈거나 수유를 하거나 뒤뜰에 그네 설치하는 일을 감독할 때에도 일을 할 수 있도록 자신들을 해방시켜주었다고 생각한다. 신디는 사무실을 떠날 때도 휴대폰으로 일을 계속한다. 그러나 밤에 아이들과 두 시간 동안 함께

할 때에는 일을 하지 않는다는 규칙을 지키려고 노력한다.

한계를 정하고 경계를 분명히 세우며 가능하면 가정생활을 보호하는 태도는 직장일과 가정생활을 원활하게 병행하기 위한 중요한 요소이다. CNN 방송의 고참 제작자인 카렌 파머는 일과 가정생활을 병행하는 방법을 찾고 행동 계획을 세우라고 여성들에게 당부한다.

"여성인 우리가 창의적인 해결책들을 내놓을 필요가 있습니다. 그래야 우리가 원하는 것을 얻을 수 있지요. 남자들이 그 문제를 해결해줄 거라고 생각해선 안 됩니다. 전 임신기간 동안 CNN 방송사 직원들에게 '출산 휴가를 어느 정도 내줄 수 있을 거라고 확신하며, 출산 휴가 중에 당신들이 나를 필요로 할 때 연락을 취할 수 있도록 내 컴퓨터를 집으로 가져가겠다' 고 말했습니다. 그래야 다시 돌아왔을 때 제 상황이 달라져 있다는 이유로 사람들이 제게 연락을 못하거나 전화를 꺼리는 일이 벌어지지 않을 테니까요. 우리는 기꺼이 회사에 공헌할 준비를 해야 하며, 공헌하는 방법 또한 창의적일 필요가 있습니다. 단지 임신을 했다는 이유로 특혜를 받고 있다는 느낌을 주지 않도록 노력해야 하지요."

뇌를 분산하여 사용하라

레베카(41세)는 어린 세 딸을 두고 있다. 토론토에서 태어나 미국에서 교육을 받은 그녀는 현재 이스라엘에 살면서 미국의 비영리 단체에서 일하고 있다. 중동의 골치 아픈 문제들을 조정하고 있는 레베카는 이스라엘 정부의 주요 인사들을 정기적으로 만난다. 그중엔 수상과 국방부장관도 포함되어 있다. 레베카의 근무 시간은 아침 일찍 시작되지만 예루살렘과 그녀의 회사가 위치한 워싱턴 D.C. 사이의 시차 때문에 자정이 다 될 때까지 일은 끝나지 않는다. 자정 무렵 그녀가 전화기를 끄면 그제야 워싱턴에서도 더 이상 전화를 하지 말아야 한다는 것을 안다.

레베카는 대부분 아이를 세 명 이상 낳을 뿐만 아니라 철저히 자녀 중심적인 이스라엘 문화가 자신의 엄청난 작업량을 원활히 잘 처리하는 데 도움이 된다고 생각한다. 이스라엘에서는 거의 모든 여성과 엄마들이 생활비를 마련하기 위해 일을 한다. 이스라엘 문화는 이런 여성들을 배려하고 가족끼리 보내는 시간을 매우 중시한다. 이러한 이데올로기의 뿌리는 이스라엘의 키부츠 문화에서 비롯된 듯하다. 과거 이스라엘에서는 지역 공동체가 나라를 세우고 그 아이들의 양육을 책임졌다. 기술과 의학 연구 같은 공격적인 분야에서 전 세계와 경쟁을 벌이고 있는 요즘에도 이스라엘의 부모들은 오후 4시경에 문을 닫는 보육원에서 아이들을 데려오기 위해 하루 일과를 끝낸다.

"제 친구는 여성을 위한 로비스트로 활동하는데 자신의 페미니즘도 3시 30분이면 끝난다고 말하더군요. 오후 3시 30분이 되면 부모 중 한 사람이 일을 중단하고 아이를 데리러 가는 것이 이곳에서는 하루 일과의 자연스러운 일부입니다. 제 시누이는 이스라엘에서 아주 잘 나가는 변호사이자 다섯 아이의 엄마예요. 그런데도 그녀는 오후

4시면 일을 끝내지요. 미국에선 파트타임에 불과한 것이 이스라엘에선 정규직으로 인정됩니다. 그들은 보통 8시에서 오후 4시까지 일을 하지요. 주로 수요일 오후 4시경에 시작되는 학교 연극이 있을 때면 모든 부모들이 참석을 하고요. 아빠들도 물론 빠지지 않습니다.”

레베카가 이러한 이스라엘 사회에 살면서 일과 가정생활을 병행할 수 있다고 느끼는 것은 당연하다. 레베카는, “미국에서 아이들의 파티 때문에 정부 관료들과의 회의 시간을 바꿔야 한다고 말하면 저를 꾸짖을 겁니다. 하지만 이곳에서는 그런 것이 전혀 문제될 게 없어요. 회의 시간은 다시 정하면 되니까요”라고 말한다.

레베카는 일과 가정 사이에서 민첩하게 사고를 전환하는 것이 자신의 삶을 꾸려나가는 비결이라고 말한다.

“일을 하는 동시에 아이들을 잘 키울 수 있는 비결은 사고의 빠른 전환에 있습니다. 늦은 오후 아이들과 있을 때는 아이들에게만 집중을 해요. 만일 수상 사무실에서 걸려온 전화를 받아야 할 경우가 생기면 잠시 머릿속으로 스위치를 껐다 다시 켠 다음 5분 만에 일을 처리하고요. 저는 이러한 사고의 전환을 아주 빠르게 할 수 있습니다. 수년 동안 그것에 아주 능숙해진 것 같아요. 전 오후가 되면 아이들의 숙제와 방과 후 활동에 집중합니다. 차에 아이들을 태우고 이리저리 다니면서 전화 업무를 처리하기도 하지만 그런 것은 전혀 문제가 되지 않지요. 하지만 아이를 데리고 집에 와 일단 아이의 방에 들어간 후부터는 휴대폰을 받지 않습니다. 학교 수업이 어땠는지 듣고 있을 때도 그렇고요. 제가 그 모든 것을 처리할 수 있는 비결은 어떤 쪽에도 죄책감을 느끼지 않도록 마음 상태를 끊임없이 전환하는 데 있습니다."

레베카는 자신의 특이한 작업 스케줄 때문에 일과 가정 사이에서 끊임없이 곡예를 하고 있다고 말한다.

"1년 전쯤에 두 살 난 딸아이를 데리고 쇼핑몰에 가서 샌들도 사고 아이스크림도 사주려고 큰 마음먹고 외출을 한 적이 있어요. 그런데 쇼핑몰에 도착하자마자 수상 사무실 책임자가 전화를 걸어 빨리 그쪽으로 와줄 수 없느냐고 묻더군요. 그래서 딸아이를 집에 데려다주고 가는 것보다 그곳으로 데리고 가는 것이 더 빨리 도착할 수 있겠다고 했죠. 그랬더니 그렇게 하라고 하더군요. 저는 샌들과 아이스크림을 산 후 수상 사무실로 재빨리 갔습니다. 그러고는 딸아이를 비서에게 맡겨놓은 후 수상 사무실로 들어갔지요. 미국으로 치자면 이것은 딸아이를 대통령 비서에게 맡긴 채 백악관 비서실 간부들이 근무하는 웨스트윙에서 대통령과 국가안보 담당 보좌관을 만나는 것과 마찬가지랍니다. 그날은 당장 처리해야 할 다급한 문제가 있어서 모든 일들이 아주 빨리 진행되었습니다. 하지만 제가 회의실에 들어갔을 때 이제 막 기저귀를 떼고 대소변 가리는 연습을 시작한 딸아이가 소변 볼 때가 되었다는 생각이 떠오르는 겁니다. '맙소사! 내 딸이 수상 관저에서 오줌을 쌀 거야! 수상께 아이가 쉬를 해야 한다고 말할까, 아니면 그냥 잠깐 나가봐야겠다고 말할까?' 저는 잠시 양해를 구하고 밖으로 나가 아이를 살펴보고 와야겠다고 생각했습니다. 하지만 실제로는 회의장 밖으로 나가지 않았지요. 다행히 아이가 쉬를 하지 않았거든요. 하지만 그 일은 우리 여성들이 동시에 여러 가지 일을 처리하거나, 둘 사이에서 곡예를 하거나, 뇌를 분산해 사용하고 있음을 보여주는 좋은 예가 될 것입니다."

멀티 태스킹의 귀재들

엄마 역할에서 동시다발로 일을 처리하는 능력은 필수다. 그것은 병원에서 축하 인사를 받으며 새로 태어난 아기에게 성공적으로 트림을 시키고 시댁 식구들을 즐겁게 해주면서 시작된다. 앤 크리텐든은 그의 저서 《아이를 키운 여성은 어떤 일도 할 수 있다If You're Raised Kids, You Can Manage Anything》에서 여러 가지 일을 동시에 수행하는 엄마들의 능력이 생물학적인 생존 방식에 뿌리를 두고 있는 것은 아닌가 추측하고 있다. 그녀는 책에서 '수백만 년 동안 진화론에 의한 선택의 압력으로 우리 여성들은 자식의 생존을 돕기 위해 인지론적으로 유리하게 뇌를 변화시킨 것 같다. 예를 들어 개별적으로 집중해야 하는 여러 가지 일들을 동시에 기억해내는 능력, 비언어적인 위험 신호를 읽어내는 능력, 그리고 위험이 닥쳤을 때 보여주는 대담성들이 그러하다' 라고 쓰고 있다.

물론 오늘날의 위험 상황은 아이가 털이 무성한 매머드에게 잡아먹히는 것과는 거리가 멀다. 그보다는 여분의 기저귀를 챙기지 않았거나, 아이들이 애착을 갖는 특별한 담요를 잃어버렸거나, 자동차를 오래 탈 때 휴대용 DVD를 잊어버리는 것과 같은 상황에 더 가깝다. 모든 엄마들이 인정하듯 아이들의 욕구는 이미 다른 것들로 가득 찬 우리의 뇌 표면을 맴돈다. 머릿속을 어지럽히는 모든 소음에도 불구하고 엄마는 아버지와 달리 생일 파티, 학부모 회의, 병원 약속 등을 기억해낸다. 레베카의 경우처럼 국제적인 문제를 처리하는 와중에도 두 살 된 딸이 소변 볼 때가 되었음을 떠올린 것도 마찬가지이다.

일과 가정의 물리적 거리 좁히기

로라 피셔 박사는 여러 가지 일을 동시에 하는 데 일가견이 있다. 자신의 병원을 운영하는 내과의사이자 네 살이 채 안되는 세 딸(큰딸과 막내딸의 나이 차는 겨우 26개월이다)의 엄마인 그녀는 딸 중 한 명이 꼭 깨곤 하는 매일 새벽 4시 30분에서 5시 30분 사이부터 복잡한 곡예를 타기 시작한다. 로라는 내과의사라는 자신의 직업에 대해 열정적으로 이야기를 늘어놓았다. 그녀가 그 일을 해온 것은 근 20년 동안이다. 현재 그녀의 나이가 마흔네 살이니 반평생을 의사로 살아온 셈이다. 로라는 효율성과 따뜻함이 놀라운 조화를 이루는 삶을 살아왔다. 나는 아이들의 사진과 그녀가 직접 그린 그림들로 둘러싸인 그녀의 뉴욕 병원에서 이야기를 나누었다. 그녀는 거의 숨도 쉬지 않고 말을 계속했다. 로라는 자신이 의사라는 사실에 아주 만족하고 있었다.

　로라는 의사일을 하면서 자신이 엄마 역할을 제대로 할 수 없으리라는 생각을 단 한번도 해본 적이 없다. 사실 그녀의 가장 큰 걱정거리는 엄마 역할과 의사 업무를 병행하는 것이 아니라 과연 자신이 결혼 자체를 할 수 있을까 하는 것이었다. 로라는 서른일곱 살이 돼서야 지금의 남편을 만났다. 그리고 1년 후에 결혼을 하여 채 3년이 안 되는 기간 동안 세 딸을 낳았다.

　"저는 제 일을 사랑합니다. 저는 항상 일을 하고 싶었고, 일하는 엄마가 되고 싶었어요."

　로라는 아이가 태어났을 때 여성들이 모든 것을 엄마 역할에 쏟아붓지 않는 것이 중요하다고 굳게 믿고 있다. "머릿속에는 늘 생각할 거리가 있어야 합니다. 그래야 흥미를 잃지 않고 자존심을 지킬 수 있으며 남편, 친구들과 대화를 할 수 있어요. 저는 아기가 태어났다고 해서 다른 모든 일을 그만두어서는 안 된다고 생각해요."

　그녀 자신도 그 충고를 잘 따르고 있다. 로라는 주중 아침 8시부터 오후 4시까지 진료를 한다. 시각이 정확히 4시가 되면 병원을 나와 헬스클럽에서 50분간 운동을 한다. 의학 잡지를 뒤적이거나 소설을 읽는 곳도 바로 이 헬스클럽에서이다. 그녀가 이 모든 일을 하면서도 바쁜 일과가 뒤죽박죽 섞이지 않는 것은 아파트와 병원, 헬스클럽 등 모든 것이 5블록 반경 내에 위치하기 때문이다. 로라는 널찍한 교외의 주택을 팔고 그 대신 5분 만에 출근을 할 수 있는 시내 아파트를 구입함으로써 의사일을 하면서도 아이들과 알찬 시간을 보낼 수 있게 되었다.

로라의 예에서 알 수 있듯이 직장과 가정 사이에서 아슬아슬한 균형을 유지하는 데 필수적인 요소는 일과 가정이라는 서로 다른 세계의 물리적인 거리를 좁히는 것이다. 일하면서 행복을 느끼는 엄마들은 대부분 집중된 공간에서 생활하고 있었다.

"자동차로 출퇴근을 하지 않기 위해 이사를 할 때는 신중하게 생각하고 선택해야 합니다. 사실 도시에서 생활하는 것이 만만치 않은 일이거든요. 모든 것이 너무 비싸니까요. 저는 어렸을 때부터 교외에서 자전거를 타고 테니스를 치고 운동을 하며 성장했습니다. 도시에서는 아이들이 야외 활동과 스포츠를 즐기며 자라기가 힘들어요. 하지만 가까운 거리에 살면 사무실까지 걸어다닐 수 있습니다. 걸어가도 집에서 5분밖에 안 걸리니까요. 만일 교외에서 산다면 매일 출퇴근하는 데 세 시간 정도 걸릴 거예요. 하지만 대신 저는 아이들과 보내는 시간을 아주 소중하게 생각합니다. 지금은 모든 일이 제대로 돌아가고 있는 것 같아요. 아이들도 행복하고, 저도 행복하니까요."

완벽해야 한다는 환상 버리기

모든 것을 질서정연하고 효율적으로 유지하고, 경계를 분명히 정하고, 일을 위임하며, 훌륭한 유아원과 가족의 도움을 받는 것은 일하는 엄마로 성공하는 데 아주 중요한 요소들이다. 하지만 나는 인터뷰에 응한 거의 모든 엄마들로부터 또 다른 충고를 들었다. 바로 '완벽해야 한다는 생각을 버려야 한다' 는 것이다. 집과 사무실 모두에서 말이다.

"일하는 엄마들이 알아야 할 가장 중요한 점은 자기 자신, 남편과 아이들 그리고 일을 동시에 모두 챙길 수 없다는 것이 지극히 당연하다는 겁니다. 저는 많은 것을 포기했기 때문에 생활이 훨씬 수월해졌어요. 항상 완벽할 필요는 없는 거예요. 젊어서 일을 시작했을 때는 모든 게 완벽해야 한다고 생각했습니다. 하지만 꼭 그럴 필요가 없다는 걸 알게 되었죠." 화장품 회사의 CEO 바비 브라운의 이야기이다.

"이제는 내가 할 수 있는 최선을 다하자는 생각을 어느 정도 받아들이게 된 것 같습니다"라고 임부복 디자이너이자 CEO인 리즈 레인지는 말한다.

"저는 제가 완벽하지는 않지만 좋은 엄마이고 좋은 사업가라고 생각합니다. 때로는 어느 한 가지 일에 집중한다면 좀 더 잘할 수 있을지 모른다는 생각도 해요. 하지만 그렇게 되었을 때 전 행복하지 않을 겁니다. 그냥 엄마 역할에 만족하고 일을 하지 않는다면 행복하지 않을 것 같거든요. 비판적인 뜻으로 하는 말이 아닙니다. 정말로 집에 있는 것을 좋아하는 여성들도 있으니까요. 저는 그들의 생각을 존중합니다. 하지만 전 절대 그러지 못할 거에요. 그렇다고 그냥 일만하고 싶지도 않고요. 제 주위에는 성공은 했지만 아이가 없는 여성들이 있습니다. 결국 그들은 외로움을 느껴요. 모든 일에는 양면성이 있기 때문에 모든 것을 다 가질 수는 없습니다. 하지만 저는 제 생활에 만족하고 있고 아주 운이 좋다고 느낍니다. 저에겐 남편과 두 아이가 있고 사업도 재미있어요. 하지만 우리의 에너지에는 한계가 있습니다. 그래서 자신의 상황에 편안함을 느낄 수 있는 적절한 균형을 찾는 것이 중요하지요."

인디애나 주에서 태어난 크리스티 하버드(35세)는 어려서부터 변호사가 되고 싶었다. 인디애나 대학을 졸업한 그녀는 아이오와 주에 있는 법대에 다니기 시작했다. 그리고 수습 기간에 애리조나 주 나바호의 특별 거주 지역에서 온 인디언인 젠을 만났다. 두 사람은 결혼을 했고 곧 아이가 생겼다. 당시 스물네 살이었던 크리스티는 법대를 그만두었다. 딸과 떨어져 지내는 것이 너무 슬펐기 때문이다. 당시 그녀의 시아버지가 불치병을 앓고 계셨기 때문에 그들 부부는 애리조나의 가나도에 위치한 인디언 보호지역으로 집을 옮겼다. 남편 젠이 성장한 그곳에서 크리스티는 선생님이 되었고 덕분에 딸과 많은 시간을 보낼 수 있었다. 그리고 2년 후에는 둘째아이를 낳았다. 그러나 변호사는 그녀의 천직이었고 경제적인 불안을 느끼는 것이 싫었다. 그래서 그녀는 다시 법대로 돌아가 주에서 실시하는 변호사 시험에 3등으로 합격했고, 지금은 피닉스에 있는 회사에서 상표권과 특허권을 담당하고 있다.

경제적으로 집안의 가장 역할을 하는 그녀는 법률에 대한 자신의 열정과 경제적 불안이 일을 열심히 하는 원동력이 되었다고 말한다. 크리스티는 현재 법률회사의 공동 경영자 과정을 밟고 있지만 그 때문에 아이 낳는 것을 그만두지는 않았다. 그녀는 현재 열 살, 여덟 살, 두 살 그리고 8개월 된 아이를 두고 있으며 아침 6시 30분부터 오후 4

시 30분까지 풀타임으로 일하고 있다. 덕분에 그녀는 일찍 퇴근하여 아이들과 숙제를 하고 함께 놀며 저녁을 먹을 수 있다. 크리스티는 힘든 생활 끝에 직장과 집에서 자신의 야망을 억제하는 방법을 배웠고 스스로 완벽할 수 없다는 사실을 받아들이게 되었다고 말한다.

"직장에서 슈퍼스타가 될 필요는 없어요. 다만 저는 제 고객들이 마음 놓고 믿을 만한 변호사가 되려고 노력할 뿐입니다. 집에서, 특히 학교에서 슈퍼맘이 되려고 하지도 않지요. 때로는 아이들의 숙제를 빼먹기도 하고, 매장에서 구입한 쿠키를 학교에 보내기도 해요. 하지만 집에 있을 때만큼은 모든 것을 아이들에게 집중합니다. 저는 제가 전업주부가 될 수 없다는 것을 알고 있어요. 그래서 그 문제로 더 이상 나 자신을 괴롭히고 싶지 않습니다. 남편은 항상 '남들이 무슨 생각을 하든 무슨 상관이야' 라고 말합니다. 저도 어느 정도 남편의 영향을 받은 것 같아요. 한때 저는 아이들 학교에 갈 때 일부러 옷을 수수하게 입고 가곤 했습니다. 그래야 제가 일하는 엄마라는 게 드러나지 않으니까요. 변호사라는 건 말할 것도 없고요. 그런데 지금은 그게 바보 같은 짓이었다는 생각이 듭니다. 올해 개학 첫날에는 정장에 하이힐, 진주 목걸이 차림으로 아이들을 학교에 데려다주고 조회에 참석했습니다. 이제 제 자신을 받아들이게 된 것이지요."

4

죄책감은 일하는 엄마의 적

"아기가 첫 걸음을 떼었을 때 곁에 있어주지 않으면 어때요? 아기가 걷는 것을 내 눈으로 처음 보는 순간이 제겐 첫 걸음마입니다."

이제 임신을 하고 엄마 노릇을 한다는 것은 아주 멋진 일이 되었다. 섹시하고 잘 나가는 유명인들 사이에도 임신이 대유행하고 있는 것 같다. 디자이너 원피스 밖으로 흘러 넘칠 듯한 풍만한 가슴과 임신선 없는 아름답고 불룩한 배를 드러낸 아름다운 여성들이 잡지 표지들을 장식하고 있다. 임신 여성의 절반 정도가 산모용 비타민을 메스꺼워하거나, 입덧에 시달리거나, 좌골 신경통으로 아파하는 동안 대중문화는 그다지 아름답지 않은 통과의례를 극적으로 변화시켰다.

너무나 섹시하고 행복에 겨운 여성들의 임신한 사진은 예전에 비해 엄마 역할을 훨씬 더 세련되게 만드는 데 성공했다. 그러나 아이러니컬하게도 모든 것을 가진 여성들에게 아이가 또 하나의 트렌디한 액세서리가 되면서 아기를 낳고도 멋져 보여야 하고, 엄마 역할에 흠뻑 빠져 있어야 한다는 압력이 또 다른 짐이 되고 있다. 너무나 많은 여성들이 불임으로 고통받게 되면서 엄마 역할에 대한 열정이 거의 종교적 열정으로 발전한 것이다. 예전에는 여러 가지 이유에서 여자를 엄마로 탈바꿈시켜주던 자연스러운 인생 주기가 이제는 더 이상 당연한 일이 아닌 것처럼 되었다. 엄마 역할이 멋질 뿐만 아니라 종종 도달하기 힘든 목표가 되어버린 이런 분위기 속에서 그것에 대해 공개적으로 이중적인 감정이나 불안감을 표시하는 것은 유행에 뒤진 행동처럼 보인다.

나 역시 임신에 성공했을 때 안도의 한숨을 내쉬었다. 입덧이 심해 메스꺼움에 시달리면서도 나는 임신이 터득해야 할 중요한 행위인 것처럼 그것에 완전히 몰두했다. 책을 읽고, 새 옷을 사고, 임신 체조를 했다. 의무적으로 커피와 포도주를 끊고 저온 살균하지 않은 치즈와 인공 감미료를 피했다. 임신 요가도 시작했다. 요가 선생님이 우리에게 질을 상상하면서 태어나지도 않은 아기에 대해 명상하라고할 때도 웃지 않으려고 애썼다. 나는 결혼한 지 6년이 되도록 일이나 감정 면에서 적당한 시기가 아니라고 느꼈기 때문에 임신을 계속 미루고 있었다. 그러던 내가 임신을 하고 이 모든 과정에 너무 깊이 빠지자 나 자신은 물론 주위 사람 모두 놀랄 정도였다.

그래서 3년 전 아들이 태어났을 때 나는 곧바로 아이와 사랑에 빠질 거라고 생각했다. 하지만 나는 사랑에 빠지는 대신 먹은 것을 토했다. 몸은 충격에 빠졌고 뇌는 마비되었다. 이상하게 그 모든 것이 김 빠지는 것처럼 느껴졌다. 내가 간신히 회복실에 들어갔을 때 자궁은 아직 수축 중이었고 질은 아팠으며 얼음주머니는 새고 있었다. 나는 혼자 '이게 전부인가?' 생각했다. 나는 엄마 곰 같은 본능이 생겨나길 기다리며 아기의 짓눌린 얼굴을 계속 살펴보았다. 그러나 모성애는 생기지 않았다. 나는 '좋은 엄마'라면 으레 그래야 한다고 생각하는 행동들을 취했다. 군대처럼 정확히 두 시간마다 가슴을 꺼내 아기의 얼굴에 억지로 들이밀었다. 그럴 때마다 아들이 불쌍해 보였다. 그러나 나는 온갖 전염병과 감염으로부터 아기를 보호해준다고 하는 마법의 모유를 아들에게 억지로 빨리려고 했다. 하지만 그럼에도 나의 기대와 달리 책에서 읽었던 엄마와 아기 사이의 절묘한 유대감은 생겨나지 않았고 아들은 나의 모성애를 불러일으키는 데 거의 도움이 되지 않았다.

3주쯤 지나자 모든 간호사들이 '얌전한 아기'라고 입을 모았던 아이가 울기 시작했다. 그 울음은 거의 넉 달 동안 멈추지 않았다. 나는 미치기 일보 직전이었다. 우울했고, 좌절감을 느꼈다. 나는 나를 탓하지 않았다. 다만 나 자신의 슬픔에 빠졌을 뿐이었다. 나는 얌전한 아기를 가진 모든 엄마들이 미웠다. 때로는 내 아이까지 미웠다. 종종 이 아이를 만드는 데 일조한 남편도 미웠다.

엄마 역할에 대한 불안과 애증이 더욱 깊어진 것은 아들 조나가 태어난 지 3주 만에 친구 게일이 쌍둥이를 낳았을 때였다. 그녀는 회복실에서 전화를 걸어 행복에 젖은 목소리로 말했다. 그날 밤 정확히 8시 10분에 자신의 딸들과 사랑에 빠졌다는 것이었다. 사랑이 밀려오는 것을 느꼈을 때 그 순간을 기억하기 위해 시계를 봤다고 했다. "그거 잘됐구나" 나는 거짓말을 했다. 그 순간 나의 아기는 내 젖꼭지를 사정없이 빨고 있었다. 조나의 성격이 점점 신경질적으로 되어갈수록 나는 점점 더 심술궂어졌다.

3년이 지나고 두 번째 아기가 태어난 후 나는 많은 여성들이 말하기 꺼려하는 엄마 역할의 진실을 알게 되었다. 엄마가 된다는 것이 특히 처음엔 아주 불쾌할 수 있다는 사실 말이다. 그것은 아기용품 쇼핑에 몰두해 있는 임산부들에게 누구도 해주지 않는 이야기이다. 그리고 그것은 아기를 꼭 껴안고 있는 유명 인사들의 사진을 실으면서, 엄마 역할이 '그 어떤 것보다 멋지며' 우스꽝스러운 골든 글러브 상을 받거나 공짜로 고급 브랜드 의상을 받는 것보다 즐겁다고 호들갑을 떠는 〈피플〉지에서도 읽을 수 없는 내용이다.

만일 잡지 표지에 실린 유명 인사들이 엄마 역할이 정말 엄청난 짐이며 적어도 자신이 생각했던 것보다 힘들다고 고백한다면, 그리고 체외수정을 감행한 지 몇 년 만에 태어난 아기가 자신의 생각만큼 수월하고 행복한 아이가 아니어서 실망했다고 말한다면 오히려 더 신선하지 않겠는가? 브룩 실즈는 2003년 5월에 딸 로완을 낳은 후 산후 우울증을 겪었다고 털어놓았다. 실제로 그녀는 그때의 경험을 책으로 엮기도 했다. 하지만 그것은 유명한 엄마들 가운데 예외적인 경우이다. 대부분의 유명 인사들은 다른 여성들보다 엄마 역할에 훨씬 만족하는 것 같다. 게다가 그들은 새벽 3시에 젖을 먹이거나 기저귀를 가는 문제를 공개적으로 떠벌리지 않는데 아마도 그 일을 직접 하지 않기 때문일 것이다. 그러나 보통 엄마들의 경우 섹시한 후광이 비치는 가운데 항상 재미있고 만족스러울 것 같은 엄마 역할이 환상에 불과하다는 것을 깨닫는다면 아마 굉장히 실망할 것이다. 많은 여성들이 아이를 낳기 전까지는 엄마가 되는 것이 생각보다 힘들다는 진실을 깨닫지 못한다. 어쩌면 모성애는 우리가 배운 것처럼 그렇게 자연스럽게 생겨나는 것이 아닐지도 모른다.

모성애의 진실

저명한 인류학자 사라 블래퍼 허디는 영장류 암컷들이 무조건적으로 자식에게 헌신적이지는 않다고 주장한다. 암컷들에겐 늘 육아와 야망, 사랑과 성욕, 애증과 헌신이 뒤섞여 있다고 한다. 《엄마의 본성 Mother Nature》이라는 책에서 그녀는 신생아는 철저히 의존적이기 때문에 생존을 위해 엄마를 육체적, 감정적으로 매료시킬 필요가 있다는 점을 지적했다. 엄마의 사랑이 변덕스러울 수 있으므로 갓 태어난 아기는 자신의 존재를 확인시키면서 엄마의 마음을 사로잡을 수 있도록 영리하게 행동한다는 것이다. 허디는 책에서 다음과 같이 쓰고 있다.

'오늘날 엄마들이 갖고 있는 애증의 감정은 마치 깊이 감춰진 비밀처럼 취급된다. 수천 년 동안 유아의 생존은 종종 엄마의 계산과 교환거래, 선택 또는 우선순위에 좌우되어온 탓에 아기들은 엄마로부터 더 많은 관심을 이끌어내고 극단적인 경우 전적인 보살핌을 받기 위해 엄마에게 매력적으로 보여야 했다. 엄마의 애증과 아기의 매력은 자연도태설이 적용되지 않는 영역으로 여겨졌다. 그러나 이 부분에서도 자연도태설이 적용되어왔다는 다양한 증거들이 나타남으로써 그것은 불안하게도 피할 수 없는 진실로 드러나고 있다.'

따라서 갓 태어난 아기가 복통을 일으키거나 성질을 불끈 낼 때 아이를 창밖으로 내던지고 싶은 마음이 들어 죄책감이 생긴다면 엄마의 본능이 마음속에 내재되어 있는 탓이라고 이해하면 된다. 영장류 암컷인 우리 여성들은 살이 포동포동하고 옹알이를 하고 미소짓는 아기에게 따뜻한 반응을 보이도록 이미 프로그램 되어 있는 것이다. 하지만 엄마의 사랑과 헌신은 무조건적이고 불변하는 것이 아니라 유동적이고 변덕스러운 것이다. 그러므로 우리의 모성애가 항상 발산되지 않더라도 죄책감을 느낄 필요는 없다.

일과 가정이 충돌할 때

엄마 역할과 죄책감은 서로 잔인하게 얽혀 있는 것 같다. 아기를 낳는 것이 생물학적 필수요건인 것처럼 말이다. 죄책감, 걱정, 불안, 애증의 감정들은 자신이 올바른 선택을 했다는 확신이 없고 직장과 가정 모두에서 실패하고 있다는 두려움에 사로잡힌 채 일하는 엄마들을 괴롭힌다.

과거 전통 사회에서는 아이가 엄마 곁을 떠나는 경우가 거의 없었다. 엄마가 숲에서 식량을 찾아 돌아다니거나 물을 길어 오거나 동네

시장에서 물건을 팔 때도 아기는 항상 엄마 등에 묶여 있었다. 〈내셔널 지오그래픽〉의 사진을 보면 생존을 위해 일상적인 일들을 하는 무심한 엄마의 축 처진 젖을 빨고 있는 아기의 모습을 종종 볼 수 있다. 아기를 늘 젖가슴에 파묻고 살던 과거의 엄마들은 일하러 가기 위해 아이들을 남겨둘 때 느끼는 죄책감 따위는 몰랐을 것이다. 말 그대로 엄마와 아이가 일심동체였기 때문이다.

오늘날의 여성들은 토요일 오후에 산딸기를 찾아 더이상 시골을 헤매지 않는다. 아이들을 배낭에 묶어 고된 트레킹을 하지 않는 이상 말이다. 지난 수세기 동안 엄마와 아기가 하루 종일 붙어 있는 일은 현실적으로 불가능했다. 그렇다면 그 죄책감은 어디에서 비롯되는 것일까? 애증처럼 생물학적인 것일까? 아니면 문화적인 것일까? 혹은 둘 다일까?

인류학자이자 베스트셀러 작가인 헬렌 피셔는 실제로 여성들에게는 아기와 관련하여 생물학적인 죄책감을 느끼는 성향이 있다고 말한다. 여성들은 에스트로겐과 옥시토신 수치가 높기 때문에 호르몬 측면에서 아기를 키우고 돌보도록 프로그램 되어 있다는 것이다. 사실 인간이란 종족은 관심을 기울이고 보호해주는 엄마가 있었기에 살아남을 수 있었다. 그리고 그 유전자는 우리의 DNA 속에 그대로 전해져 내려왔다. 그러나 선사시대의 여성들이 저녁거리를 찾아 숲을 돌아다니면서 아기에게 젖을 주던 수백만 년 전과 달리 오늘날 일하는 여성들은 직장과 육아라는 두 가지 일의 병행을 어렵게 만드는 장애물에 직면해 있다. 융통성 없는 비가족적인 직장, 나이 차가 얼마 나지 않는 자녀들 그리고 가족들의 도움 부족 등에도 불구하고 우리 사회는 가장 강력한 원시적인 관계인 엄마와 아기의 유대감만을 강조하고 있다. 헬렌 피셔는 이렇게 쓰고 있다.

'1만5천 년 전의 여성이라면 네 살 미만의 아이를 둘씩 낳지 못했을 것이다. 당시엔 그처럼 적은 터울로 아이를 낳을 수가 없었다. 수백만 년 동안 형제 사이의 자연적인 터울은 4년이었다. 고릴라와 침팬지도 마찬가지이고 오랑우탄의 경우엔 그 간격이 더 크다. 오랑우탄은 다음 새끼를 임신하기까지 무려 5~7년을 기다린다. 고대의 여성들 역시 밤낮 없이 하루 종일 아기 젖을 먹여야 하므로 잠이 늘 부족했다. 이것은 상당한 운동량이 필요한 일이고 신체를 저체지방 상태로 만들기 때문에 수유를 줄일 때까지 임신을 할 수가 없었던 것이다. 4년이라는 터울이 유지된 것도 그래서이다. 그래서 한 여성은 한번에 한 명의 아기만 키웠고 야채를 수확하는 동안 그 아기를 등에 업고 밖으로 나갔다. 고대 사회에서는 그 정도가 여성에게 기대하는 전부였다. 나중에 아이가 좀 더 크고 나면 엄마는 친척들과 친구들이 있는 아주 안전하고 사교적인 환경 속에 아이를 두고 나갔다. 그러므로 조금 큰 아이에 대한 육아 걱정이나 어린 아기를 두고 나가야 하는 걱정이 없었다. 그래서 과거의 여성들은 모든 기본적인 일들을 동시에 그리고 편안하게 처리할 수 있었다.'

오늘날과 같은 사회라면 육아를 도와줄 사람이 15명가량은 필요하다. 하지만 주변을 둘러보면 터울이 지는 자녀들을 키우는 어른들은 거의 없다. 요즘엔 네 살 미만의 아이를 한 명 이상 키우는 경우가 많고 또 젖먹이 아기를 데리고 다니기도 어렵다. 그러므로 우리가 고통을 느끼는 건 당연한 일이다.

피셔는 또한 가족생활의 근본을 위협하는 요인으로 미국 사회의 혹독한 직업윤리를 꼽았다. 그 때문에 우리가 다른 나라 사람들보다 1년 평균 20% 이상 더 일하고 있다는 것이다. 피셔는 이렇게 말한다.

"우리 조상들은 일주일에 80시간씩 일하지 않았습니다. 30시간 정도면 충분했지요. 현대의 수렵 · 채집인들을 관찰해보면 그것을 알 수 있습니다. 인류학자들은 실제로 그들과 함께 생활하면서 인간의 노동 시간을 연구했지요. 어른들이 주거지에 돌아오면 여자들은 무두질을 하고 남자들은 활과 화살을 만듭니다. 아이들은 부모가 일하는 동안 모두 주변에 있지요. 그렇게 일과 놀이가 자연스럽게 섞이게 되는 겁니다."

오늘날의 여성들이 생물학적으로나 문화적으로 깊이 뿌리내린 죄책감을 경험하고 있는 것은 사실이다. 우리 사회가 전통적으로 현모양처의 모습을 이상화했기 때문에 일하는 엄마들은 갈등을 느낄 수밖에 없다. 특히 아이들과 함께 있고 싶은데 경제적 · 심리적으로 일이 필요하다고 느낄 때 더욱 그렇다. 피셔는 육아와 일을 동시에 하고 싶은 이중적인 욕망이 여성들의 마음속 깊이 자리 잡고 있다고 말한다. 그래서 그 두 가지 열정이 충돌할 때 종종 우울증과 불안감 같은 다양한 감정을 경험하게 된다는 것이다.

"모든 동물들은 사회적인 규칙을 갖고 있습니다. 그리고 그 규칙이 깨지면 불편함을 느끼지요. 인간의 죄책감은 아마도 이런 불편함에서 비롯된 것 같습니다. 엄마에게 건강한 아이를 키우는 것보다 중요한 일은 없습니다. 만일 그것이 방해를 받는다면 엄청난 문제들이 야기되지요. 그것은 아마도 뇌 속에 자리 잡은 화학 시스템, 즉 두려움과 분노를 비롯하여 아기와 함께 있어야 한다는 절박함이 그 원인일 겁니다."

지난 50년 동안 엄마가 아이들에게 미치는 영향을 조사한 수많은 심리연구들은 많은 사람들을 혼란과 공포 속에 몰아넣었다. 아기를 집에서 엄마가 직접 키울 것을 장려하던 1950년대에는 아이가 어릴 때 엄마가 일을 하면 끈끈한 유대감을 망칠 위험이 있다는 가설에 과학적인 정당성을 부여해준 '집착이론'을 비롯해 많은 이론들이 유행했다. 전쟁이 끝난 후 직장에서 밀려난 많은 여성들이 엄마로서 행한 행동에 세세한 평가를 받았다. 때로는 지나친 관심으로 아이들을 숨막히게 한다고 하거나, 때로는 아이들을 너무 차갑고 태만하게 대한다고 비판받았다. 복통에서 자폐증에 이르기까지 아이들의 모든 질병을 엄마 탓으로 돌리던 시대였다. 다행히 최근의 과학 연구들은 아이의 신경학적이고 생리학적인 모든 문제가 엄마 책임이라는 잘못된 오해들을 풀어주었다. 그러나 지난 수십 년 동안 엄마를 아기의 삶에서 실질적인 구세주이자 전지전능한 존재로 각인시킨 이론들의 영향은 지금까지 집단적인 문화의식 속에 남아 있다.

최근의 과학적 연구가 확실하게 밝혀낸 한 가지 사실은 아기가 엄마를 필요로 한다는 것을 여성이 본능적으로 알아챈다는 것이다. 그렇다면 아이들은 엄마를 얼마나 필요로 할까? 그리고 일하는 요즘 엄마들은 매일 어쩔 수 없이 아기와 떨어져 있어야 하는 상황에서 어떤 조취를 취할 수 있을까?

'좋은 엄마' 라는 강박관념

유대인들의 표현 가운데 '신이 항상 거기에 있을 수 없어 어머니를 창조했다' 라는 말이 있다. 지난 수세기 동안 여성들의 지위는 크게 진보하고 발전했음에도 '좋은 엄마' 에 대한 시대 착오적 개념은 아직 신성불가침하고 집요한 이미지 중 하나로 남아 있다. 너무나 구태의연하고 비현실적인 이미지가 아닐 수 없다. 그러나 그런 이상적인 이미지는 여전히 우리 문화 속에서 반향을 불러일으키고 있다. 여성이 '나쁜 엄마' 로 비난받는 것은 아기 유모차에 주홍 글씨를 붙이고 세상 사람들로부터 자신의 선택과 육아 방식에 대해 비난을 받는 것과 같다.

그것은 분명 이중 잣대이다. 자신의 일에 헌신적이고 긴 시간 동안 일하는 부지런한 여성들은 종종 아이들에게 덜 충실하다는 비난을 받는다. 이것이 전업주부가 도덕적으로 더 높은 위치에 있을 수 있는 이유이다. 어찌되었든 아이들을 위해 자신의 인생을 희생하는 건 결국 엄마 아닌가? 열심히 일하는 남자들은 가족을 부양한다는 칭찬을 받지만 열심히 일하는 여성들은 가정을 파괴했다는 비난을 받기 일쑤다. 수년간의 연구들은 일하는 엄마를 둔 아이들이 교우관계나 학

업 면에서 전업주부의 자녀만큼 잘하고 있다는 것을 증명해주고 있
지만 이러한 이데올로기에는 변함이 없다.

엄마를 이상화하는 동시에 평가절하하는 정신분열적인 우리 사회
는 늘 엄마가 점심을 준비하고, 아기용 컵을 챙기고, 학부모 회의에
참석하고, 아이들과 놀아줄 날을 계획하고, 병원 약속을 잡고, 학급
의 학부모 대표로 자원할 것을 기대한다. ‘좋은 엄마’에 대한 기준은
나날이 높아지고 있다. 그래서 일하는 엄마는 갈수록 점점 더 힘들어
진다. 좋은 엄마와 좋은 직장인이라는 두 가지 역할은 항상 갈등을
일으킨다.

훌륭한 엄마가 되어야 한다는 압력과 경쟁은 지난 몇 십 년 동안
점점 커진 것 같다. 오늘날 엄마들에게 기대하는 수준은 우리 어머니
세대보다 훨씬 높다. 그리고 그런 기대는 일과 가정이 안정된 여성들
조차 자신의 선택에 의문을 갖게 만든다. 방송 제작자인 소라야 게이
지는 수많은 상을 받고 많은 사람들의 인정을 받고 있음에도 전업주
부들과 어울릴 때면 불안감이 커진다고 말한다.

“전업주부들과 함께 있을 때는 그들이 아이들을 잘 다루고 정말 훌
륭한 엄마들처럼 느껴지기 때문에 스스로 주눅이 듭니다. 그래서 그
들과 있을 때보다 직장에 있을 때가 더 기분 좋은 것도 사실이고요.
때로는 내가 엄마로서 그다지 훌륭하지 않다고 생각되기 때문입니
다”라고 소라야는 말한다.

‘결혼보다는 엄마 역할이 여성성의 중심이 되었다’라고 작가 페기
오렌스타인은 《끝없는 변화Flux》라는 책에서 쓰고 있다. 만일 그것이

사실이라면 왜 수많은 여성들이 '좋은 엄마'에 대한 사회적 기대에 부응하기 위해 그토록 많은 노력을 기울이고 있는지 이해가 갈 것이다. 엄마 역할이 여성스러움의 핵심이라면 여성으로서 우리가 갖는 정체성이 엄마인 우리 자신을 어떻게 인식하고 있느냐와 밀접한 연관이 있는 것이다.

"왜 출근하셨어요?"

나는 솔직히 엄마로서 내가 몇 점인지 잘 모르겠다. 다른 엄마들이 나보다 더 잘하는 것처럼 보일 때면 늘 마음이 흔들린다. 그리고 더 많은 것을 해야 한다고 느낀다. 무더운 7월 어느 날 나는 아들을 캠프에 내려놓고 뉴욕에 있는 직장으로 향했다. 링컨 터널 쪽으로 가는 동안 나는 전업주부인 친구에게 오랜만에 전화를 걸었다. 그녀는 다른 전화로 세 살 된 딸아이의 발레 선생님들과 대화를 하고 있기 때문에 긴 이야기를 나눌 수 없다고 말했다. 그때 나는 "넌 정말 좋은 엄마구나"라고 말하며 깊이 반성했다. 나는 유치원에 다니는 아들을 위해 음악, 미술, 체육, 요가 교실 등을 알아볼 시간도 없고, 또 그럴 의지도 없었기 때문이다. 그런데 나는 왜 그런 것들을 '좋은 엄마'가 해야 할 역할이라고 생각했을까? 그런 과외 활동들을 계획하는 데 투자하는 시간과 관심, 그리고 아이를 유아원에서 과외 장소로 데려다주는 능력과 욕구가 그녀를 나보다 더 '좋은 엄마'로 만들어주는 걸까?

다음날 아침 나는 커피를 주문하면서 내가 엄마로서 어느 정도 자격이 있는지 다시 생각해보았다. 커피가 나오길 기다리며 에스프레소 기계 주변을 맴돌고 있을 때 나는 옆줄에 서 있는 동네 엄마를 보게 되었다. 귀여운 두 살짜리 아이를 데리고 있던 그녀는 내게 유아원을 직접 차릴 계획을 짜느라 지쳐 있다고 말했다. 동네 유아원의 프로그램이 마음에 들지 않아 직접 운영해보고 싶어졌다는 것이다. "정말요?" 나는 내 아들이 다니는 유아원이 생각보다 재미없고 덜 창의적이라는 사실에 마음이 상하기보다는 그녀가 유치원을 차린다는 계획에 호기심이 더 일었다.

유아 교육을 전공한 제이미는 주변의 교육 기관이 마음에 들지 않는다며 유아원을 직접 차리고 싶어 했다. 물론 유아원을 차릴 정도로 교육을 받고, 경험이 풍부한 의욕적인 엄마의 모습은 아주 멋지다. 하지만 그녀의 추진력은 나의 게으름을 더욱 강조해주는 것 같았다. 나는 지금껏 한 번도 유아원 선생님이나 원장과 면담을 해본 적이 없다. 다른 엄마들처럼 공개 수업에 참석한 적도 없고 교과과정에 대해 의문을 가진 적도 없다. 사실 직장일로 너무 피곤해서 수업료도 매번 늦게 내기 일쑤였다.

내가 엄마 역할에 대해 계속 불안해하는 이유는 나의 게으른 엄마 기질뿐만 아니라 아이들에게 챙겨줘야 할 일이 너무 많기 때문이었다. 아이들에게 필요한 모든 것을 해주는 것이 나로서는 너무 벅찬 일이었다. 내 딸 알렉산드라는 13개월 반이 되어서야 12개월짜리들이 받아야 할 건강검진을 받았다. 나는 아이들이 복용해야 할 비타민이나 불소 처방약이 몇 주 전에 떨어졌는데도 그것을 다시 채워놓지 못했다. 아마도 회사 밖에서의 생활이 나만큼 게으른 사람도 드물 것이다. 물론 집안일에 나만큼이나 의욕이 없는 우리 남편만 빼고 말이다. 아이들을 관리하는 문제는 생활 속에서 너무 훤히 드러나 비판을 쉽게 받게 된다. 그런 비판은 우리 조부모님이나 형제들만 하는 것이 아니다. 사회 전체가 엄마 역할에 대한 기준이 엄격하기 때문에 '좋은 엄마'는 어때야 하고 어떤 식으로 행동해야 한다는 기준에 부합하지 못하면 사회적인 비난이 가해지게 된다.

《오해Misconceptions》의 저자인 나오미 울프는 그것을 이런 식으로 표현했다. '우리 사회는 여성이 엄마가 되는 과정에서 자신을 희생하지 않은 채 배우자와 사회로부터 요구해야 하는 것이 무엇인지 생각하고 단호하게 협상하는 것을 막기 위해 무조건 주기만 하는 이상적인 엄마 역할의 신화를 지지하고 윤색하며 조장하는 것 같다.'

나는 아이들을 위해 내 일을 희생하고 싶지 않다. 하지만 일에 대한 내 감정이 아이들의 행복과 뒤얽힐 때가 종종 있다. 아이들이 행복해 보이는 날엔 기분 좋게 일할 수 있다. 그러나 아이들에게 문제가 생기는 순간 내가 집에 있지 않은 것에 대해 자책하게 된다. 아이러니컬하게도 나는 이 책의 원고 마감 날 아이들과 알찬 시간을 보내는 건 고사하고 아들의 가방에서 선생님의 메모를 발견했다. '조나는 잠시도 가만히 있지 못하며 다른 아이들과 잘 어울리지 못합니다. 아이들을 미는 모습도 자주 보입니다. 집에 무슨 일이 있나요?' 맙소사! 심장이 쿵 하고 멎는 듯했다. 나는 조나가 아주 잘 지내고 있다고 생각했다. 지난번 메모에는 그렇게 적혀 있었던 것이다. 그렇다면 도대체 무슨 일이 벌어진 걸까? 나는 학교에서 온 메모 내용을 남편에게 이메일로 보냈다. 남편은 '그 아이가 왜 그렇게 행동한다고 생각해?'라는 답장을 보내왔다. 물론 나는 아이의 엄마이므로 이런 일들을 본능적으로 알아야 했다. 그러나 솔직히 나는 무슨 일이 벌어지고 있는지 알 수 없었다. 조나가 밀었던 반 친구 엄마에게 전화를 걸어 사과할 일을 생각하니 몸서리가 쳐졌다.

나는 아들 걱정을 하면서 ABC 방송에서 방영되던 〈위기의 주부들 Desperate Housewives〉이라는 드라마와 그 속에 등장하는 리넷이라는 인물을 생각했다. 극중에서 그녀는 CEO 자리를 버리고 전업주부가 된 후 네 아이를 키우고 있었다. 그녀는 아이들을 돌보는 데 전념하고 있지만 그녀의 아들들은 여전히 친구들에게 물감을 먹이고 발을 걸었다. 이 인기 많은 드라마는 나에게 작은 위안을 가져다주었다.

그날 내가 새로운 죄책감에 관해 생각하며 원고를 손보고 있을 때 휴대폰이 울렸다. 뉴욕의 한 은행에서 우수고객 담당 부사장으로 일하는 친구 브룩 호먼이었다. 그녀는 내 안부도 물을 겸 책이 어떻게 진행되고 있는지 궁금해서 전화를 한 것이었다. 내가 죄책감 부분을 쓰고 있다고 하자 그녀는 웃으며 이렇게 말했다.

"죄책감 이야기가 나와서 하는 말인데 넌 내가 비서와 어떤 대화를 나눴는지 믿지 못할 거야. 며칠 전에 유아원에서 열리게 될 릴리의 생일 파티 때문에 선물을 준비했거든. 그런데 어제 회사에 갔을 때 서류 가방 밖으로 선물이 빠져나와 있지 뭐야. 비서가 그걸 알아차렸고 나는 내일이 릴리의 세 번째 생일이라고 말했지. 그리고 오늘 회사에 왔더니 비서가 놀랍게도 이렇게 묻더라고. '왜 출근하셨어요? 전 따님과 생일을 보내기 위해 휴가를 내실 거라고 생각했어요.' 그녀가 그런 생각을 했다는 게 정말 놀라웠어. 사실 나는 하루 쉬면서 릴리의 유아원에서 컵 케이크를 먹는다는 건 생각도 못했거든. 우리는 다음 주에나 생일 파티를 열 예정이었는데 비서가 그렇게 말하니까 잠시 멍해지면서 약간 죄책감이 들더라고."

도대체 아이들의 생일 파티와 엄마의 헌신 사이에 무슨 관계가 있는 걸까? 많은 엄마들, 특히 직장생활을 하는 엄마들은 아이의 생일을 해마다 열리는 공개적인 평가의 장으로 생각한다. 브룩은 유아원에서 열린 딸의 생일 파티에 자신이 참석하지 못한 것에 대해 처음엔 잘못했다는 생각을 하지 않았지만 비서와 대화를 나눈 후에는 스스로 약간의 죄책감을 느꼈다.

2년 전에 남편과 나는 한 살 된 어떤 아이의 생일 파티에 간 적이 있었다. 직장생활을 하던 그 아이의 엄마는 파티에 모인 사람들에게 커다란 생일 케이크를 만드느라 아홉 시간이 걸렸다고 말했다. 그 엄마가 사는 동네엔 빵집이 많았다. 그러나 그녀는 케이크를 만드는 것이 직장생활을 하는 것에 대한 죄책감을 덜어주기 때문에 직접 케이크를 만들었다고 털어놓았다. 밀가루와 설탕 범벅이 되는 것이 그녀를 좀 더 엄마답게 느끼게 해준 것 같았다. 물론 그녀는 자신이 만든 멋진 케이크를 아주 자랑스러워했다. 그러나 그 자부심 밑에는 대부분 전업주부인 다른 엄마들 못지않게 자신도 '좋은 엄마'라는 걸 보여주어야 한다는 생각이 깔려 있었던 건 아닐까? 새로운 밀레니엄이 지난 지금까지 빵을 직접 만드는 가정주부가 '좋은 엄마'라는 구태의연한 이미지에서 벗어나지 못하는 걸 보면 참으로 놀라울 뿐이다.

베라 왕과 올림픽맘

엄마 역할이 경쟁이 치열한 스포츠처럼 된 것은 비교적 새로운 현상이다. 대부분의 여성들이 아이들과 함께 집에 머물던 50년 전에는 엄마 역할보다 살림 솜씨가 여성의 개인적인 성공을 가늠하는 척도였다. 어떤 여성은 애플파이 솜씨나 부엌의 청결도로 평가를 받았다. 하지만 집 밖에서 일하는 것이 '선택'이 된 요즘, 일 대신 엄마 역할을 택한 여성들은 종종 치열한 운동선수처럼 맹렬하게 육아에 매달린다. 디자이너 베라 왕(55세)은 이런 여성들을 올림픽맘olympic mom이라고 부른다.

우리가 만나기로 한 날 그녀는 늘 그렇듯 바쁜 하루를 보내고 있었고 날 계속 기다리게 한 것에 대해 사과를 했다. 아마도 베라는 세계에서 가장 유명한 웨딩드레스 디자이너일 것이다. 최근에 베라 왕 브랜드는 고급 의상, 향수, 도자기까지 분야를 확장하고 있다. 맨해튼에 있는 그녀의 사무실 책상에는 온갖 스케치와 천 조각들이 흩어져 있었고 머리 없는 마네킹 위에는 그녀가 디자인한 의상이 입혀져 있었다. 그녀는 웃으며 말한다.

"제 삶은 꼭 TV의 리얼리티쇼 같아요. 가장 친한 친구들도 제가 낮 시간에 어떻게 지내는지 모를 거예요. 일이 터지지 않거나 당장 처리할 일이 없는 순간이 단 1분도 없습니다. 제 사무실에 걸려오는 전화 종류와 고객의 부류, 그리고 저희가 요청받은 일의 종류가 너무나 다양하거든요."

지금 한창 성장 중인 사업을 거느린 그녀는 아주 복잡하고 다양한 활동을 벌이고 있기 때문에 그녀뿐만 아니라 가족 모두 '앞뒤 가리지 않고 그때그때 일을 해결하려고 노력한다' 를 모토로 내세우고 있다.

베라는 늦은 나이에 엄마가 되었다. 마흔 살에 결혼을 한 그녀는 몇 년간 다양한 불임 시술을 통해 임신을 하려고 노력했지만 성공하지 못했다. 아이를 임신하는 데 모든 것을 집중하려고 다니던 랄프 로렌 사를 그만두기까지 했다. 그러나 결국 임신을 하지 못하자 그녀와 남편은 두 딸(현재 열네 살인 세실리아와 열한 살인 조세핀)을 입양했다. 두 딸의 입양은 웨딩드레스 사업을 시작하던 시기와 딱 맞아떨어졌다. 처음엔 사업의 시작과 육아라는 인생의 큰 변화를 균형 있게 헤쳐 나가는 것이 아주 힘들었다. 게다가 10여 년 전에 작게 시작한 사업과 브랜드가 폭발적으로 성장하면서 삶이 소용돌이쳐 왔다고 그녀는 말한다. 사진 촬영, 유명 인사들의 의상 가봉, 패션쇼, 디자인 수업, 회의, 심지어 영화 출연에 이르기까지 베라는 진취적인 행보를 멈춘 적이 없었다. 그것이 때로는 엄마 역할과 병행하기 힘들었다고 그녀는 고백한다.

"아이들에게 120% 전념하는 엄마들과 경쟁할 수는 없습니다. 할 수 있다고 말하는 사람이 있다면 거짓말을 하고 있는 거예요. 우리 딸아이들의 학교엔 제가 '올림픽맘'이라고 부르는 여자들이 가득합니다. 컵 케이크를 완벽하게 굽고, 학교 소풍 때 환상적인 점심 도시락을 준비하고, 제게 전화를 걸어 언제 교통 당번을 서야 하는지 얘기하는 그런 엄마들 말이에요. 제 시누이도 올림픽맘입니다. 그녀는 아이들의 학교생활을 속속들이 다 알고 있죠. 과목별 담당 교사가 누구인지를 비롯해서 제가 모르는 것을 모두 알고 있습니다. 그런 엄마에 비해 딸아이의 생활지도 선생님이 누군지도 모르는 게 부끄럽긴 하지만 그렇다고 제가 아이들 일에 관여하지 않는다는 것은 아니에요. 저도 매일 밤 딸아이의 숙제를 체크하고 아이에게 관심을 쏟습니다. 하지만 사업에 많은 신경을 써야 하기 때문에 오직 아이들에게만 관심을 쏟는 엄마들과 경쟁이 되지 않지요. 그것은 그들의 직업입니다. 저는 어떻게 해도 그들만큼 해줄 수 없다고 생각해요. 제 딸들은 앞으로도 그런 엄마를 갖지 못할 거예요. 하지만 그에 반해 저는 일하는 엄마로서 아이들의 길을 밝혀주고 있지요. 그래서 아이들은 자신의 꿈을 추구할 때 확신을 가지게 될 겁니다. 그 꿈이 무엇이 됐든 말이에요."

대부분의 일하는 엄마들처럼 베라 왕 역시 자신의 일로 너무나 바쁘지만 마음속엔 언제나 아이들이 자리 잡고 있다.

"매일 아이들과 충분한 시간을 보내지 못하는 게 걱정됩니다. 다른 일하는 엄마들은 제가 적어도 독립심은 키워주고 있다고 위로하더군요. 실제로 제 딸들은 자신감과 독립심이 대단합니다. 저는 그것이 아주 멋진 일이라고 생각해요. 제가 곁에서 아이들을 늘 완벽하게 보호해줄 수 없기 때문에 오히려 그것이 가능한 것 같아요. 엄마가 일을 한다는 것이 아이들에게는 긍정적으로 작용할 수도 있습니다."

그것이 사실이라도 베라는 아이들이 좀 더 어렸을 때 방과 후 아이스크림을 사준다든가 많은 시간을 함께 보내지 못해 아쉬워한다. 하지만 그녀는 사업과 자기 자신을 위해 올바른 결정을 내렸다는 것에서 자부심을 느낀다.

"저는 완전한 삶을 살고 있다고 느낍니다. 아무것도 놓친 것이 없으니까요. 저는 아이가 없는 다른 커리어 우먼처럼 '아, 나는 가정을 이루는 데 실패했어' 라고 생각하지 않습니다. 우리 딸아이의 반에는 '베라, 나는 변호사 일을 포기했어요. 그래서 때론 당신이 부러워요' 라고 말하는 엄마들도 있는데 저는 그런 좌절감을 느끼지 않습니다. 제가 부럽다는 전업주부들에게 저는 '부러워하실 것 없어요' 라고 말하지만, 그들이 인생에서 성취하지 못한 것에 대한 절망감은 쉽게 사라지지 않습니다. 그들은 예일 법대를 졸업했지만 지금은 컵 케이크를 구우며 학교 앞 교통정리를 걱정합니다. 불완전한 삶을 사는 거죠. 당신이 인생에서 어떤 길을 선택하든 그것은 아이들에게 영향을 미칠 겁니다. 정말 좋은 부모가 되기 위해선 먼저 스스로에게 만족해야 한다고 전 생각해요. 솔직히 제 경우엔 일이 중요합니다. 그리고 내 인생에 뭔가 공헌을 하고 족적을 남기고 싶어요. 저는 딸들이 원하는 것이 무엇이든 지금의 제 모습이 아이들에게 좋은 영향을 미치길 바랍니다. 비록 아이들이 올림픽맘을 원한다고 해도 말이죠. 저는 그 아이들이 스스로 원하는 것을 자유롭게 추구하길 바랍니다."

그동안 내가 인터뷰한 다른 여성들처럼 베라 왕 역시 일로써 세상을 변화시키는 것(그것이 의학이든, 사업이든, 언론이든, 패션이든)이 엄마가 된 후 일을 계속하게 만드는 원동력이 된 것 같았다.

우리 어머니들의 신화

우리 어머니는 내 생일 때마다 내가 태어났을 때의 상황을 상세히 얘기해주곤 하셨다. 이야기에 따르면 어머니는 내가 태어나기 직전에 병원에 도착했다고 한다. 수술실과 연결된 복도로 급하게 밀려들어갈 때(당시엔 분만실이라는 게 없었다고 한다) 엄마는 아빠를 부르며 이렇게 말했다. "나 마음을 바꿨어요. 아기를 낳고 싶지 않아요!" 하지만 자연 분만으로 나를 낳은 어머니는 그 이후 다시 마음을 바꿨다. 나를 보자마자 홀딱 반했다는 것이다. 어머니는 내가 세상에서, 아니 적어도 마이애미 침례병원에서 가장 예쁜 아기였다고 했다. 그러나 태어난 직후 나는 호흡을 자주 멈췄다. 호흡관이 충분히 발육되지 않아서 울 때마다 관이 닫혀 기도가 막혔던 것이다. 어머니는 나를 집으로 데려올 때 아기가 울지 않도록 주의하라는 당부를 들었다. 그렇게 하지 않으면 숨이 막혀서 급사할 수 있었기 때문이다. 내 출생에 얽힌 극적인 이야기는 항상 어머니가 핫팬츠를 입고 병원 문을 나서는 것으로 끝이 난다(그때는 1971년이었고 당시 어머니는 22세였다). 집으로 돌아왔을 때 어머니의 지상 과제는 나를 울지 않게 하는 것이었다. 그래서 내가 완전히 나을 때까지 어머니도 9개월 이상 나를 안고 어르며 내 곁을 떠나지 않았다고 한다.

어머니의 지극한 헌신으로 비롯된 우리 모녀의 러브 스토리는 타의 추종을 불허한다. 그래서 30년이 지난 후 아들이 태어났을 때 나는 내 어머니 같은 열정이 느껴지지 않는 자신이 뭔가 잘못되었다고 느꼈다. 나는 아들 조나를 항상 최고의 아기로 여기지 않는 자신에게 죄책감을 느꼈다. 그리고 엄마 역할에 열정을 느끼지 못하는 것도 괴로웠다. 또한 내가 우리 어머니처럼 좋은 엄마가 아니라는 생각에 마음이 무거웠다. 그렇다. 우리가 주변의 다른 엄마들과 경쟁하는 것은 가능하다. 하지만 이상화 된 어머니의 이미지와 경쟁하는 건 너무나 힘들다. 특히 자신의 어머니가 정말 훌륭했다고 생각하는 경우엔 더욱 그렇다.

유대교 랍비인 안젤라 부치달(30세)은 자신이 어머니처럼 완벽한 사람이 될 수 없다고 종종 느낀다. 한국에서 이민 온 그녀의 어머니는 모든 일에 완벽한 여성처럼 보였다. 안젤라의 어머니는 한국인들에게 영어를 가르쳤고 한인여성협회 회장을 지냈으며 안젤라가 자란 시애틀에 한국 도서관과 한국인 학교를 세웠다.

"저는 항상 어머니가 아주 훌륭한 분이라고 생각했어요"라고 안젤라는 말한다. "하지만 한편으로 어머니를 두려워했어요. 어머니는 지역 사회에서 큰 존경을 받았고 훌륭한 일도 많이 하셨지만 그런 와중에도 항상 오후 5시 30분이면 집에 돌아와 반찬이 대여섯 가지나 되는 한식 요리를 준비하셨거든요. 요즘도 전 어머니께 '어떻게 그걸 다 하셨어요?' 라고 가끔 여쭤보는데 그러면 어머니는 '나도 모르겠다. 그냥 되는 대로 했을 뿐이야' 라고 말씀하십니다."

우리가 이야기를 나눌 당시 안젤라는 두 번째 아들을 임신한 지 9개월째 접어들고 있었다. 큰 유대교 예배당에서 랍비 겸 기도문 독창자로 일하던 그녀는 최근 근무 시간을 줄이겠다는 결정을 내렸다. 일을 줄이는 결정을 내리면서 어떤 여성들은 안도하기도 하지만 안젤라는 파트타임으로 일하는 것이 불안했다. "마음이 많이 아팠습니다. 그리고 제가 일을 줄이고 싶어 하면 선배 랍비들이 실망하실까 봐 죄책감도 들었어요. 하지만 이야기를 꺼내기 가장 힘들었던 상대는 바로 어머니였습니다. 왜냐하면 어머니는 당신의 일을 하시면서도 자식들과 많은 시간을 보내는 멋진 엄마가 될 수 있다는 걸 몸소 보여주셨거든요. 그래서 그 모든 일을 어머니처럼 할 수 없다는 사실 때문에 스스로 실패자처럼 여겨졌습니다. 다행히 어머니께서는 제가 근무 시간을 줄인 것을 아주 기뻐하셨고 그것을 지지해주셨지만요. 하지만 어머니께 말씀드리기가 약간 겁이 났던 것은 사실입니다."

얼마나 힘들게 낳은 아이인데……

내가 수잔을 만났을 때 그녀는 몹시 지쳐 보였다. 지난 한 주 동안 매일 밤 아들 조슈아가 잠든 후에 퇴근하고 아이가 깨기 전에 출근한 탓에 그녀는 나흘 동안 아들을 보지 못했다. 광고 기획자인 수잔은 환상적인 직업을 가진 듯 보였다. 저녁 야근은 스파나 브로드웨이 극장 또는 콘서트장에서 고객을 접대하는 일로 채워졌으며, 일주일에 4일 일하는 대가로 수십만 달러의 연봉을 받고 있기 때문이다. 그리고 무엇보다 그녀는 자신의 일을 즐겼다. 그것이 그녀가 불평을 늘어놓을 수 없는 이유이다. 수잔은 이렇게 말한다.

"우리 모두에게 정말 힘든 한 주였어요. 지난 밤 집에 왔을 때 조슈아가 무의식적으로 그것을 표현하더군요. 엄마가 보고 싶다고요. 그래서 무척 힘들었습니다. 오늘 아침엔 아이가 잠에서 깨어 이렇게 말하더군요. '엄마, 엄마를 볼 수 있어서 정말 좋아요. 엄마 정말 예뻐요' 라고요. 정말 전 울고 싶었습니다." 그녀의 눈에 어느새 눈물이 맺혔다. "전 아이만 생각하면 감정이 복받쳐요. 아마도 제가 조슈아를 갖기 위해 아주 많은 노력을 기울였기 때문일 거예요. 그래서 더욱 죄책감을 느끼는 것 같습니다."

수잔은 임신을 하기 위해 아주 힘든 시간을 보냈다. 5년 전부터 인공수정을 몇 차례 시도한 끝에 수잔은 임신을 하게 되었다. 그러나 임신 중에 그녀는 희귀하고도 위험한 자가 면역 질환에 걸렸고 그것이 태아의 생명을 위협했다. 한때 병의 증세는 일시적으로 진정되는 것 같았으나 임신 38주에 이르자 뭔가 단단히 잘못되었다는 느낌이 들었다. 그녀는 곧바로 병원을 찾았지만 의사는 아무런 이상이 없다며 그녀를 안심시킨 후 돌려보냈다. 그러나 그녀는 확신이 서지 않았다. 다음날 아기가 몇 시간 동안 움직이지 않자 그녀는 시급히 병원으로 다시 달려갔다. 아기의 심장은 멎어 있었다. 출산 예정일까지 2주 정도 남아 있었지만 의사는 유도 분만을 시도했고 아기는 사산되었다. 여자 아이였다. 산달이 임박해 아기를 사산하는 고통은 상상을 초월했다. 수잔은 세 달 동안 거의 아무 일도 하지 못했다. 그러나 그 후 2년 동안 5~6회의 불임 시술을 받은 끝에 수잔은 임신에 성공했고 마침내 조슈아를 얻었다.

"조슈아는 신의 선물이었습니다. 아이가 태어난 첫 해엔 뭔가 끔찍한 일이 그 애에게 일어날까 봐 노심초사했어요. 매일 아이만 보호하고 싶었지요. 그래서 아이를 두고 일하러 갈 때면 엄청난 죄책감을 느꼈습니다. 지금도 가끔은 죄책감이 들어요. 하지만 아이가 커가면서 점점 줄어들었지요."

다른 일하는 엄마들처럼 직장을 다니면서 엄마 역할을 해야 하는 수잔의 감정은 매번 오락가락한다. 직장에서 받는 칭찬과 월급이 현실적인 만족감을 주기도 하지만 그녀가 감당해야 하는 스트레스와 책임감은 엄청나다. 왜냐하면 그녀가 가정 경제의 상당 부분을 책임져야 한다는 경제적 압박감을 느끼고 있기 때문이다.

수잔과 변호사인 남편 로버트는 15년 동안 뉴욕에서 살다가 1년 전 코네티컷 교외로 이사했다. 성격이 아주 긍정적인 수잔은 왕복 두 시간 반이나 걸리는 출퇴근 시간에 차츰 적응해갔다. 그러나 직장에서 힘들게 시간을 보낸 후 피로가 누적될 때면 균형 감각을 잃어버릴 것 같은 느낌에 사로잡혔다. 그럼에도 수잔은 불임 시술을 다시 받을 준비를 하고 있다.

며칠 후 나는 수잔이 잘 지내는지 보기 위해 그녀의 회사를 방문했다. 수잔은 즐거운 하루하루를 보내고 있었고, 기분도 지난번보다 좋아 보였다. 그녀는 이렇게 말했다.

"사는 게 꼭 롤러코스터 같아요. 어떤 날은 컨디션이 좋지만, 직장에서 일이 잘 안 풀리거나 조슈아의 상태가 별로 좋지 않을 때는 이런 고생을 할 필요가 있나 하는 생각이 들지요. 끝없는 전쟁의 연속이에요. 하지만 제겐 선택의 여지가 없습니다."

일이 이렇게 될 줄 누가 알았을까. 우리 세대 여성들은 무엇이든 할 수 있고 무엇이든 될 수 있다고 배웠다. 우리가 선택할 수 없는 전공은 없었고 우리는 어떠한 대학원에도 입학할 수 있었다. 피임 방법 역시 자유자재로 선택할 수 있었다. 선택은 자유이지 제약이 아니었다. 그런데 지금 30대에 접어든 많은 여성들은 여전히 일과 엄마 역할이 서로 겹칠 때마다 곤경에 처하고 혼란스러워하며 때로 죄책감을 느낀다.

엄마를 슬프게 하는 것들

"엄마 제발 일하러 가지 말아요."

내가 CNN 방송의 프리랜서 제작자로 일할 당시 출근할 때마다 아들 조나가 다리에 매달려 울면서 애원했다. "엄마 금방 올게"라고 나는 거짓말을 했다. 금방 돌아올 수 없는 건 물론이고 내일 아침 조나가 깰 때까지 보지 못할 게 뻔했다. 당시 생후 7개월이었던 딸 알렉산드라는 이미 내 말을 의심하는 듯 보였다. 알렉산드라는 내가 문 쪽으로 가는 모습을 뚫어져라 쳐다보다 갑자기 울음을 터뜨렸다. 최근들어 알렉산드라는 내가 매일 아주 오랫동안 자기 곁을 떠나 있다는 걸 눈치 채기 시작했다. 그리고 아이의 그런 깨달음은 우리 모두를 슬프게 했다. 하지만 내가 집을 나선 후 2분 정도 지나면 다들 괜찮아질 것이다. 그럼에도 나는 매일 치르는 이 눈물의 의식 때문에 마음이 아프다. 일을 하기 위해 나가지 않을 수 없음을 알면서도 아이들 곁을 떠나야 한다는 것은 매우 죄책감이 들게 한다.

임부복 디자이너인 리즈 레인지도 아이들을 두고 출근할 때면 늘 괴롭다고 말한다. 리즈의 직장은 아이들 유아원에서 12블록 정도 떨어진 곳에 있다. 그녀가 살고 있는 아파트도 그곳에서 아주 가깝다. 그래서 아이들을 데려다주고 데려오기가 조금은 수월하지만 그렇다고 그것이 쉬운 일만은 아니다.

"오늘 아들을 유아원에서 데려와 베이비 시터가 기다리는 집에 내려놓으려고 하니까 아이가 이렇게 말하더군요. '엄마, 5분이 아니라 100분만 있다 가요' 라고요. 정말 속상했습니다. 세상에는 100분을 함께 있을 수 있는 엄마들이 있기에 더욱 힘들었어요. 그럴 때마다 전 자신에게 이렇게 말해요. '우리 아이들은 늘 이렇게 살아왔기 때문에 그 정도만 기대할 거야. 그리고 아이들은 엄마가 아주 행복하다는 걸 알고 있어' 라고요."

그럼에도 리즈는 자신도 모르게 아이들과 보낼 수 있는 시간이 얼마나 되는지 늘 계산한다. 그것은 일상적인 타협이다. 균형을 맞추기 힘든 타협 말이다.

"오늘 아침엔 베이비 시터가 아이를 학교에 데려다주고 오후엔 제가 데려왔어요. 저는 머릿속으로 늘 계산을 합니다. '오늘 아침에 아이를 데려다주지 않았으니까 오후엔 내가 데리러 가야지' 하는 식으로 말이죠. 계속 그렇게 조절을 해야 합니다"라고 리즈는 말한다.

"저는 그래도 운이 좋은 편이에요. 내 사업을 하고 있어서 그나마 시간을 유동적으로 쓸 수 있으니까요. 하지만 사업이 급성장하고 있기 때문에 늘 눈앞에 다급하게 처리해야 할 중요한 일들이 있습니다. 그 때문에 약간은 죄책감을 느끼기도 하지만 한편 어쩔 수 없다고 생각해요."

나는 이 책을 쓰기 위해 인터뷰를 하는 동안 모든 엄마들이 일하는 것에 대해 죄책감을 느낄 거라고 생각했다. 그것은 엄마가 된 후에는 직장을 그만두어야 한다는 보이지 않는 압력으로 인한 어쩔 수 없는 부작용이라고 생각했던 것이다. 왜냐하면 바로 그것이 '좋은 엄마'가 되기 위한 조건처럼 여겨졌기 때문이다.

하지만 1백여 명의 일하는 엄마들에게 크나큰 죄책감을 느끼는지 물어보았을 때 많은 엄마들은 그렇게 크게 느끼지 않는다고 대답했다. 그들에게 일은 사치가 아니라 경제적으로 꼭 필요한 것이기 때문이다. 그렇게 말하는 대부분의 여성들은 자신의 어머니도 일을 했고, 그런 어머니와 관계가 좋았기 때문에 자신이 큰 잘못을 하고 있다고 느끼지는 않았던 것이다. 또한 자신들이 만족하기 때문에 아이들도 그럴 거라고 믿는다고 했다. 그들은 일을 하는 것이 자신을 좋은 엄마이자 좋은 배우자로 만들어준다고 생각했기 때문에 죄책감으로 크게 괴로워하지 않았다.

많은 여성들은 아이들과 더 많은 시간을 보내길 원했지만 실제로 죄책감 때문에 심하게 괴로워하진 않았다. 그들은 죄책감에 사로잡히기보다는 가정 경제에 기여하고 있다는 것에서 어떤 권한을 부여받았다고 느끼고 있었다. 또한 자신의 일에 자부심을 느끼고 여성으로서 만족하고 있었으며 일을 함으로써 아이들에게 중요한 역할 모델이 될 수 있다고 믿었다. 특히 딸들에게 더욱 그랬다. 많은 여성들은 자신의 이중생활에 아주 강한 자신감을 갖고 있었으며 몇몇 여성들은 "죄책감을 느끼지 않는 것에 대해 죄책감을 느낀다"라고 말하기까지 했다.

일하는 엄마를 둔 배우 신시아 닉슨은 이렇게 말한다. "제가 아이에게 죄책감을 느끼지 않는 것은 저희 어머니가 그랬기 때문이에요. 저희 어머니는 매일 아침 8시에 출근해서 저녁이 되어야 돌아오셨지만 전 그것이 한번도 화가 난 적이 없어요. 항상 그랬어요. 어머니는 그런 식으로 행동하셨죠."

또 다른 여성들은 우리가 집에 있을 때만큼 항상 곁에 있어주지 못하는 것에 대해 죄책감을 느끼지 않도록 방법을 배워야 한다고 이야기한다. 두 아이의 엄마인 과학 저술가 잉글리드 위켈그렌은 다음과 같이 말한다.

"우리는 처음을 지나치게 강조합니다. 하지만 그것에 사로잡히지 않는 것이 중요해요. 아이가 첫 걸음마를 떼었을 때 곁에 있어주지 않으면 뭐 어때요? 아기가 걷는 걸 내 눈으로 처음 보는 순간이 제겐 첫 걸음마입니다. 그것은 실제 첫 걸음마만큼 짜릿한 것이지요.”

일을 하는 엄마들의 대부분은 때때로 죄책감을 느꼈지만 거기에 빠져들지는 않는다고 했다. 흥미롭게도 내가 만난 엄마들은 자신을 위한 시간을 가질 때에만 죄책감을 느낀다고 말했다. 실제로 자신을 위한 시간이 부족하다는 것은 일하는 엄마들이 직면한 가장 큰 문제 중 하나이다. 실제로 일하는 엄마들의 단체이자 웹사이트인 ‘임원직 엄마들Executive Moms’이 실시한 설문 조사를 보면 1백60명의 응답자들 가운데 66%가 ‘개인적인 시간을 좀 더 많이 갖고 싶은 욕구가 육아 시간의 부족이나 자상한 배우자에 대한 바람보다 더 큰 이슈’라고 대답했다.

CNN 방송의 앵커 솔레드 오브라이언은 손질하지 못한 손톱과 발톱을 그 증거로 보여주었다. 아이들과 시간을 보내느라 매니큐어를 바를 시간이 없었던 탓이다. 배우 신시아 닉슨은 아이들을 두고 일하러 가는 것에 대해 죄책감을 느끼지 않았다. 하지만 베이비 시터가 아이들을 돌보고 있는데도 자신이 일을 제대로 하지 않으면 죄책감을 느낀다고 말했다. 메리 케이 화장품의 이사이자 두 아이의 엄마인 니콜 스완슨은 이렇게 말한다.

“일을 할 때보다는 금요일이나 토요일 오후에 외출을 하거나 나만을 위한 시간을 가질 때 죄책감을 느낍니다. 잠시 나가 있다 보면 머릿속에서 이런 속삭임이 들리지요. ‘집으로 돌아가야 해, 집으로 돌아가야 해.' 이제 겨우 45분 정도 외출을 했는데도 큰 죄책감이 들기 시작합니다. '여기서 이러고 있어서는 안 돼. 아이들과 집에 있어야 해' 라는 생각이 머릿속을 꽉 채우지요. 그때가 가장 죄책감을 느끼는 때입니다."

죄책감은 버리고 아이와 친밀해져라

일하는 엄마들은 아이와 항상 함께 있을 수 없다. 그렇다면 아이들과의 유대감을 키우기 위해 꼭 해야 할 일은 무엇일까? 나는 인터뷰를 할 때마다 죄책감을 줄이는 방법에 대해 질문을 했다. 처음엔 그들도 죄책감을 많이 느낄 거라고 생각했기 때문이다. 뿐만 아니라 아이들의 삶에 관여하기 위해 지속적으로 해온 일이 무엇인지 물어보았다. 그러자 그들은 종교적인 것부터 세속적인 것까지 매우 다양한 답변을 들려주었다. 베라 왕은 이런 이야기를 들려주었다.

"우리가 비록 허둥지둥 바쁜 시간을 보내고 있긴 하지만 그래도 우리는 늘 아이들과 함께하는 부모라고 자부합니다. 남편과 저는 아이들이 하는 일에 항상 참여하고 관심을 가지려고 노력해요. 보통 토요일과 일요일 아침이면 뉴욕 첼시 만에 있는 스케이트장에서 아이들이 스케이트 타는 모습을 지켜보지요. 제가 스케줄을 조절할 수 있는 한 그 일은는 계속하려고 합니다. 제 큰딸이 조르주 발라신 발레 학교에 다닐 때는 적어도 일주일에 한 번씩 아이를 데리러 가곤 했어요. 그리고 아이들이 5시에 저녁을 먹었더라도 남편과 제가 저녁 8시에 식사를 하는 동안 식탁에 앉아 있게 해서 시간을 함께 보내려고 노력했지요. 디너파티를 할 때는 친구들에게 아이들을 종종 데려오게 했습니다. 그렇게 하면 어른들이 파티를 즐기는 동안 아이들도 뛰어나가 자기들끼리 놀 수 있으니까요. 그때가 전 가장 행복했던 것 같아요. 그리고 제가 가장 좋아하는 일 중 하나는 두 딸과 침대에 누워 〈아메리칸 아이돌〉이나 〈제시카 추리극장〉을 보는 겁니다. 그렇게 하면 서로 유대감을 유지할 수 있어요. 신체적으로 밀착되어 있는 것도 좋고요. 아이들과 많은 시간을 보낼 수는 없어도 아이들에게 제 존재를 확인시키는 방법은 많습니다."

베라는 자신의 이야기를 들려주며 잠시 과거를 회상하는 듯했다. 베라는 일을 한 것에 대해 후회하지는 않지만 딸들이 지금보다 어렸을 때 더 많은 시간을 낼 수 없었던 것에 대해서는 죄책감을 느낀다고 말했다.

한편 솔데드 오브라이언은 상당히 엄격하고 종교적인 가정에서 성장했다. 그녀의 아버지는 일요일마다 가족들과 교회에 다녀온 후 푸짐한 아침을 차려주셨다. 그것은 그녀의 육아 방식에 상당히 영향을 미쳤다. 최근에 그녀도 남편과 딸들을 데리고 주말 별장 건너편에 있는 교회에 데려가기 시작한 것이다.

"정말 좋습니다. 첼시아에게 주일학교는 일종의 놀이터예요. 그걸 아주 좋아하지요. 교회에 가는 것은 우리 모두에게 만족감을 주는 멋진 의식입니다."

신시아 닉슨은 여섯 살 난 사만다를 학교에서 데려오는 것이 중요한 하루 일과라고 말한다. "저희 어머니는 학교로 저를 데리러 오신 적이 거의 없었어요. 늘 직장에 계셨으니까요. 그것이 비록 몇 번 안 되지만 어머니가 저를 데리러 오셨을 때 제가 얼마나 행복했는지 모릅니다. 그래서 전 오후에 일이 있더라도 될 수 있으면 자주 아이를 데리러 가려고 해요. 한 시간 후면 아이를 다른 사람에게 맡겨야 하는데도 말이지요. 하지만 그곳에 제가 있었던 것이 아이에게 중요하다고 생각합니다."

소라야 게이지는 아이들을 위한 특별한 의식을 될 수 있으면 지속해나가려고 한다. 하지만 뉴스 제작자 일이라는 것이 너무 바쁘고 앞일을 예측할 수 없어 자신이 하지 못했던 것을 다른 식으로 보충하려고 노력한다.

"전 금요일에는 일을 하지 않습니다. 일주일에 4일만 일을 하는 셈이죠. 그래서 아이들은 항상 금요일을 의식하고 있습니다. 금요일만 되면 엄마가 버스 정류장으로 자신들을 데리러 오고, 오후에는 함께 시간을 보내니까요. 친구들을 놀러 오게 할 수 있는 날도 금요일이지요. 그런데 올해에는 금요일에도 일을 자주 했습니다. 그래서 아주 힘들었어요. 아이들은 정해진 의식과 예측 가능한 제 스케줄을 좋아했는데 갑자기 일정에서 벗어났으니까요."

소라야는 이어 다음과 같은 이야기를 들려주었다.

"작년엔 일 때문에 정말 힘들었습니다. 많은 것을 놓쳤지요. 그래서 기분이 별로 좋지 않았습니다. 데비의 학교 소풍에도 참석할 수 없어 베이비 시터를 대신 보냈어요. 다른 아이들의 엄마는 모두 공원에 나와 있었는데 말이에요. 대신 저는 월차를 내서 데비의 반 아이들에게 책을 읽어줌으로써 그것을 만회하려고 노력했습니다. 저는 될 수 있으면 학급 일에 열심인 엄마가 되고 싶어요. 하지만 마지막 순간에 직장에서 무슨 일이 꼭 터지곤 하기 때문에 항상 그럴 수는 없습니다. 그렇지만 엄마가 자신의 학급 일에 관심을 갖고 있다는 것을 아이가 아는 것 자체가 정말 중요하다고 생각해요. 그래서 전 형편이 닿는 대로 할 수 있는 일을 하려고 노력합니다."

부족한 시간을 메우는 방법

나는 많은 여성들이 아이들과 관련된 어려운 문제들을 혁신적으로 해결하고 있다는 사실을 깨달았다. 소라야 게이지는 첫아들의 출산 휴가 때 만난 여자들과 북클럽을 조직했다. 그리고 그때 만난 다른 엄마들과 지금까지 유대관계를 유지해오고 있다.

"우리는 30분 정도 그동안 읽은 책에 대해 토론을 한 후 두 시간 정도 아이들에 대한 이야기를 나눕니다. 그런 시간이 있다는 건 아주 멋진 일이죠."

네 살 난 딸아이의 엄마이자 한때 나의 직장 동료였던 한 여성은 방송 제작자인 까닭에 새벽 5시에 근무를 시작하여 오후 2시에 일이 끝나곤 했다. 이런 스케줄 덕분에 그녀는 유아원으로 아이를 데리러 갈 수 있었고, 학급 일에도 열심히 참여할 수 있었다. 내가 만난 또 다른 여성은 일하는 엄마들이 학부모 회의에 보다 쉽게 참가할 수 있도록 모임 시간을 오전이 아닌 저녁으로 바꾸도록 이사회를 설득하기도 했다.

"중요한 건 죄책감을 버리는 겁니다. 우리는 스스로에게 너무 많은 부담을 주고 있어요. 일하길 원한다면 하세요. 일하는 게 옳지 않다는 생각은 반드시 버리길 바랍니다"라고 리즈 레인지는 강조해서 말한다.

5

포기도 방법이다

소라야는 모든 것을 빠르게, 그것도 동시에 할 필요가 없다는 것을 배웠다. 그녀는 고위직을 포기했지만 일을 통해 존경도 받았고 풍요로운 가정생활도 놓치지 않았다.

매사추세츠 주 버크셔의 한 농장. 해가 뜨기 전에 잠자리에서 일어난 젊은 엄마가 TV를 보며 한 시간 동안 스텝 에어로빅을 한다. 그리고 아침 6시에 쌍둥이 아기들과 세 살 된 딸아이가 잠에서 깨면 유아식과 시리얼로 아침을 먹이고 옷을 입힌 후 유아원에 보낼 준비를 시킨다. 세 살 난 엘리자베스는 용변을 잘 가린 상으로 받은 녹색 원피스를 입는다. 그때쯤이면 아빠가 잠에서 깬다. 이제 엄마가 급하게 샤워를 하고 정장 차림에 진주목걸이를 두른 뒤고 회의를 하러 달려나간다.

일하는 또 한 여성의 하루가 시작된 것이다. 이 가족이 맞는 아침 풍경은 모든 것이 지극히 평범해 보인다. 세 살 미만의 딸을 셋이나 둔 엄마가 매사추세츠 주에서 가장 막강한 인물이라는 사실만 뺀다면 말이다. 그녀는 바로 제인 스위프트 주지사이다. 스위프트 주지사는 하루종일 회의를 주재하고, 기자회견과 기금 모금 행사에 참가하느라 주를 이리저리 누비고 나서야 하루의 업무가 마무리된다. 그러나 주를 이끌며 바쁜 하루를 보낸 후에도 그녀는 전임자들이 상상할 수 없는 일을 한다. 만사 제쳐놓고 일하는 엄마들을 지원하는 단체의 월례 행사장으로 달려가는 것이다.

임기 중에 쌍둥이를 낳은 여성 주지사

제인 스위프트의 놀라운 운명과 출산 스토리는 그녀를 미국에서 가장 유명한 정치인 중 한 사람으로 만들었다. 서른여섯 살에 스위프트 주지사는 커먼웰스Commonwealth매사추세츠, 펜실베이니아, 버지니아, 켄터키 지역에 주州 대신 쓰이는 공칭어-역주 최초의 여성 주지사이자 미국 최연소 주지사가 되었다. 그러나 그녀를 평범한 지방 주지사에서 국제적인 화제의 인물로 느닷없이 떠오르게 한 것은 이런 이력이 아니라 그녀의 이름 앞에 붙은 '아이를 낳은 최초의 주지사'라는 수식어였다. 그녀는 임기 중인 2001년 5월에 아이를 하나도 아닌 쌍둥이를 낳았던 것이다.

2002년, 내가 처음 그녀를 만났을 때 그 젊고, 예쁘고, 활기찬 모습에 약간 충격을 받았다. 친절하고 호기심 많은 초록색 눈과 콧등의 주근깨는 그녀를 성숙한 고등학생 치어리더처럼 보이게 했다. 이 매력적인 30대 여성이 매사추세츠 주를 책임지는 무거운 짐을 지고 있다니 상상도 하기 힘들었다.

폐쇄적인 이탈리아 아일랜드계 가톨릭 가정에서 네 자녀 중 하나로 태어난 스위프트 주지사에게는 아이들을 낳는 일이 무엇보다 중요했다. "더 놀라운 것은 제가 주지사라는 사실이죠"라고 그녀는 웃으며 말한다.

여러 가지 면에서 제인 스위프트는 우연히 주지사가 되었다고 할 수 있다. 그리고 많은 사람들이 지켜보는 가운데 이루어진 두 번의 임신은 곧 그녀의 강점이자 약점이 되었다. 스위프트는 매사추세츠 주 노스 애덤스에 있는 노동자 마을에서 성장했다. 스물다섯 살에 그녀는 매사추세츠 주의원으로 선출된 최연소 여성이었다. 그리고 1998년에는 매사추세츠 주지사 폴 셀루치로부터 공화당 부주지사 후보로 함께 출마하자는 제안을 받았다. 부주지사로 입후보하겠다고 발표한 지 2주 후에 그녀는 임신 사실을 알았다. 당시 스위프트는 선거와 임신을 동시에 겪는 것이 얼마나 힘든 일인지 몰랐다고 한다.

"임신을 한번도 해보지 않은 사람만이 저처럼 선거와 임신을 병행하는 걸 대수롭지 않게 생각할 수 있을 겁니다. 무식하면 용감하다고 여기저기 아프기 시작하기 전까지 그 심각성을 몰랐죠."

출산 예정일은 선거 2주 전이었고 그녀의 임신은 뜨거운 논쟁거리가 되었다. "그녀가 유산을 하지 않아 다행이라는 생각이 가장 먼저 떠올랐습니다"라고 매사추세츠 주의 기독교연합 이사인 이블린 릴리는 말한다. "그리고 두 번째 든 생각은 그녀가 아이와 충분한 시간을 가졌으면 좋겠다는 것이었죠."

라디오 청취자들은 스위프트가 공직을 수행하면서 어떻게 아이를 키울 수 있을지 알고 싶어 했다. 한 청취자는 그녀에게 수유를 어떻게 할 예정인지 묻기까지 했다. 그때 그녀는 "유착기라는 것이 있습니다"라고 친절하게 대답해주었다. 셀루치와 스위프트 진영은 승리를 거두었다. 그러나 새로 태어난 아기와 새로운 일은 예상보다 그녀를 훨씬 힘들게 했다. "전 첫아이를 낳았을 때가 가장 적응하기 힘들었습니다. 연이어 둘째아이가 태어나야 정말 힘들다는 것이 일반적인 생각이지만 제 경우는 달랐습니다. 처음이 가장 힘들었어요. 공직자라는 새로운 업무와 새 가족 구성원을 결합시키는 방법을 터득해야 하는 초창기 때가 너무 혼란스럽고 힘들었지요"라고 스위프트는 말한다.

스위프트와 낙농업자인 남편 척 헌트는 보스턴에서 세 시간 거리에 있는 버크셔의 농장에서 살고 있었다. 스위프트에게 출퇴근은 매사추세츠 주를 하루에 두 번 횡단하는 걸 의미했다. 많은 사람들이 그녀가 이제 막 태어난 딸을 두고 세 시간 떨어진 곳에서 일하려 한다는 사실에 기겁했다. 그래서 그녀는 가족과 함께 보스턴 사무실에서 가까운 곳에 방 하나짜리 아파트를 임대했다. 그리고 아이 돌보는 일을 주로 남편이 맡았는데 그는 외향적인 사람이었기 때문에 그 상황을 매우 힘들어했다. 스위프트는 장시간 일을 했고 헌트는 육아에서 잠시도 벗어날 수 없었다.

헌트는 잠시 휴식을 취할 겸 달리기를 하기 위해 딸 엘리자베스를 스위프트의 사무실에 데려가곤 했지만 그녀가 급하게 회의에 불려가는 바람에 아이를 돌볼 수 없을 때는 직원에게 아기를 봐달라고 부탁하기도 했다. 이 문제로 스위프트는 주 윤리위원회와 거북한 사이가 되었다. 그녀가 직원을 부적절하게 이용했다는 이유로 위원회에서 벌금을 물린 것이다. 이 베이비 시터 소동 이후 딸아이가 아파서 열이 40도까지 치솟는다는 남편의 다급한 메시지를 받은 그녀는 주의 재산인 헬리콥터를 타고 집으로 갔다가 또 다른 스캔들이 발생했다. 언론은 스위프트 주지사를 잔인할 정도로 비난했고 그녀의 핵심 지지층인 여성 유권자들도 고위층의 특권을 남용하는 이 여성 동지를 강하게 비난했다.

그때 또다시 그녀의 운명은 임신과 서로 뒤얽히게 된다. 조지 W. 부시 대통령이 스위프트의 상관인 주지사 셀루치를 캐나다 대사로 임명하면서 그녀에게 그 자리를 물려준 것이다. 2001년 4월 10일, 쌍둥이를 임신한 지 8개월째 접어든 스위프트는 매사추세츠 주지사로 임명되어 취임선서를 했다. 그리고 자신의 자질을 비판하던 사람들과 싸우기라도 하듯 그녀는 더 열심히 일했다. 자신이 게으르지 않다는 걸 증명하기 위해서였다. 하지만 지금 와서 보면 그것이 실수였을지 모른다고 그녀는 생각하고 있다.

"쌍둥이를 임신한 지 8개월이 된 시점에서 다른 사람보다 게으르지 않다는 이미지를 주는 것이 말처럼 쉬운 일은 아닙니다. 이론과 실제는 다르니까요. 전 완전히 지쳐 나가떨어진 날들이 아주 많았습니다. 정치계에서는 자신이 하고 있는 모든 일에 확신을 보여주어야 하는데, 그렇게 일하는 것은 힘이 들 뿐만 아니라 임산부에게 해로울 수도 있었죠.”

결국 그녀의 몸은 완전히 지쳐버렸다. 주지사로 취임한 지 몇 주 후 조산기가 나타난 그녀는 결국 병원에 입원했다. 스위프트는 산모 병동에서 주정부를 지휘해야 했다. 병실에서 법안에 사인을 하고 원격회의도 주관했다. 몇몇 민주당 의원들은 그것을 탐탁지 않게 생각했다. 그들은 그녀의 통치권에 도전하기 위해 주대법원에 호소기까지 했다. 그러나 대중들은 만삭의 주지사를 위해 집결했으며 그녀가 주지사 업무를 완전히 통제할 수 있도록 지지를 보냈다. 보스턴의 브리검 여성병원에 입원해 있던 다른 임산부들이 시간을 보내기 위해 잡지를 뒤적이는 동안 스위프트는 주정부를 운영했다. 출산 직전까지 말이다.

진통이 시작된 건 딕 체니 부통령과 전화 회의를 하고 있을 때였다. 통증이 점점 심해지자 그녀는 조용히 전화를 끊었다. 이어 제왕절개 준비를 하고 한 시간 후 로렌과 사라 헌트를 낳았다. 그리고 1년 후에는 막강한 민주당 후보와 비관적인 여론조사 결과, 그리고 자신도 어쩔 수 없었던 수많은 논쟁들에 직면하며 그녀는 재선에 출마하지 않겠다는 발표를 했다. 그녀의 부하직원들과 지지자들은 매우 놀랐다. 기자회견장에서 그녀는 눈에 눈물이 고인 채 이렇게 말했다.

“저는 한 가지를 포기해야 할 것 같습니다. 일하는 부모라면 누구나 이런 문제에 직면해 있을 것입니다. 자신이 하고 있는 두 가지 일의 강도가 감당하기 힘들 만큼 커졌을 때 둘 중 하나는 포기해야 하는 것이죠.”

재선에 출마하지 않겠다는 스위프트의 결심은 그녀의 임신 소식만큼이나 빠르게 퍼져 나갔다. 그녀는 곧 역할 모델이자 교훈이 되었다. 언론은 재빨리 그녀를 일하는 여성들을 위한 사례 연구로 탈바꿈시켰다. 스위프트가 출마를 포기한 다음날 NBC 방송의 〈투데이 쇼〉 공동 앵커인 케이티 쿠릭은 그녀에게 출마 포기 선언이 여성들에게 모든 것을 가질 수 없음을 의미하는 것이냐고 물었다.

나는 스위프트가 주지사 출마 포기를 선언한 지 6주 만에 그녀를 다시 만났다. 그때 그녀는 여전히 그 질문에 대한 답변을 신중하게 생각하고 있었고, 앞으로 자신이 선택할 미래에 대해 고민하고 있었다. 나는 언론의 모진 채찍질을 감수하고 난 그녀가 앞으로 어떻게 할 것이며 결국 어디에 정착을 할지 궁금했다. 나는 그녀가 한 가정의 경제를 책임지는 가장이며 신탁자금이 없는 정치인이라는 것을 알고 있었기 때문에 그녀가 버크서 농장으로 은퇴하지는 않을 거라고 확신했다. 그리고 내 생각은 옳았다.

나는 보스턴에 있는 벤처 캐피털 회사에서 스위프트를 쉽게 찾을 수 있었다. 내가 그녀를 처음 인터뷰한 지 2년이 지난 뒤였다. 그녀는 미소를 지으며 힘차게 내 손을 잡았다.

"제 사무실은 지난번에 본 곳만큼 근사하지 않아요"라고 스위프트는 웃으며 말했다. 그녀의 말대로 사무실은 전혀 화려하지 않았다. 실내 장식은 아무 특징이 없는 전형적인 복합 상업지구의 사무실 모습 그대로였다. 바닥에 되는 대로 놓여 있는 몇 장의 정치 관련 사진들 말고는 스위프트가 한때 화려한 사무실과 직함을 갖고 있었다는 걸 증명해줄 만한 것은 아무것도 없었다. 실제로 책상 위에 놓여 있는 건 어린 자녀들의 사진뿐이었다. 그녀는 들뜬 모습으로 그것을 보여주었다.

스위프트는 공직을 떠난 것에 대해 조금도 불행해하지 않았다. 오히려 그녀는 사람들의 관심에서 벗어난 후에야 그것이 자신을 얼마나 불편하게 했는지 깨달았다고 한다.

"보통 사람들과 평범하지 않은 교류를 한다는 것은 참 이상한 느낌이었어요. 저는 아이의 축구 경기를 보러 가곤 했는데 그곳엔 저에 대해 모든 것을 알고 있다고 생각하는 엄마들뿐이었어요. 제가 무슨 일을 했고 결혼생활이 어떤지, 혹은 언제 임신을 했는지 모두 다 알고 있다는 눈빛이었죠. 그래서 그들과 정상적인 관계를 맺으려고 노력하다 보면 이상한 기분이 들었어요. 거기엔 항상 장벽이 있었죠. 만약 그들이 그 벽을 뚫고 들어왔다면 저도 평범한 사람임을 알게 되었을 거예요."

스위프트는 현재 영리를 목적으로 교육산업에 투자하는 회사 아카디아 캐피털 영에서 공동 경영자로 일하고 있다. 가족의 수입을 책임지는 그녀는 어떤 방법이 가족의 경제적 미래를 보장해줄지, 그리고 어떤 직업이 가정과 가장 잘 융화될지 고민하며 오랜 시간을 보냈다. 새 직장에서 일한 지 1년째인 지금 그녀는 현재의 상황에 아주 만족하고 있다. 그녀는 여전히 오랜 시간 일을 하고 일주일에 절반은 출장을 가지만 주지사 시절과 비교하면 훨씬 여유가 있고 스케줄도 자유롭게 조절할 수 있다.

"우리 딸 엘리자베스가 올해 축구를 했어요. 10주간의 축구 프로그램이 진행되는 동안 저는 두 번이나 화요일 5시에 운동장에 가 있었죠"라고 그녀는 자랑스럽게 말했다. "주지사였을 때는 화요일 오후 5시에 집에 간 적이 한 번도 없었어요. 1년에 한 번 갖는 휴가 때라면 모를까. 그래서 지금은 새로운 스케줄이 아주 마음에 듭니다."

스위프트의 가족은 지금도 버크셔에 살고 있다. 그리고 그녀의 남편이 전업주부 역할을 하고 있다. 그러나 스위프트에게 가장 힘든 점 중 하나는 자신의 바쁜 스케줄에 비해 동네의 속도가 느리다는 점이다. 이것이 고향의 매력인 동시에 힘든 점이라고 그녀는 말한다.

"저는 우리 동네를 사랑합니다. 부모님 근처에 사는 것이 제 정신 건강과 아이들을 위해서도 좋고요. 생활을 꾸려나가는 데도 도움이 되지요. 하지만 아이들의 친구 엄마들은 일을 하지 않기 때문에 때로 그것이 장애가 되기도 해요. 엘리자베스는 올해 버디 볼이라는 어린이 구단에서 활약했습니다. 그래서 결승전이 열리는 날짜를 제 일정표에 표시해두었지요. 그건 아주 중요한 행사거든요. 리틀 리그 구장에서 경기가 열리고 아이들의 이름이 확성기로 호명될 예정이었으니까요. 딸아이는 경기가 열리기 며칠 전에 버디 볼 경기에 올 수 있는지 물어보았습니다. 저는 꼭 참석할 거라고 말했어요. 하지만 마지막 순간에 경기 날짜가 바뀌었습니다. 그래서 다섯 살 된 딸아이에게 제가 갈 수 없게 된 이유를 설명해야 했죠. 마지막 순간에 그런 식으로 계획을 바꾸는 것이 다른 부모들에겐 별일 아닐지 모르지만 변경할 수 없는 회의 때문에 세 시간 떨어진 곳에 있거나 세 번이나 비행기를 갈아타야 하는 곳에 있다면 당신도 어쩔 수 없을 겁니다. 저 같은 사람이 주류를 이루는 동네에 살고 있었다면 그런 큰 행사에 맞춰 엄마들이 몇 주 전에 스케줄을 짠다는 사실을 프로그램 담당자가 기억하고 있겠죠. 스케줄을 함부로 바꾸지도 않았을 거고요. 왜냐하면 많은 학부모로부터 반발을 크게 살 테니까요. 다행히 남편과 저희 부모님 그리고 유치원 원장님이 경기장에 가셨고 아이가 좋아하는 핫도그도 실컷 사주어서 엘리자베스의 기분은 괜찮았습니다. 하지만 저는 아주 속이 상했죠.”

내가 스위프트를 만난 날, 대통령 후보인 존 케리 상원의원이 부통령 후보로 존 에드워즈 상원의원을 선택했다는 기사가 신문 1면을 장식했다. 소년 같은 에드워즈가 어린 두 아들과 조지타운의 고급 주택에서 걸어 나오는 사진은 스위프트의 눈길을 사로잡았다. 아무래도 그녀 자신과 에드워즈의 유사점을 무시하고 넘어가기 힘든 것 같았다. 두 사람 다 어린 자녀를 둔 젊고 야망에 찬 정치가라는 점에서 다를 바가 없었던 것이다. 다만 에드워즈는 남자이고, 스위프트는 여자라는 사실이 둘의 삶을 다른 방향으로 몰고 갔다. 아빠가 고위직에 출마하는 것이 똑같은 직책에 엄마가 출마하는 것보다 바람직하다는 우리 사회의 이중 잣대를 스위프트는 놓치지 않았다. 나는 그녀에게 어떤 생각이 드는지 묻지 않을 수 없었다.

“존 에드워즈의 후보 수락에 관한 기사들을 보건대 오늘뿐만 아니라 앞으로도 그가 좋은 부모인지에 대한 의문을 제기하는 기사는 절대 실리지 않을 겁니다. 생각해보세요. 제 아이들도 그의 아이들만큼

귀엽습니다. 하지만 제가 아이들을 소품처럼 이용했다면 유권자들에게 전혀 다른 영향을 미쳤을 거예요. 그래서 우리는 그렇게 하지 않았습니다. 그의 아내 엘리자베스 에드워즈가 출마했다면 사람들은 완전히 다른 반응을 보였겠죠. '맙소사, 이렇게 어린 아들이 둘이나 있는데 어떻게 부통령이 될 수 있겠어?' 라면서요. 하지만 남성인 에드워즈의 경우엔 '오, 아이들이 정말 귀여운데!' 라는 반응을 보였을 겁니다."

하지만 스위프트는 자신이 다른 식의 평가를 받았다는 것으로 괴로워하지 않는다. 그녀는 스스로를 긍정적인 사람으로 여기고 있으며 우리 사회가 엄마 역할에 많은 가치를 부여하는 것을 좋은 쪽으로 해석했다. 그러나 그녀는 여성들이 두 가지 역할을 해내느라 애쓰면서 그 두 가지가 상호 배타적이지 않음을 증명해야 한다는 사실은 불공평하다고 생각하고 있다.

"고위층 여성이 자신이 엄마라서 너무 좋다고 얘기하면 그녀의 진지함과 신뢰성에 손해가 갈 수 있습니다. 그래서 실제로 성공한 많은 여성은 엄마 역할의 멋진 점들을 공개적으로 이야기하길 꺼려하지요. 그 반대의 경우도 마찬가지예요. 전업주부 사이에서 일하는 엄마들은 자신의 일에 대해 잘 이야기하지 않으려고 하지요. 저 역시 전업주부들과 함께 있을 때면 제가 좋은 엄마가 되기 위해 노력하지 않는 것처럼 보일까 봐 제 일을 낮추어서 얘기해요. 우리가 두 가지 역할을 동시에 할 수 있다는 생각을 방해하는 고정관념들은 여전히 많습니다."

페기 오렌스타인은 자신의 책 《끝없는 변화Flux》에서 이렇게 쓰고 있다.

'일하는 여성들은 엄마로서 아이들에게 헌신하고 있다는 사실을 증명해야만 한다. 또 직장에서는 그만큼 반대로 행동해야 한다는 압박감을 느끼고 있다. 여성은 임신을 하고 엄마가 되었을 때에도 일에 지장을 주지 않는다는 것을 증명해야 한다. 임신이 여성의 생산성을 떨어뜨리거나 일에 대한 충성도를 반감시켜서는 안 된다고 느끼는 것이다.'

그러나 실제로 여성들에게는 이상과 현실이 서로 상충되는 경우가 많다. 아이를 갖는 것이 능률을 떨어뜨리지 않을 것이며 남자들이 도와준다면 일을 더 잘할 수 있기 때문에 큰 변화가 없을 것이라고 믿고 싶지만 실제로 회의를 하러 가면서 자신도 어쩔 수 없는 입덧에 시달리다 보면 이상과 현실이 다르다는 것을 깨닫게 된다. 임산부의 현실은 그리 녹록치 않다. 좋든 싫든 간에 엄마에겐 아빠와는 다른 기준이 적용된다.

사회는 우리에게 더 많은 것을 기대한다. 그리고 우리 자신도 스스로에게 더 많은 것을 기대한다. 이제 중요한 것은 더 이상 여성이 직장에서 어떻게 하면 평등한 지위를 획득할 것인가가 아니라 자신에게 주어진 직장인과 엄마라는 두 가지 역할을 어떻게 균형 있게 운영하느냐이다. 그것은 페미니즘 이후 X세대와 Y세대들이 계속 고민하고 있는 문제이다. 제인 스위프트가 자신의 딸이 출전한 열 번의 축구 경기 가운데 두 번을 참석했다며 기뻐한 사실은 아마 많은 전업주부들을 당혹케 할 것이다. 그러나 아빠가 평일 오후 5시에 열리는 아이의 게임에 두 번밖에 참석할 수 없었다고 해서 그를 비난할 사람은 없을 것이다. 오히려 그곳에 있었다는 사실 때문에 그를 훌륭한 아빠라고 생각할 것이다.

"우리는 균형보다 일과 생활의 조화에 대해 더 많은 대화를 나누어야 합니다. 균형이라는 말은 직장에서는 일을 아주 잘 하는데 엄마로선 부족하다거나 둘 다 잘하는 것이 불가능해서 한쪽으로 치우칠 거라는 의미를 내포하고 있습니다. 자신이 좋아하고 의미 있는 일을 어떻게 할 것인지, 그리고 그것을 삶 속에 어떻게 조화시킬 것인지가 중요한 관건이에요. 그리고 제 경우에 그것은 아이를 낳는 것뿐만 아니라 적극적으로 아이들의 삶에 참여하는 것을 의미합니다. 현재 제가 아주 행복한 이유는 직장 환경이 그런 조화를 가능하게 해주기 때문이에요. 그렇다고 제 직업이 언제나 그것을 가능하게 해준다는 의미는 아닙니다. 투자자들과 함께 있을 때 그들에게 딸아이의 축구 경기에 가야 한다고 말할 수는 없으니까요."

제인 스위프트는 미소를 지으며 이렇게 말했다.

"하지만 내일 아침 9시에 저는 제 딸들이 다니는 유아원의 회의에 참석할 겁니다. 그것은 이미 제 스케줄에 포함되어 있었죠. 저희 회사 직원들은 서로의 스케줄을 다 볼 수 있죠. 하지만 아이들 유아원에서 열리는 회의를 암호처럼 다른 명칭으로 바꾸지는 않습니다. 그걸 다른 이름으로 부르고 싶진 않으니까요. 공동 경영자인 제 파트너들은 내년에 제가 쌍둥이들이 다니는 유아원의 회계 담당자가 될 거라는 것도 알고 있습니다. 저희 회사 사람들은 기본적으로 우리가 아이들의 좋은 부모가 되는 동시에 뛰어난 투자가가 되는 것이 불가능하다고 생각하지 않습니다."

일을 버리고 가정을 택한 여성

우리가 아무리 열심히 노력한다고 해도 직장과 가정생활이 서로 충돌할 때가 종종 있다. 내가 인터뷰한 많은 엄마들은 가정생활과 일을 병행할 수 있는지를 기준으로 직장을 선택한다고 말했다. 그것이 결혼을 하거나 아이를 낳기 전까지는 전혀 중요한 고려 사항이 아니었지만 말이다.

그러나 서른두 살인 에이미 굴드는 대학을 졸업하기도 전에 가정과 직장생활을 균형 있게 유지해 나갈 방법을 고민했다. 코넬 대학 4학년 때는 선배 졸업생들에게 연락을 하여 그들의 직업뿐만 아니라 직장과 가정생활의 병행 문제에 대해 질문을 던졌다. 혼자 그런 조사를 하여 에이미는 이미 현실에 대한 모든 것을 알았다고 느꼈다. 먼저 그녀는 돈을 많이 벌고 직장에서 크게 성공한 후 30대 중반이나 후반에 결혼을 하여 가정을 이루고 나면 교사가 되어야겠다고 생각했다.

에이미는 계획대로 해나가기 시작했다. 대학 재학 중에 그녀는 미국에서 가장 명망 있는 광고 회사에 스카우트되었다. 에이미는 열심히 일했고 빠른 속도로 승진했다. 그리하여 스물다섯 살에 세계적인 광고 회사의 공동 경영자가 되었다. 20대 후반에는 거의 50만 달러의 연봉을 받았고 급할 때면 유럽으로 제트기를 타고 날아갔다. 일주일 중에 3일은 출장이었다. 직장생활은 정신 없었지만 그녀는 수백만 달러가 걸린 고객을 확보했을 때 축하를 받고 큰 성공을 이루었을 때 주어지는 경제적 보상을 즐겼다.

그러나 모든 일이 항상 순조롭게 진행되는 것은 아니다. 눈코 뜰 새 없는 스케줄에도 불구하고 에이미는 틈틈이 데이트를 했고 자신의 인생 계획보다 10년 앞당겨 결혼했다. 그리고 서른 살에 쌍둥이를 임신하면서 입덧이 극도로 심해진 그녀는 인생의 방향을 다시 생각해봐야 할 처지에 놓이게 되었다.

"하루에 서른 번 정도 토했어요. 그리고 29주가 되었을 때 산기를 느꼈습니다. 저는 아기를 잃지 않을까 두려웠어요. 통증을 멈추기 위해 복용하는 약 때문에 아이에게 이상이 생기는 것은 아닐까도 늘 두려웠죠. 그러고는 이런 걱정을 하면서 동시에 직장생활을 계속할 수 없다는 것을 알았습니다."

처음에 에이미는 아이를 낳고 3개월 후면 직장으로 돌아갈 계획이었다. 그러나 아이가 태어나기 몇 개월 전부터 침대에 누워 몸조리를 하는 동안 원초적인 모성애가 생기기기 시작했고 일주일에 절반은 출장을 가야 하는 직장으로 돌아가는 것이 불가능하다고 느꼈다.

"아이를 집에 두고 그렇게 하고 싶진 않았습니다. 일 자체는 전혀 그립지 않았어요. 다만 별 5개짜리 호텔에 묵고, 전 세계를 활보하며 저 자신이 중요하다고 느끼고, 멋진 레스토랑에 가고, 중요한 회의를 주관하고, 그럼으로써 60대 CEO들을 깜짝 놀라게 하는 생활이 그리웠을 뿐입니다. 그땐 정말 신났었지요."

하지만 학교에서 아이들을 가르치고 싶다는 생각은 여전히 마음 한구석에 남아 있었다. 그래서 광고 기획자 일을 계속할 수 없다고 느낀 그녀는 학생들을 가르칠 수 있는 가능성들을 조사했고 인터넷에서 찾아낸 단체와 연락을 했다. 덕분에 그녀는 영재를 가르치는 초등학교들과 연락이 되었다. 현재 그녀는 교육학 석사 과정을 밟으며 학교에서 아이들을 가르치고 있다. 하지만 그녀가 선생님이 된 것을 가족들 모두가 현명한 결정으로 여기는 것은 아니다.

"할머니는 제게 교육계에 들어가지 말라며 반대하셨어요. 제가 비즈니스 쪽에서 일하길 애타게 바라셨거든요. 할머니는 제가 승진하는지에 대해 상세히 알고 싶어 하셨어요. 그리고 '왜 아이들을 가르치려고 하니? 우리 세대의 여자들은 어쩔 수 없이 그 일을 했지만 너에겐 선택의 여지가 많아' 라며 안타까워하셨죠. 누구나 자신이 가질 수 없는 걸 원한다는 건 참 재미있습니다. 아이들을 가르치면서 시간을 보내는 것은 정말 멋져요. 뭔가 가치 있는 일을 하고 있다는 생각이 들고 아이들도 아주 훌륭하거든요. 교활하고 역겨우며 중상모략에 능한 사람들과 일하는 것보다 5천 배는 더 좋습니다."

자신이 즐길 수 있는 일을 찾았다고 해도 수입의 엄청난 감소는 그녀에게 현실적, 심리적으로 영향을 미쳤다. 에이미는 지금도 가끔씩 고소득을 올렸던 광고 일을 포기한 것에 대해 죄책감과 괴로움이 느껴지곤 한다.

"제가 비즈니스 쪽에서 더 이상 일하지 않기로 결정내린 것 때문에 우리 가족의 생활은 급격히 바뀌어야 했습니다. 지금은 예전보다 훨씬 검소하고 정적인 삶을 살고 있지요. 전 제가 애정과 신념을 갖고 있는 일에 몰두하고 싶다는 이유로 가족 전체를 곤경에 처하게 하고 싶지는 않았어요. 그러나 제 선택 때문에 보수가 많이 줄었고 그로 인한 대가를 우리 가족들이 치르고 있어요. 하지만 교육에 자신의 삶을 헌신해온 훌륭한 분들을 만나면 모두 자신의 일에 너무나 만족하시더라고요. 그런 분들을 보고 나면 다른 건 신경 쓰지 말아야겠다는 생각이 듭니다. 하지만 둘 사이에서 이러지도 저러지도 못하고 있는 것 같기도 해요."

매디슨 애비뉴에서 누리던 광고 기획자의 특권과 화려한 라이프스타일을 버림으로써 에이미는 돈과 정체성이 자신의 자존심을 강하게 지배해왔다는 것을 깨달았다.

"이제야 저는 타인의 인정을 받기 위해 일을 이용했다는 사실을 깨닫고 있어요. 왜냐하면 스스로에 대한 자신감이 없었으니까요. 저는 일을 지나치게 열심히 했습니다. 사실 지금은 저에게 '2억 달러짜리 계약을 따냈으니 정말 훌륭해, 에이미!' 라고 말해주는 사람이 없어 때때로 기운이 빠지기도 해요. 그래서 제가 저에게 칭찬을 해줘요. 하지만 본래 그게 정상 아닌가요?"

그녀는 때때로 경쟁이 심한 비즈니스 세계에서 열심히 뛰던 과거의 생활이 그립지만 직업을 바꾼 것을 후회하지는 않는다. "가르치는 일은 제게도 도움이 돼요. 봉사하는 직업에 종사한다는 것도 그렇고, 특히 아이들이 자신의 능력보다 뛰어난 글 솜씨를 발휘할 수 있도록 가르칠 때는 정말 신납니다. 그러면 한껏 기분이 좋아져서 집으로 돌아오지요. 그 정도면 충분합니다.”

오늘날 많은 여성들이 엄마가 될 시점이 되면 자기가 하던 일을 다시 생각하게 된다. 그들은 뭔가 의미 있거나 창의적이면서 지적인 일을 하고 있다는 기분을 느끼고 싶어 한다. 〈워킹 마더〉지의 편집장인 수잔 라핀스키는 과거엔 지금과 달랐다고 말한다.

“일하는 엄마들의 제1세대라 할 수 있는 베이비붐 세대는 새로운 직업 분야에서 이름을 날리는 것에 의의를 두었죠. 그래서 그들은 자신들이 일을 한다는 사실에 지나치게 흥분한 나머지 회사의 규정에 적극적으로 동조하는 경향이 있었습니다. 하지만 X세대와 Y세대 여성들은 직장을 등산 정도로 생각해요. 때로는 우회하기도 하고 때로는 멈추기도 하지요. 그들은 프로그램대로 움직이지 않으며 미래의 계획을 스스로 세우길 원합니다. 그래서 끈을 계속 놓지 않을 수 있는 창의적인 일을 하고 싶어 하는 것이죠.”

일과 가정 사이의 균형 조절

NBC 방송의 〈데이트 라인〉 제작자인 소라야 게이지는 10년 전 가정을 꾸린 이후 삶의 균형을 유지하기 위해 가정과 일의 비율을 계속

재조정하고 있다. 내가 그녀를 처음 만난 것은 1997년 〈데이트 라인〉에서 그녀의 부제작자로 일하면서였다. 당시 나에겐 아기를 갖는 것이 아주 먼 미래의 일로 여겼지만 그녀는 이미 세 살 미만의 어린 두 아들을 둔 엄마였다.

한번은 촬영 때문에 그녀와 함께 댈러스에 간 적이 있었다. 그 전날 나는 댈러스로 날아가 멋진 호텔에서 단잠을 자고 아침에는 룸서비스를 받았다. 그런데 소라야는 뉴욕에서 아침 6시 비행기를 타고 왔다가 힘든 촬영을 마치고는 그날 밤 10시에 곧바로 공항으로 달려가 마지막 비행기를 타고 뉴욕으로 돌아갔다. 그녀는 새벽 2시 30분에 귀가했다고 한다. 내가 소라야에게 왜 그렇게 급히 돌아갔는지 묻자 그녀의 대답은 간단했다.

"아침에 내가 집에 있어야 아이들이 좋아하거든요."

당시 우리 일행 중에는 두 아들의 아빠인 30대 중반의 특파원도 있었다. 그러나 소라야가 밤 비행기를 타고 집으로 가는 시간에 나는 그곳에 남아 동네 바에서 맥주를 마시고 버펄로 윙을 먹었다. 그는 다음날 아침 아이들과 아침을 먹기 위해 기를 쓰고 돌아갈 필요가 없었다. 그러나 소라야는 달랐다. 나는 엄마가 아빠보다 자신에게 더 많은 것을 요구하는 건 아닌지 궁금했다. 그녀의 복잡하고 힘든 출장을 다른 식으로 설명할 방법이 없었기 때문이다. 하지만 나 자신이 엄마가 되고 보니 그것이 그리 간단한 문제가 아니라는 것을 이제 깨닫는다.

소라야는 둘째아이를 낳고 6개월간 출산 휴가를 보내는 동안 책임

제작자로 승진했다. 그러나 두 아이와 늘어난 업무량의 압박감은 너무 컸다. 당시 나는 스물다섯 살이었고 '데이트 라인' 의 신참이었다. 내가 처음 그녀의 승진 소식을 들었을 때 이 직장이 이제 막 아기를 낳은 엄마를 승진시킬 만큼 진보적이라는 사실에 무척 놀랐다. 그 당시 내가 느꼈던 기분에 대해 그녀에게 털어놓자 그녀는 아이러니컬하다는 듯 미소를 지으며 이렇게 말했다.

"그들이 나보다 진보적이었나 봐요. 그들은 내가 무엇이든 할 수 있을 거라고 생각했던 것 같아요. 하지만 난 그럴 수 없다는 것을 빨리 깨달았죠. 그것은 규칙적인 일이 아니기 때문에 밤이나 주말에도 일을 해야 했고, 그래서 전 무엇이든 포기해야 한다고 생각했죠."

지금도 소라야는 이렇게 말한다.

"당시 아이들이 너무 어렸어요. 금방 두 살과 네 살이 될 때였으니까요. 저는 우리 가족이 산산조각 나고 있다고 느꼈습니다. 저는 늘 일을 해야 했고 집에 와서도 온통 일 생각뿐이었습니다. 당시는 큰 사건이 많이 일어났던 해이기도 했죠. 클린턴의 탄핵과 모니카 르윈스키 사건, 콜롬바인 총기 난사 사건 등등. 그러다 보니 일에서 헤어날 수가 없더라고요. 어느 일요일인가엔 집에 있는데 호출기가 울리더군요. 사무실로 가는데 나도 모르게 눈물이 났어요. 그때 전 속으로 생각했죠. '더 이상 이렇게 살 순 없어.' 그래서 내가 왜 이 일을 하고 있는지 곰곰이 생각해보았습니다. '나는 내 일을 사랑해. 하지만 너무 큰 것을 희생하고 있어. 앞으로 어떻게 해야 할지 모르겠어' 하고 말이죠."

직장에서 항상 냉정을 유지했던 소라야는 마침내 상사 앞에서 눈물을 터뜨리고 말았다. 그녀가 거의 직장을 그만두려고 했을 때 상사는 책임 제작자 일을 그만두고 일을 줄이는 대신 일주일에 4일만 일하는 것이 어떻겠느냐고 제안했다.

"그의 말을 듣자 안도감이 밀려왔습니다. '이제야 가정생활을 제대로 할 수 있겠구나' 하는 생각이 들었죠. 당시엔 모든 것이 삐걱거리고 있었어요. 남편, 베이비 시터, 아이들……. 저는 훌륭한 직원이 되기 위해 노력했습니다. 그건 정말 힘든 일이었어요. 직업 전선에서 저는 최선을 다했고 실패 없이 잘 헤쳐나갔어요. 하지만 그 외의 사람들에겐 잘 해주지 못했습니다."

소라야는 관리직을 포기한 후 가정생활이 점차 좋아지긴 했지만 일시적으로 자신의 경력에 손상을 입었다고 느끼고 있다.

"저는 그래도 일 면에서 자살을 하진 않았습니다. 궤도에서는 좀 벗어났지만요. 하지만 후회하진 않아요. 어쨌든 선택을 할 수밖에 없었으니까요."

소라야처럼 야망이 큰 여성들에게 일을 줄인다는 것은 고통스러운 선택일 것이다. 어쩌면 선택이라기보다 강요처럼 느껴질 수도 있다. 승진을 위해 많은 세월을 보냈는데 지금은 종이 기저귀를 고르느라 고심하고 있다면 그런 우선순위의 변화가 괴로울 수밖에 없을 것이다. 인터뷰가 끝난 후 내게 작별 인사를 하고 다시 일을 하러 올라가면서 소라야는 이렇게 말했다.

"나이가 들면서 절실하게 깨닫게 된 것은 인생이 단거리 경주가 아니라 마라톤이라는 겁니다.”

소라야는 단거리 선수가 아닌 마라톤 선수가 될 운명인지도 모른다. 그녀는 모든 것을 빠르게, 그것도 동시에 할 필요가 없다는 것을 배웠다. 소라야는 경영직을 포기했다. 그러나 지금도 여전히 좋은 조건의 일자리들을 제안받고 있다. 자신의 일을 통해 큰 존경도 받고 있다. 일을 위해 풍요로운 가정생활을 포기하지도 않았다.

그러나 우리를 밀어붙이는 원동력이라 할 수 있는 야망이 개인에게는 지독한 악마로 변할 수 있다. 다른 사람의 눈에는 다 잘되고 있는 것처럼 보이는데도 더 많은 것을 성취해야 한다고 스스로를 괴롭히는 악마 말이다.

집중력의 힘

여성은 엄마가 되는 순간 우선순위가 바뀌고 육아에 대한 책임감이 생기면서 한때 직업적 ‘성공’을 향해 곧게 뻗은 길이 뒤틀리기 시작한다.

스물아홉 살의 랍비인 로리 라이스는 정식으로 자신의 일을 시작하기도 전에 이런 갈등을 느꼈다. 랍비를 양성하는 대학원에서 5년을 보낸 그녀와 랍비인 남편 필립은 아기를 원했다. 그녀가 임신 사실을 알았을 때 두 사람은 유대교 랍비가 되기 위한 치열한 면접 과정 중에 있었다. 그녀는 명망 높은 성직자 자리를 지원할지 아니면 좀 더 규모가 작은 교회당에 만족할지 고민했다. 로리는 결국 규모가 큰 두 유대교 교회당의 제안을 거절했다. 그 자리가 어린아이를 키우는 데 도움이 되지 않았기 때문이다. 대신 그녀는 아주 작은 교구에서 파트타임 일을 맡기로 했다. 반면에 필립은 좀 힘들지만 큰 교회당의 보수 높은 자리를 얻었다. 로리는 랍비가 되면 부모 역할을 제대로 할 수 없다는 것이 모순이라고 말한다.

"랍비는 정말 시간을 많이 투자해야 하는 직업입니다. 근무 시간도 상당히 까다로운 편이고요. 예배가 주말 저녁에 있기 때문이죠. 올해 저는 절반 정도만 일을 하고 있습니다. 그런데도 여전히 일주일에 사흘 밤은 아이들과 시간을 함께 보내지 못하죠. 저는 그것이 우리 직업의 모순이라고 생각합니다. 랍비들이 설교하는 내용과 그들의 실제 생활이 다른 경우가 종종 있거든요. 유대교의 중심은 가족입니다. 그럼에도 불구하고 랍비들의 생활에선 가족이 너무나 자주 무시되곤 한답니다."

로리는 아기를 낳고 일을 줄이면서 자존심이 상했다고 한다. 몇 달 전에 그녀의 남편은 자신이 일하는 유대교 교회당에서 '취임' 예배를 가졌고 그것에서 로리는 불편한 질투심을 느꼈다. 그녀는 다음과 같이 털어놓는다.

"저 자신이 정말 불쌍하게 느껴졌습니다. 그날 밤 전에 저를 면접했던 랍비의 딸이 와서 이렇게 말하더군요. '맙소사. 당신이 로리 라이스군요. 제 아버지가 면접 보던 분이죠? 아버지는 면접 대상자 중에 당신이 가장 뛰어나다고 말씀하셨어요.' 그 순간 저는 울기 시작했습니다. 기분이 정말 좋지 않았어요. '내가 무슨 일을 한 거지?' 하는 생각이 들었습니다. 지금도 '왜 내가 그 일을 거절한 거지? 내가 정말 그걸 거부한 거야?'라는 후회가 들 때도 종종 있습니다."

그로부터 1년 후에 나는 그녀가 어떻게 지내는지 궁금해서 연락을 취했다. 그녀는 다시 임신을 하여 곧 아들을 낳을 예정이었다. 로리는 상상했던 것보다 엄마 역할을 즐기게 되었다고 했다. 그리고 자신의 일에 대체로 만족하고 있으며 자신이 내린 선택에 대해 안정을 찾았다고 했다. 그녀는 앞으로 아이들이 좀 더 크면 그때는 빠르게 승진할 수 있을 거라고 믿고 있었다. 그리고 직업적으로 궤도에 오르기 전에 아이를 낳은 것 때문에 이력을 낭비했다는 생각은 이제 더 이상 하지 않았다.

"지금은 우선순위가 바뀌었을 뿐 제 야망이 작아졌다고 말하고 싶진 않습니다. 그보다는 다른 것을 원하게 되었다고 말하는 게 맞을 거예요. 제게 아이들은 정말 중요합니다. 밤에 아이들의 담요를 덮어 주고 싶어도 제가 지금보다 큰 교회당에서 일을 한다면 그게 어떻게 가능하겠어요?"

작가 앤 크리텐든은 《엄마 역할의 대가The Price of Motherhood》에서 이렇게 쓰고 있다.

'아이의 탄생으로 엄마들이 생각하는 성취의 정의는 갈수록 복잡해지고 있다. 감당해야 할 일은 점점 더 많아지고, 수입과 독립성은 갈수록 떨어진다. 최근 몇 십 년 동안 수많은 변화가 있었다고 해도 한 가지 변하지 않은 것이 있다. 그것은 아이들의 욕구를 충족시키기 위해 자신의 생활을 조정하는 것이 여전히 여자들의 몫이라는 것이다. 가사일을 하는 것도 여자이고 사회적인 지위와 수입, 발전과 독립성을 버리는 것도 여자이다. 고등교육을 받은 대부분의 미국 여성들, 모든 것을 다 가질 수 있었던 이 여성들의 경험이야말로 그것을 가장 극적으로 보여주고 있다.”

나는 수십 명의 여성들을 인터뷰하면서 앤 크리텐든의 주장이 옳다는 것을 깨달았다. 많은 엄마들은 아기를 낳은 후에 일을 그만두거나 직업을 바꾸거나 의도적으로 일을 줄였다. 그리고 늘어나는 식구들을 더 잘 돌보기 위해 자신의 업무 스케줄을 바꾸었다. 그러나 그들은 뒤로 한 발짝 물러난 것에 대해 불안감을 느끼기보다 자신의 일을 통제할 수 있고 일과 가정생활을 병행할 수 있다는 점에서 힘을 얻고 있는 것 같았다. 그들은 또한 일을 줄이는 것이 일시적인 선택이며 언제든 원하면 다시 제 속도를 낼 수 있다고 믿고 있었다.

NBC 방송의 〈투데이 쇼〉 뉴스 앵커인 앤 커리는 아기의 탄생이 일시적으로 자신의 경력을 정체시켰다고 느꼈지만, 아이가 자라서 학교에 다니기 시작했을 때 호흡을 가다듬고 직장생활을 훨씬 더 잘할 수 있었다고 한다. 그녀는 엄마가 된 후에 야망이 더욱 커졌고 추진력도 강해졌다고 말한다.

“만일 엄마가 되지 않았다면 훨씬 많은 일들을 더 빠르게 해냈을 겁니다. 하지만 흥미로운 점은 엄마가 되고 난 후에 능률이 더 높아졌다는 거예요. 반응이 잠시 지연되었다가 훨씬 강한 집중력과 힘으로 되돌아왔다고 할까요. 처음에 엄마가 되었을 때 그 시간들을 견딜 수 있었던 것은 제가 일을 완전히 다르게 보기 시작했기 때문입니다. 저는 속으로 생각했죠. '난 중요한 일을 하고 싶을 뿐만 아니라 직장에 있는 동안 내 시간을 낭비하고 싶지 않아. 내가 아이들과 떨어져 있어야 한다면 이 시간을 더 알차게 사용해야 해.' 그래서 전 집중력이 더 강해졌고, 중요하고 훌륭한 일을 해내야 한다는 생각도 커졌습니다. 그 후로 승진을 하고 더 합리적이고 유능한 사람이 되기 위해 스스로를 채찍질하게 되었지요. 아이들과 떨어져 있는 동안 그 시간을 낭비해선 안 되니까요. 덕분에 저의 집중력은 높아졌고 오늘날 이 자리까지 오를 수 있었습니다."

그만둘 것인가, 일을 줄일 것인가

어느 화요일 저녁, 30명의 일하는 엄마들이 고풍스러운 튜더식 저택의 편안한 거실에 모였다. 이들의 나이는 30대 초반에서 40대 후반까지 다양했고 자녀의 나이도 생후 6주에서 중학생에 이르기까지 제각각이었다. 큰 아이를 둔 여성들은 아이들의 캠프에 대해 얘기했다. 올해는 캠프에 가는 아이들이 특히 많았다. 그래서 엄마들은 캠프에서 아이들이 보낼 첫 편지를 기다리고 있었다. 또 다른 여성들은 베이비 시터에 대한 불만과 끔찍한 출퇴근 문제에 대해 이야기하며 서로 위로를 해주고 있었다. 방 안을 떠다니는 많은 주제들은 아이들의 나이에 따라 나뉘는 듯했다. 나는 신생아 엄마와 10대 자녀를 둔 엄마 사이에 어느 정도 공감대가 형성될지 궁금했다. 그래서 일하는 엄마들이 직면한 문제들에 대해 질문을 던지기 시작하자 대화는 나이에 상관없이 모든 엄마들이 절감하고 있는 보편적인 주제들로 모아졌다. 직장과 가정 사이에 '경계를 분명히 한다' 라는 익숙한 주제가 그날 밤 이야기의 핵심 중 하나였다.

"아이를 낳기 전에는 경계를 정하는 것이 아주 모호했습니다." 홍보 컨설턴트이자 작가이며 두 아이의 엄마인 셰릴 스타이너(45세)의 이야기이다.

"고객이 전화를 해서 '다급한 일이에요!' 라고 말하면 모든 일을 중단해야 했죠. 고객들은 제가 아침 9시에 출근한다는 걸 알면서도 새벽 2시나 3시에 전화를 걸어 정신없는 얘기들을 늘어놓곤 했습니다. 모든 것이 다 비상사태였던 셈이지요. 처음에는 그런 행동들을 묵인했습니다. 하지만 아이들이 태어난 후엔 그런 방식에 의문이 들기 시작했어요. 그래서 모든 걸 받아들이는 대신 다른 방법으로 일 처리를 할 수 있도록 방법을 제시하고 서로 타협할 수 있는 방안을 이야기했습니다. 그 결과 좋은 방향으로 일이 조정됐고 모두 만족했죠. 고객들도 원하는 것을 얻었고요. 그 후로 저는 오후 5시 30분이나 6시에 퇴근할 수 있었고 밤새 일을 할 필요가 없어졌습니다. 그때 전 이런 식으로 경계를 확실히 그을 수 있어야 한다고 깨달았어요."

거실에 있던 모든 사람들도 그 말에 동의했다. "저도 그렇게 생각해요"라고 홍보회사 임원인 엘리 터너가 말했다.

"저도 지금은 다른 방식으로 일을 하고 있습니다. 훨씬 더 능률적이 되어야 하니까요. 세세한 것에 신경 쓸 시간이 없습니다. 직장에 친한 친구들이 많았지만 지금은 더 이상 그들과 어울리지 않아요. 직장에선 최선을 다해 제 일을 합니다. 그리고 나면 집에 가고 싶어지지요. 하지만 '일을 마치고 가야 하는데……' 하는 생각이 드는 건 여전합니다. 출산 휴가를 마치고 돌아왔을 때 제 상사는 오후 5시에 열리는 회의에 제가 참석할 수 없을 거라는 미묘한 눈치를 주곤 했죠. 그래서 저는 부서를 바꿨고 지금은 세 아이를 둔 남자 상사 밑에서 일하고 있습니다. 그는 제 사정을 잘 이해해주지요."

활기 넘치는 로라 실버도 이들의 말에 동의했다. "1995년에 아들을 낳았을 땐 앤더슨 컨설팅이라는 회사에서 일하고 있었어요. 저는 계속 수유를 하고 있었고 가는 호텔마다 젖을 짜서 버려야 했죠. 한번은 공항에서 비행기를 놓쳤던 적이 있습니다. 저는 바닥에 앉아 울면서 속으로 생각했어요. '더 이상은 이렇게 살 수 없어…….' 그리고 나서 맨 처음 한 일은 상사에게 전화를 걸어 '회사를 그만두겠다. 하지만 당신에게 한 달의 시간을 주겠다'라고 말한 것이었습니다. 그리고는 남편에게 전화를 걸어 내가 무슨 짓을 했는지 이야기했지요. 남편은 '뭘 어쨌다고?' 하면서 펄쩍 뛰더군요."

로라는 남편이 받은 충격과 놀라움을 그대로 흉내 냈고 그 자리에 있던 모든 여성들이 웃음을 터뜨렸다.

"남편은 이렇게 말했어요. '상사에게 다시 전화 걸어!' 하지만 저에겐 고객들의 명함철이 있었습니다. 저는 나만의 명함을 새로 만들었고 고객들에게 전화를 걸어 '연말 목표를 아직 이루지 못하셨다면 제게 전화 주세요'라고 말했어요. 그 후 엄청나게 많은 일거리가 밀려들기 시작했죠. 하지만 저는 일주일에 3일만 일을 했습니다. 그래서 앞으로 풀타임으로 일할 기회가 생길 때까지 '이런 식으로 하면 되겠구나' 하고 생각했습니다. 제겐 직장생활을 하는 친구들이 많이 있어요. 그들은 '그동안 쌓은 경력은 어떻게 하고?'라며 걱정하더군요. 처음 2년 동안은 저도 그 문제와 씨름했어요. 하지만 시간을 내 마음대로 조절할 수 있었기 때문에 9년 동안 혼자서 일을 했습니다. 사람들은 이제 무엇을 하고 싶은지 저에게 묻습니다. 그런데 아직 잘 모르겠어요. 중요한 것은 그 일에 얼마나 많은 융통성이 주어지는가 하는 점이죠. 전 은퇴 후에 무슨 일을 할지에 대해서도 생각하고 있습니다. 제게는 기업 연금이 없거든요. 하지만 가정생활은 균형을 찾았습니다. 저는 직장에 다니지 않고 혼자 일한 것이 도움이 되었다고 생각합니다. 하지만 힘든 시간이었죠. 그래도 저는 9년 동안 그렇게 일을 해왔습니다."

10년 전에 비해 요즘은 한계를 정해서 회사나 부서를 바꾸고, 직장에서 권력을 가지는 것이 많이 인정되고 있는 추세이다. 한때 통신업계에서 일했던 또 다른 엄마는 자기보다 5~7년 후에 엄마가 된 나이 어린 여성들의 당당한 자기주장과 자신감에 깜짝 놀랐다. 47세의 주디 서머스는 이렇게 말했다.

"아들이 태어났을 때 저는 일하는 것에 대해 전혀 고민하지 않았어요. 집에 있었던 적이 한 번도 없었으니까요. 그런데 어느 날 아이가 아팠습니다. 그건 정말 귀중한 경험이었어요. 아이가 아프다는 소리를 듣고 집으로 달려갔더니 다행히 아이는 곧 괜찮아졌습니다. 엄마가 집에서 자신을 돌봐준다는 사실이 아이에게 큰 도움이 되었던 것 같아요. 그 일은 인생에 대한 저의 생각에도 변화를 가져왔습니다. 그래서 통신회사의 거품이 붕괴되고 직장에서 해고되었을 때 전 그런 상황을 잘 견딜 수 있었죠. 그 후로 저는 사업을 시작했고 지금은 매일 집에서 일하고 있습니다. 제 인생은 완전히 바뀌었어요. 하지만 직장과 엄마 역할 사이에서 균형을 찾는 문제는 생각조차 해본 적이 없었습니다. 이렇게 많은 여성들이 훨씬 이른 나이에 그런 선택을 하고 있다는 게 놀라울 뿐입니다.”

제인 밀러는 조용히 말했다. “누구에게나 중요한 순간이 있습니다. 저는 도이치 뱅크에서 근무했어요. 그곳에서 착실히 승진을 한 다음 또 다른 투자 은행으로 직장을 옮겨 전무이사 자리까지 승승장구했지요. 그런데 첫딸을 낳은 후 아이가 안 생겨 불임 치료를 받느라 매일 아침 6시 30분에 코넬 의과대학에 가야 했습니다. 그래야 맨 처음 혈액 검사를 받고 회의가 열리기 전에 직장에 도착할 수 있었으니까요. 그러다가 9월 11일 아침에 제가 임신한 사실을 알았습니다. 소변 검사를 하고 8시에 열리는 회의에 참석하기 위해 세계무역센터 안에 있는 회사로 돌아갔죠. 정말 그날 일은 생생히 기억나요. 전 의사에게 전화를 걸어 ‘저 임신했어요! 이제 사무실에 들어가 봐야 해요!’라고 말했어요. 그 순간 비행기가 세계무역센터에 부딪혔습니다. 그때 저는 69층에 있었죠. 부리나케 계단으로 1층까지 걸어 내려왔을 때 하혈이 느껴지더군요. 도대체 무슨 일이 일어난 건지 알 수가 없었습니다. 그날 아침 저는 어린 딸에게 작별 인사도 하지 못했어요. 항상 아이가 일어나기 전에 집을 나섰거든요. 건물 밖으로 나왔을 때 저는 전쟁이 일어났다고 생각했습니다. 그리고 다시 한 번 아이와 아침 인사를 하지 않았다는 생각을 했지요. 저는 뱃속에 있는 둘째아이가 무사하길 바라며 신께 기도했습니다. 다행히 아기는 무사했습니다. 예전에는 '풀타임이 아니면 직장을 그만두겠어. 차라리 아무 일도 하지 않는 게 나아'라고 생각했지만 지금은 파트타임으로 일하고 있습니다. 그리고 많은 돈을 포기했지요. 얻는 게 있으면 잃는 것도 있는 법이니까요. 하지만 지금은 아침마다 아이들을 볼 수 있게 되었습니다."

내게 맞게 일을 재창조하라

루이지애나 주 폴크 요새 내에 위치한 니콜 스완슨네 집. 세 살 된 딸 케이티는 잠을 자고 있고 여섯 살 난 아들 그레이엄은 친구 집에서 놀고 있다. 그 사이에 니콜은 분주하게 움직이고 있다. 다음 주에 남편과 함께 이라크에서 귀환할 미혼 군인들을 위해 귀국 환영 바구니를 준비하고 있었던 것이다.

"오늘 아침엔 5시 30분에 일어났어요. 할 일이 아주 많거든요"라고 니콜은 즐거운 듯 말한다.

육군 상사인 니콜의 남편 앤드류는 지난 15개월 동안 이라크에서 복무했다. 사실 앤드류는 결혼생활 10년 동안 집을 너무 자주 비워서 딸아이의 생일을 한 번도 챙기지 못했다. 그러나 니콜은 그런 것을 불평하고 싶지 않다.

"저는 남편이 먼 곳에 배치받았다는 이유로 징징대는 다른 아내들과 다릅니다. 군인과 결혼을 했을 때는 그런 것쯤은 각오해야 한다고 생각했지요. 그는 군인이니까요."

니콜은 고등학교 영어 선생님이었다. 그리고 4년 전부터 가외 수입을 벌기 위해 집에서 메리 케이 화장품을 팔기 시작했다. 그녀의 아들은 아빠의 부재를 아주 힘들어했다. 그리고 그녀 자신에게도 변화가 필요했다. 니콜은 아들과 더 많은 시간을 보내기 위해 변화를 감행해야 한다고 느꼈다. 그래서 그녀는 2003년 12월, 남편이 1년 이상 돌아오지 않을 먼 곳으로 떠난 후 교사 일을 그만두고 풀타임으로 메리 케이 사업체를 운영하기로 했다.

그녀는 현재 교사 월급의 두 배를 벌고 있으며 판매왕 후보에 오를 정도로 높은 판매고를 기록하고 있다.

"최근 들어 저는 메리 케이가 제 삶을 구원해주었다는 얘기를 자주 합니다. 그 일은 학교에서 학생들을 가르치지 않는 시간에 다른 생각을 하지 않고 일에 집중하게 해주었습니다. 퇴근 후에 집으로 돌아와 제 사업에 집중할 수 있었으니까요. 덕분에 전 '맙소사, 또 호송 차량 공격이 있었어. 어쩌지? 폭발이 또 벌어졌어?' 하며 이라크 사태에 온통 정신을 쏟아 붓지 않아도 되었지요. 때로는 모르는 게 약일 수도 있으니까요. 그것이 제 삶에 영향을 미치지 않고 밥줄을 끊지 않는다면 굳이 알고 싶지 않습니다.”

그녀의 수입도 다급할 때 경제적인 자유를 주었다. 지난 부활절에 니콜과 수천 명의 군인 가족들은 남편의 귀환을 기다리고 있었다. 그러나 휴가 며칠 전 귀환이 무기한 연장될 것이라는 얘기를 듣게 된 니콜은 절망한 나머지 어머니 집으로 가야겠다고 생각했다.

“그날은 부활절 전 목요일이었어요. 저는 아이들을 데리고 친정집으로 가기로 결정했지요. 그래서 전화로 비행기 표를 예약했습니다. 티켓 한 장당 1천1백 달러였어요. 제가 메리 케이 화장품을 팔아 번 돈으로 그것을 충당했지요. 신용카드로 결제할 필요가 없었습니다. 그에 따른 수수료도 낼 필요가 없었고요. ‘이제 내게 이런 선택권이 있구나’ 하는 생각을 하니 기분이 아주 좋았습니다.”

선택, 대안, 자유, 융통성. 직장생활을 하는 엄마들의 언어이다. 어떤 여성들은 육아와 직장생활을 병행하는 것이 힘들어 옴짝달싹할 수 없다고 느끼지만 어떤 여성들은 점차 일에 변화를 주고 직업을 완전히 바꾸기 위해 지금껏 쌓아온 기술을 이용하거나 다른 방향으로 모험하는 방법을 배우게 된다. 전 주지사인 스위프트는 지금도 강도 높은 일을 하고 있다. 그리고 집안 경제를 책임지는 가장으로서 책임감도 느끼고 있다. 그녀는 출장을 다니며 열심히 일을 하고 있지만 공직에 종사할 때보다 일과 가정생활을 보다 멋지게 조화시키고 있고, 더 큰 융통성과 만족감을 느끼고 있다.

에이미 굴드는 고액 연봉을 포기했다. 하지만 교사 일이 심리적으로나 직업적으로 만족감을 줄 뿐만 아니라 쌍둥이를 키우는 일과 병행할 수 있어서 좋고, 무엇보다 가르치는 일에서 열정을 느끼게 되었다. 랍비 로리 라이스는 중요한 직책을 맡을 필요가 없다는 것을 깨달았다. 그녀에겐 가족과 많은 시간을 보내는 것이 더 중요하기 때문이다. 남편이 군인이기 때문에 늘 싱글맘처럼 지내는 니콜 스완슨은 교사 일을 그만두고 집에서 화장품 사업을 운영하며 수입을 창출하는 것에서 해방감을 느끼고 있다.

이렇게 이들은 각기 다른 선택을 했다. 그러나 그 공통점은 가족들을 돌보면서 자신의 일을 재창조하는 것을 두려워하지 않았다는 것이다. 그들은 가정생활을 좀 더 원만하게 유지하면서 자신에게 맞는 일을 하기 위해 장비를 바꿨고, 마침내 성공을 거두었다.

6

사업가로 변신한 엄마들

이제 여성들은 모든 분야에 뛰어들고 있다. 여자들은 남자들만큼이나 CEO 자리를 원하고 있으며 그들 대부분은 엄마이다.

최근 여성 사업가들이 정치적으로 새로운 주목을 받고 있다. 지난 10년간 여성 사업가들의 수가 엄청나게 늘어나면서 이들은 가공할 만한 유권자 층이 되었을 뿐만 아니라 계속 성장하고 있는 경제 세력이 되었다. 지난 몇 년간 여성이 사업을 시작한 비율은 남성의 두 배나 된다. 그리고 현재 여성들은 〈포춘〉지가 뽑은 500대 기업의 직원 수를 전부 합한 것보다 더 많은 직원들을 고용하고 있다. 하지만 직장을 그만두는 여성들에 관한 뉴스가 화제가 되는 것과 반대로 여성이 주축이 된 사업 붐은 그다지 섹시한 뉴스거리가 되지 못하는 것 같다. 하지만 인터넷 검색창에 '여성 사업가'를 쳐보라. 아마도 백만 개가 넘는 제목이 뜰 것이다. 이런 사이트들을 통해 우리는 전 세계의 다양한 사업 정보망과 연결될 수 있다.

전 세계적으로 여성들이 소유한 기업은 전체 비즈니스 인구의

25~30% 정도를 차지하고 있다. 여성이 소유한 기업의 수도 많은 나라에서 전체 경제 성장률보다 빠른 속도로 증가하고 있다. 이제 여성들은 모든 분야에 뛰어들고 있다. 새로 사업을 시작하는 여성 사업가의 증가는 한 나라의 장기적인 경제 성장에 아주 중요한 역할을 한다는 연구 결과도 나와 있다. 또한 오늘날 여성들이 떼를 지어 직장을 그만두고 더 이상 필사적으로 취업하지 않으려 한다는 언론 보도가 나옴에도 불구하고 여자들은 남자들만큼이나 CEO 자리를 원하고 있으며 그들의 대부분은 엄마이다.

왜 이토록 여성이 소유한 기업들이 급격히 느는 것일까? 융통성이 없는 직장에 불만을 갖거나 좌절감을 느낀 여성들이 혼자 힘으로 사업을 시작하고 싶어 하기 때문이다. 사업을 직접 운영함으로써 자신에게 필요한 창의적인 에너지를 얻을 수 있을뿐더러 건강한 가정생활을 영위할 수 있으리라고 믿고 있는 것이다.

세 아이의 엄마, 바비 브라운

바비 브라운은 엄마가 되는 것이 꿈이었다. 그런 그녀에게 CEO는 한 번도 생각해보지 못한 직책이었다. 그러나 1990년, 메이크업 아티스트로 일하면서 첫아이를 임신한 바비는 일이 있을 때마다 무거운 화장품 케이스를 들고 다니는 것이 힘겨웠고 자연스러운 색상의 립스틱을 구할 수 없다는 사실에 짜증이 났다. 그래서 그녀는 자신만의 화장품을 만들어보기로 결심했다. 그로부터 10년이 조금 지난 지금 세 아이의 엄마가 된 바비 브라운은 세계에서 가장 인기 있고 가장 성공한 화장품 브랜드 중 하나인 바비 브라운 코스메틱스의 CEO가 되었다.

시카고에서 성장한 바비는 마샬 필즈 백화점의 화장품 코너에서 노는 걸 좋아했다. 하지만 그녀는 사업가가 되겠다는 생각은 단 한번도 해보지 못했다. 왜냐하면 자신은 사업과 거리가 먼 사람이라고 생각했기 때문이다. 그녀는 가르치는 일을 하며 결혼을 하고 아기를 낳을 예정이었다. 그러던 그녀가 직업으로 메이크업을 진지하게 고민하게 된 것은 애리조나 주립대학을 졸업하고 에머슨 대학으로 학교를 옮겨 무대 분장을 전공하게 되면서부터였다. 학교를 졸업한 후에 바비 브라운은 뉴욕에서 성공한 프리랜서 메이크업 아티스트가 되어 잡지와 광고 작업에 다수 참여했다. 그녀가 자신의 화장품 사업을 론칭하는 문제에 대해 생각하기 시작한 것은 서른 살 때였다. 당시 그녀는 신혼이었고 아기를 임신한 상태였다.

"전 매일 일하러 갈 때마다 가방을 잔뜩 들고 다녀야 했습니다. 가지고 다닐 물건들이 너무 많았거든요. 등이 정말 아팠지요. 저는 메이크업 설명회를 할 때마다 각기 다른 회사에서 나온 여러 제품들을 추천했습니다. 어떤 회사는 진한 아이 펜슬이 괜찮았고 어떤 회사는 밝은 블러셔가 좋았지요. 그래서 전 편집 가능한 컬렉션을 만드는 것도 좋은 아이디어가 될 수 있겠다고 생각했습니다. 그리고 차분하게 그 문제에 대해 고민하면서 립스틱에 관해 생각하기 시작했죠. 시중에 나온 제품들이 마음에 들지 않았거든요. 저는 기존 립스틱의 색상과 향이 싫었습니다.”

자신이 잘 알고 있는 아이템과 그 틈새시장에 확신을 가진 그녀는 용기를 내어 자연스러운 색상의 립스틱을 기본으로 자신의 사업을 시작하기로 결심했다.

“처음 2년 동안은 참 힘들었어요”라고 바비는 말한다. “제 남편이 부동산 쪽에서 일하고 있었는데 1990년대 초에 부동산 시장이 붕괴되었지요. 그래서 남편은 법대에 가기로 결정했어요. 우리는 뉴저지로 이사를 했고 거기서 법대에 다니는 남편과 아기랑 함께 살았습니다. 그때는 매달 대출금을 어떻게 갚을지 정말 막막했어요. 그래서 전 카탈로그 작업을 많이 했습니다. 그게 돈이 됐거든요. 그러고 나서 립스틱에 대해 생각하기 시작했습니다. 제가 갖고 있던 마지막 5천 달러로 이 일을 시작한 거예요. 놀랍지 않나요?”

바비는 사진 촬영장에서 우연히 어느 화학자를 알게 되었다. 그녀는 서로 섞어서 원하는 색상을 마음껏 만들어낼 수 있는 열 가지 립스틱을 만들고 싶어 했고 그 화학자는 그녀가 목표를 구체화하도록 도와주었다. 바비는 첫아들을 낳은 직후 자신의 립스틱 컬렉션을 선보였다.

“잡지 기자 친구들의 도움으로 립스틱 홍보를 하던 초창기 시절이 기억납니다. 〈보그〉지의 영향력 있는 뷰티 기자가 저를 인터뷰하기 위해 전화를 했는데 정말 긴장되더라고요. 기자가 전화를 했을 때 전 아들 딜런에게 젖을 먹이고 있었는데 아기가 울면서 제 몸에 젖을 토했습니다. 그 기자와 신참 엄마에게 필요한 것이 무엇인지에 대해 막 이야기하려던 참이었는데 말이에요. 그런데 낡은 목욕 가운 차림에 온통 토사물 범벅이 되어 있었으니……. 정말 미칠 지경이었죠.”

그러나 토사물을 뒤집어썼건 어쨌건 간에 그 홍보 캠페인은 효과가 있었다. 그리고 바비는 곧 사업가로 급부상했다. 1991년에 그녀가 만든 립스틱 ‘브라운’ 은 립스틱 시장의 판도를 바꾸어놓았다.

“많은 잡지들이 저희 립스틱에 관한 기사를 썼고 우리는 엄청난 주문을 받았습니다. 저는 이것을 백화점에서만 팔아야겠다고 생각했어요. 그래서 바로 버그도프 굿맨 백화점을 찾아갔습니다. 그곳이 가장 적합한 백화점이라고 생각했거든요. 그곳의 바이어는 한번 모험을 해보자고 하더군요.”

모험은 그만한 가치가 있었다. 그리고 바비의 사업은 빠른 속도로 성장했다. 그러나 모두가 알고 있듯이 회사를 설립하는 것은 아주 힘든 일이다.

“그것은 말 그대로 투쟁이었습니다. 미친 듯이 출장을 다녀야 했으니까요. 우리는 제품 생산량을 늘렸고 회사 규모는 점점 커져갔습니다. 그리고 파리, 런던, 도쿄, 홍콩에서도 판매를 시작했고요. 저는 임신한 상태에서 유럽을 두 번 방문했고 모든 행사에 참석했습니다. 사실 저는 비행기 타는 걸 싫어해요. 항상 사고가 생겨 다시는 아이들을 못 볼 것 같은 끔찍한 기분이 들거든요”라고 바비는 말한다.

“CEO인 제 곁에는 함께 회사를 운영하던 사장이 한 명 있었는데 그녀는 제가 무엇을 하든 더 많은 일을 해야 한다고 몰아붙였어요.

그녀는 저의 가치를 몰라줬습니다. 첫날부터 정말 끔찍했지요. 그것이 우리가 회사를 판 이유 중 하나였습니다. 그것을 통해 전 아주 많은 것을 배웠지요. 지금은 그렇지 않지만 그때는 일이 그냥 흘러가는 대로 내버려두었습니다. 그때에 비하면 지금은 한결 현명해졌다고 할 수 있어요. 당시 남편은 이렇게 말하곤 했죠. ‘그들이 작은 전쟁에서 이기도록 내버려둬. 우리는 더 큰 전쟁에서 승리할 테니까.’ 그때는 정말 힘들었지만 남편 말이 맞았어요. 이제 그들은 더 이상 그곳에 없고 우리 사업은 번창하고 있으니까요. 그래서 지금 저는 정말 행복합니다.”

바비 브라운 브랜드는 10여 년 전 처음 시작한 이후로 엄청난 성장을 이루었다. 1995년에 바비는 자신의 사업체를 에스티 로더에 팔았다. 그러나 그녀는 여전히 CEO로 남았고 제품 제작에 대한 결정권을 가지고 있다. 바비는 또한 미용에 관한 책을 세 권이나 썼으며 정기적으로 NBC 방송의 〈투데이 쇼〉에 출연하고 있다. 회사를 시작한 지 12년이 지난 지금 그녀는 번창하는 사업체뿐만 아니라 가족을 중심으로 짠 스케줄 덕분에 자신이 아주 운이 좋다고 생각한다.

“지난 몇 년 동안 많은 발전이 있었습니다. 세 명의 사장을 경험한 끝에 마음이 맞는 동지를 찾았지요. 그녀는 두 아이를 둔 엄마예요. 처음에 일했던 두 사장은 아이가 없어서 엄마가 된다는 것이 어떤 건지 이해하지 못했습니다. 제 비서는 저의 스케줄 표에 아이 학교의 휴일, 오전 수업일 그리고 아이들의 생일을 가장 먼저 적어 넣어요. 그냥 아이들과 놀아주는 날은 스케줄 표에 적지 않지만 소풍처럼 제가 반드시 참석해야 하는 아이들 행사는 꼭 적어놓지요. 그녀는 그런 날엔 약속을 잡지 말아야 한다는 것을 잘 알고 있습니다. 회사 사람들도 이해하고 있고요. 제 출판 관련 여행 스케줄을 잡을 때 누군가 이렇게 말하더군요. '오, 안 돼. 그날은 아이 개학날이잖아. 바비는 그 여행을 갈 수 없어.' 그들은 아예 그런 일이 일어나지 않게 해줍니다. 전 정말 운 좋은 여자예요."

바비는 세 아들의 엄마이다. 아이러니컬하게도 그녀에게는 립글로스를 물려주거나 눈꺼풀에 반짝이를 칠해줄 딸이 없다. 그러나 상관없다. 그녀가 두 아들(현재 14세인 딜런과 12세인 다코타)을 낳은 것은 정신없이 바빴던 사업 초창기였다. 그러나 바비는 늘 대가족을 원했다. 마흔이 가까워졌을 때 그녀는 아기를 더 낳거나 딸을 입양하는 문제까지 생각하기 시작했다.

"나이가 마흔이 되니 '맙소사, 끝났어. 더 이상 아기를 낳을 수 없어' 라는 생각이 들었어요. 그러자 '이렇게 끝낼 수 없어. 좋아, 내가 임신을 할 수 있는지 없는지 한번 보자' 라는 생각이 들더군요. 그리고 3~4개월 후에 임신을 했습니다. 운이 아주 좋았지요. 왜냐하면 저는 고등학생 때 자궁외임신을 한 적이 있어서 나팔관이 하나밖에 없거든요. 제가 좀 더 젊었다면 넷째아이도 가졌을 겁니다"라고 그녀는 말한다.

마흔한 살의 나이에 바비는 셋째아들 듀크(현재 6세)를 낳았다. 그녀는 지금도 사업이 성공하고 영향력 있는 브랜드의 대표가 된 것에 대해 스스로 놀라곤 한다. 그녀는 회사에 자부심을 느끼고 있고 근무 스케줄도 유연해서 두 가지를 일을 병행할 수 있다. 일의 특성상 오스카 시상식의 메이크업을 담당하고 유명 인사들의 얼굴을 아름답게 만드는 일에서 즐거움도 많이 경험하지만 그녀는 집에서 빈둥거릴 때가 가장 행복하다고 말한다.

"제가 세상에서 가장 좋아하는 건 집에서 수프를 만들고 아이들과 노는 거예요. 저는 본래 가정적인 사람입니다. 저도 모르는 사이에 그동안 너무 바쁘게 지낸 것 같아요."

가정을 위해 사업을 시작하다

바비 브라운처럼 시카고 출신인 두 명의 30대 여성 사업가들도 어떤 식으로든 그녀의 전례를 따라가고 있다고 생각한다. 바비 브라운처럼 그들 역시 화장품에 푹 빠져 있으며 자신이 비집고 들어갈 틈새 시장을 찾아냈다. 그러나 두 번째 직업으로 화장품을 선택한 그들 두 사람에겐 다른 욕구도 있었다.

"저희가 열정을 느끼고 시간을 보다 유연하게 쓸 수 있는 일을 하고 싶습니다"라고 메이븐 코스메틱스의 공동 설립자이자 사장인 샌디 황 아담은 말한다.

나는 CNN 방송의 〈아메리칸 모닝〉에서 꿈의 직업 시리즈를 제작할 때 샌디를 처음 만났다. 자신의 열정을 좇아 직장을 그만둔 사람들에 대한 고무적인 기삿거리를 찾고 있던 나는 조사를 하다가 비즈니스 컨설팅계에서 승승장구하던 두 여성을 알게 되었다. 그들은 개인적으로나 직업적으로 좀 더 만족스러운 일을 하고 싶다는 생각으로 메이크업 회사인 메이븐 코스메틱스를 설립했다. 두 사람에게는 아직 아기가 없었지만 삶과 직업에서 중요한 변화를 감행할 필요가 있다는 것을 이미 알고 있었다.

시카고의 한 커피숍에서 샌디는 사업 파트너인 노린 아바시를 만났다. 그 커피숍은 여성 네트워크 단체인 시크위트ChicWit의 회원들이 모여 서로 의견을 교환하고 각자 커리어 전략을 짜는 곳이었다. 2000년에 우연히 두 번의 만남을 가진 후 샌디와 노린은 자신들이 한 가지 비밀을 공유하고 있다는 것을 알았다. 바로 메이크업을 진심으로 좋아한다는 것이었다. 두 이국적인 여성들(샌디는 중국계 미국인이고 노린은 인도인과 파키스탄인의 피를 이어받았다)은 자신들의 피부 색에 맞는 파운데이션을 찾기 힘들다는 것을 알았다. 두 사람은 이것을 계기로 사업을 구상하게 되었다. 이들의 목표는 백인 여성뿐만 아니라 모든 인종의 여성들에게 잘 어울리는 메이크업 라인을 만드는 것이었다.

"우리가 그것에 대한 얘기를 나눌수록 중요한 포인트를 잡아냈다는 느낌이 들었습니다. 하지만 먼저 실무 경험이 필요했죠"라고 샌디는 말한다.

두 여성은 사업 계획서를 작성하고 보수가 높은 컨설팅 일을 그만둔 뒤 6개월 동안 화장품 판매점에서 직접 일을 하며 현장 경험을 쌓았다. 노린은 시카고의 대형 유통업체인 노드스트롬의 바비 브라운 매장에서 일했고 샌디는 고급 화장품 전문점인 세포라에 취직했다. 둘 다 예전에 받던 보수의 4분의 1 정도만 받았는데도 샌디는 그 일에 대해서 이렇게 말한다.

"그 일은 제가 가졌던 최고의 직업이었어요. 너무 재미있었거든요. 게다가 그 덕분에 우리는 비집고 들어갈 만한 커다란 틈새가 있다는 걸 발견할 수 있었죠."

2002년 11월에 샌디와 노린은 메이븐 코스메틱스를 설립했고 현재 그들의 제품은 시카고의 마샬 필즈 백화점과 세포라 온라인 매장을 포함해 전국 30여 개의 매장에서 팔리고 있다.

내가 CNN 방송에서 이들의 이야기를 취재했을 때 샌디는 7개월 된 아들의 엄마였고 노린은 아직 미혼이었다. 8개월 후 내가 샌디를 다시 만났을 때 그녀는 둘째아이를 임신한 지 4개월째 접어들고 있었으며 최근 남편과 샌디에이고로 이사한 상태였다. 노린은 아직 시카고에 살고 있었고 2005년 봄에 결혼할 예정이라고 했다. 두 사람은 각자 살고 있는 도시에서 메이븐 코스메틱스를 함께 운영하고 있다. 샌디는 현재 캘리포니아 집에서 일하고 있으며 사업과 가정생활을 병행할 수 있는 자유가 있다는 사실에 행복을 느끼고 있다.

"전 컨설팅 일을 할 때만큼 열심히 일하고 있습니다. 하지만 지금은 제 사업을 하고 있고 큰아이와 뱃속에 둘째아이가 있기 때문에 제 방식대로 일을 하고 있죠. 저는 매일 오후 5시에서 8시까지는 모든 걸 중단하고 딸과 저녁을 먹고 함께 놀아주려고 노력합니다. 그리고 8시부터 다시 일을 시작합니다."

월 스트리트에서 사회생활을 시작한 샌디는 주로 남성 중심의 작업 환경에 익숙해 있던 터라 여전히 업계에 존재하는 임신에 대한 편견을 발견했을 때 깜짝 놀랐다.

"현재 어떤 계약을 마무리하고 있는 중입니다. 저는 임신 초기에 몇몇 회사 직원들과 회의를 진행했는데 아무도 제가 임신한 사실을 몰랐어요. 저는 임신이 거래에 영향을 미칠까 봐 걱정이 됐지요. '내가 남자라면 문제도 되지 않을 거야'라는 생각이 떠나질 않더군요. 하지만 상대 회사는 자신들이 거래하려는 사람이 약속을 제대로 지킬 수 있을지 알고 싶을 거라는 생각이 들었습니다. 그래서 저는 '내가 출산을 앞두고 있다고 미리 말할까, 아니면 이야기하지 말까?' 하며 딜레마에 빠졌죠. 저는 말하기로 결정했습니다. 출산을 앞두고 있다고 해서 그것이 약속을 지킬 수 없다는 의미는 아니니까요."

이들처럼 직장생활을 조절할 수 있다는 점이 수많은 여성들이 자기 사업을 시작하는 동기이다. 한때 나는 20대에서 30대 중반에 이르는 여성들, 특히 대부분 MBA 학위를 갖고 있는 금융 분야의 여성을 위한 강연회에 참석한 적이 있었다. 그때 나는 그 단체를 이끌고 있는 뉴욕 투자 금융계의 대모 격인 여성이 자신보다 훨씬 어린 금융계 후배들에게 직장을 떠나 자신의 사업을 시작할 것을 적극 권장하는 이야기를 듣고 깜짝 놀랐다. 그녀의 충고는 단순하고도 강력했다. 창업을 하거나 헤지펀드hedge fund국제 증권이나 외환시장에 투자하여 단기이익을 얻는 민간 투자기금-역주를 운용해서 자신이 일하던 대형 은행의 고객이 되라는 것이었다. 그녀는 자신의 말을 이렇게 끝맺음했다. "그러면 그들은 붉은 카펫을 깔고 여러분을 여왕처럼 대접할 겁니다. 저에게도 그런 일이 일어났으니까요. 바로 그렇게 하는 겁니다."

MBA 학위가 사업의 재무 상태를 이해하는 데 도움이 되는 건 확실하다. 그러나 미국에서 사업을 하는 1천60만 명의 여성들 중 대다수가 MBA 학위를 갖고 있지 않다. 샌디와 노린은 비즈니스 분야에서 일한 경력이 있지만 바비 브라운은 그렇지 않았다. 보다 중요한 것은 자신이 하고자 하는 일에 대한 열정과 그것과 연관된 틈새시장을 찾아내는 것이다.

"재무 분야는 누구나 배울 수 있습니다. 그보다 중요한 것은 자신이 하고 있는 일을 정말 사랑하는 것이지요. 또한 앞으로 계속 나아갈 수 있는 에너지가 필요합니다. 사업을 하다 보면 좋은 날도 있고 힘든 날도 있으니까요. 마지막 남은 돈까지 다 썼다고 생각한 다음날, 엄청난 판매 덕분에 사업이 활짝 필 수도 있습니다. 사업은 롤러코스터와 같아요"라고 샌디는 말한다.

웨딩드레스 디자이너 베라 왕 이야기

베라 왕은 롤러코스터 같은 삶이 어떤 것인지 잘 알고 있다. 그녀는 개인적으로 경험한 슬럼프 덕분에 지금의 위치에 오를 수 있었다고 말한다.

"저는 실패한 모든 것들에 대해 항상 생각합니다." 세계에서 가장 성공한 디자이너 중 한 사람이자, 부풀어 오른 크림색 웨딩드레스를 세련되고 우아한 드레스로 탈바꿈시켜 웨딩드레스 업계의 판도를 바꿔놓은 여성에게서 나온 말이라고는 믿을 수 없는 놀라운 선언이다. 베라 왕은 지독한 일벌레였다. 그리고 성공에 대한 그녀의 기준은 언제나 불가능하리만큼 높았다. 베라는 수많은 변신을 거듭했다. 한때는 올림픽 피겨 스케이팅의 유망주였고 〈보그〉지의 패션 에디터로도 활동했으며 랄프 로렌의 디자이너로 지내기도 했다. 그리고 1990년에는 마침내 베라 왕 웨딩드레스라 전문 사업을 시작했다.

베라의 일중독 성향과 엄격한 직업윤리는 부모님에게서 물려받은 것이다. 그녀의 아버지 쳉칭 왕은 1940년대에 중국에서 미국으로 이민 온 이후 수백만 달러에 달하는 정유회사와 제약회사를 설립했다. 그녀의 어머니 플로렌스 위 왕은 UN의 통역사였다. 베라는 일곱 살 때 아버지로의 크리스마스 선물로 스케이트를 받은 후 거기에 푹 빠졌다. 스케이트에 전념한 그녀는 학교에 가기 전 연습을 하기 위해 매일 아침 6시에 일어났다. 10대 시절이던 1968년과 1969년에는 전국대회에 출전해서 5위에 오르기도 했다. 그러나 베라는 올림픽 경기에 출전하지 못했다. 그때가 베라의 인생에서 가장 실망스러운 순간이었다.

"지금 생각해도 가슴이 아픕니다. 제게는 얼마든지 자격이 있다고 생각했거든요. 제가 올림픽 팀에 들어가지 못한 후 깨닫게 된 것은 스케이트를 그만둔 후에도 삶은 계속된다는 것이었어요. 전 다시 일어서서 새로운 삶을 시작해야 했고 뭔가 다른 것을 찾아야 했습니다.

제 경우에 그것은 대학을 마치고 〈보그〉지에 들어가는 것이었습니다"라고 그녀는 말한다.

"저는 늘 디자이너가 되고 싶었어요. 그런데 대학을 졸업하고 스케이트 선수 생활을 포기했을 때 아버지께서는 디자인 학교의 학비를 대줄 수 없다고 하셨어요. '네가 그렇게 유능하고 패션에 자신이 있다면 가서 취직을 해라' 라고 말씀하셨죠. 저는 아버지 말씀대로 〈보그〉지에서 일자리를 얻었고 그곳에서 16년간 일했습니다. 아마 전 〈보그〉 역사상 최연소 수석 기자가 되었을 겁니다."

하지만 〈보그〉지에서 20년 가까운 세월을 보낸 후에도 디자이너가 되고 싶은 베라의 욕망은 수그러들지 않았다. "당시 저는 서른여덟 살이었고 다시 디자이너가 되기로 결심했습니다. 그래서 부모님께 디자인 회사에 취직시켜줄 수 있는지 물어보았죠. 그러자 아버지께서는 '넌 디자이너가 아니다' 라고 말씀하시더군요. 그래서 전 랄프 로렌을 직접 찾아가 거기서 디자이너 자리를 얻었습니다. 아마 임신을 하고 싶지 않았다면 지금도 랄프 로렌에서 일하고 있을 겁니다. 하지만 불임 치료를 받는 동안 직장을 그만두어야 했어요. 너무 힘들어서 일을 할 수가 없었으니까요."

베라가 불임과 싸우면서 필사적으로 임신을 하려고 애쓰던 무렵 그녀의 아버지는 좋은 사업 계획이 있다면 그녀의 디자인 회사에 자금을 댈 의사가 있다고 말했다. "하지만 전 이미 아버지께 20년 동안이나 애원한 후였기 때문에 더 이상 그러고 싶지 않았어요. 그래서 이렇게 말했죠. '아버지, 잘 들으세요. 제 나이는 지금 마흔이고 평생

일을 해왔어요. 그래서 지금은 사업을 하고 싶지 않습니다' 라고요. 아마 그때 전 실패와 그 책임이 두려웠던 것 같습니다. 많은 것이 불안했죠. 하지만 결국 제가 그 일을 하도록 밀어붙인 사람은 바로 아버지였어요." 베라는 사업을 시작한 당시 일을 회상하며 이야기를 계속했다.

"저는 끝내 임신을 하지 못했습니다. 그런 제게 아버지께서는 그러셨어요. '너는 하루 종일 집에 있을 여자가 아니다. 열여덟 살 때부터 그런 적이 한 번도 없지 않니. 그런데 왜 너는 집에 있으면서 점심 모임이나 나가고 쇼핑이나 할 생각을 하는 거냐? 너 자신의 정신 건강을 위해서라도 넌 일을 해야 해' 라고요. 지난 20년 동안 저는 아버지가 저를 방해해왔다고 생각했어요. 그런데 그 시점에서 제게 용기를 불어넣어준 건 바로 아버지였어요. 재미있지 않나요? 아버지는 '네가 원치 않더라도 넌 회사를 운영할 수 있을 게다' 라고 말씀하셨습니다. 바로 그 말에 제 감정이 북받쳤던 것 같아요."

요즘은 베라 왕이 없는 결혼식 풍경을 상상하기 힘들다. 그러나 아이러니컬하게도 베라 왕의 신부복은 결혼을 결코 원치 않았던 여성에 의해 탄생했다.

"저는 정말 일을 좋아하는 여자였습니다. 제가 결혼할 거라는 생각을 해본 적이 없어요. 그래서 전 사람들에게 웨딩 사업에 절대 어울리지 않는 사람이 있다면 그건 바로 나일거라고 말하곤 했죠."

남편 아서 베커와 첫째딸 세실리아(현재 14세)를 입양한 베라는 그해에 자신의 회사를 시작했다. 그리고 3년 후엔 둘째딸 조세핀(현재

11세)을 입양했다. 불임 치료 때문에 고통스러운 몇 년을 보낸 후였기 때문에 딸들의 입양은 그녀의 삶을 가득 채워주는 것 같았다.

"남편과 저는 아이를 키우면서 중요한 것이 부모 역할이라는 것을 깨달았어요. 우린 누군가의 부모가 되고 싶었습니다. 그래서 그것이 생물학적으로 불가능하다면 입양을 하고 싶다고 생각했던 거예요. 우리가 처음 입양 기관에 갔던 날을 전 결코 잊을 수가 없습니다. 큰 딸 세실리아를 처음 만나던 날 그곳에 걸린 액자에 '낳아주신 어머니는 생명을 주지만 길러주신 어머니는 빛을 준다' 라는 글귀가 적혀 있었어요. 그것은 모든 것을 말해주었습니다. 우리에게 부모가 될 수 있는 기회가 주어진 것 자체가 너무나 큰 행운이고 축복임을 깨달았죠. 하지만 부모가 되는 것은 세상에서 가장 힘든 일일 겁니다. 왜냐하면 부모가 되는 순간부터 중요한 건 자신이 아닌 아이들이 되니까요. 정말 놀라운 일 아닌가요?"

베라는 더 많은 아이들을 입양하고 싶었다. 그러나 사업이 너무 바쁘고 나이 문제도 있고 해서 마음을 바꾸었다. "전 아들이 갖고 싶었어요. 그런데 당시 저는 새로운 사업을 하고 있었고 그것 역시 아이를 키우는 것과 같았어요. 남편과 저는 너무 큰 책임감이 주어질 것 같아 두려웠습니다. 우리는 둘 다 일하는 시간을 잘 알고 있었기 때문에 우리가 정말 얼마나 많은 것을 감당할 수 있을지에 대해 진지하게 이야기를 나누었고 결국 우리의 한계를 인정하게 되었어요. 부모 역할은 우리가 상상했던 것보다 열 배 이상 힘들었습니다. 셋째아이를 입양한다는 것은 결코 간단한 일이 아니었죠. 그것을 실감한 게

제 나이 마흔여덟 살 때 둘째 딸을 데리고 유아원에 갔을 때였습니
다. 그때 전 '이 아이가 유치원에 갈 때 즈음이면 나는 쉰 살이 되겠
구나' 하는 생각이 들더군요. 현실을 무시할 수 없었죠. 그래서 전
'쉰 살이 넘어 셋째아이를 유아원에 데려다주고, 대소변 가리는 연
습을 시키는 것을 정말 원하는 걸까?' 라고 스스로에게 물었습니다.
제가 이런 말을 하게 될 줄 몰랐지만 그 순간 저는 자신의 한계를 깨
달았습니다."

베라는 딸들을 키우는 동시에 회사를 성장시키는 일이 '굉장한 모
험'이었다고 말한다. "패션계에서 일하려면 엄청난 헌신이 필요합니
다. 그건 직업이 아니라 삶 자체니까요." 현재 베라 왕의 브랜드는 신
부 드레스뿐만 아니라 고급 맞춤 의상, 기성복, 안경, 향수, 신발, 심
지어 홈 컬렉션까지 사업 분야를 확장했다. 또한 그녀는 올림픽 아이
스 스케이트 선수들의 의상을 디자인함으로써 여전히 아이스 링크와
관계를 맺고 있다. 그 선수들 중엔 미셸 콴도 포함되어 있다.

베라는 일에 매진하는 직업윤리와 사업가로서의 자신감을 심어준
사람은 바로 부모님이었다고 말한다. 그녀는 자신의 딸들에게도 비
슷한 가치를 가르치고 싶어 한다.

"제가 보기에 자신감과 자존감은 하루아침에 생기는 것이 아닌 것
같습니다. 그건 물려받을 수 있는 것이 아니에요. 스스로 획득해나가
야 하는 것이죠. 그것은 여행이며 과정이에요. 그런 인생의 여정 속
에서 우리는 끊임없이 선택을 합니다. 저에게 가장 중요한 것은 그러
한 선택에 자신을 헌신하는 것이라고 생각해요."

유아용 침구 사업의 대표가 되다

　　베라 왕의 본사 사무실에서 4천8백 킬로미터가량 떨어진 곳에는
또 한 명의 디자이너가 산더미 같은 천 조각들 속에 파묻혀 있다. 서
로 이어져 아름다운 디자인으로 완성될 이 천 조각들은 웬디 벨리시
모에게 엄청난 성공을 안겨준 유아 및 아동용 침구 사업의 핵심이다.
앞선 취재에서 내가 웬디를 만났을 때는 브룩 실즈의 베이비 샤워 준
비 작업을 돕는 중이었다. 웬디는 미국 최고의 아기 방 장식가 중 한
사람으로 유명 인사들 사이에서 인기가 아주 높았다. 그녀의 성공은
아주 전형적인 방식으로 이루어졌다. 디자인에 열정이 많았던 그녀
는 우연한 기회에 틈새시장을 발견하여 열심히 바느질을 해댔다.
　　"스물여섯 살 때 저는 말리부에 있는 한 가구 가게에서 일했습니
다. 주인은 제게 서로 어울리지 않는 천 조각들을 내다 버리라고 했
지요. 하지만 그 천들이 너무 예뻤기 때문에 저는 쿠션을 만들기 시
작했습니다. 그러자 모든 사람들이 그 쿠션을 마음에 들어 했고 제
친구 중 하나는 샌타모니카로 가서 한번 팔아보라고 용기를 주었습
니다. 그래서 저는 친구의 낡은 재봉틀을 빌려 시장으로 가서 제가
가지고 있는 천들과 어울릴 만한 다른 천들을 찾아보았지요. 그리고
는 서로 연결되지 않는 천 조각들과 새로 산 천들을 이어 붙여 30개
의 쿠션을 만들었어요. 전 그것을 차에 싣고 샌타모니카의 몬태나 거
리로 갔습니다. 제가 처음 방문한 가게 주인은 그중 29개를 구입했어

요. 그때부터 저는 로스앤젤레스 지역에 있는 부티크 매장들만 돌면서 쿠션들을 팔았죠. 밤에는 재봉틀을 돌렸고요. 어떤 날은 22시간 동안 바느질을 할 때도 있었죠. 그 후에는 샌프란시스코에서 업계 관계자들을 대상으로 전시회를 하게 되었고 그것이 큰 성공을 거두었습니다. 사람들은 깃털누비 커버, 쿠션과 어울리는 침대 커버 등을 주문했고 저는 그것을 만들기 시작했어요.”

그때부터 웬디의 성인용 침구 사업이 시작되었다. 그녀는 여러 유명 소매점 체인업체로부터 주문을 받았다. 그리고 매장을 돌면서 직접 물건을 파는 일도 계속했다.

“모든 것이 쏜살같이 진행되었습니다. 2년 안에 그 모든 일이 일어났으니까요. 우리는 예쁘고 큰 물건들을 많이 만들었습니다. 그러다가 우연히 아기 침구를 만들기 시작했지요. 예전에 저는 아기나 아이들에게 어울릴 만한 천들을 보고 몇 롤씩 주문해놓았다가 방치해두고 잊어버린 적이 있었어요. 그런데 어느 날 천 가게에 갔다가 돌돌 말아놓은 어린이용 천을 보고 집에 손도 대지 않은 어린이용 천들이 있다는 기억이 떠올랐습니다. 뉴욕에서 규모가 큰 박람회가 열리기 2주 전에 그걸로 무언가를 만들고 싶더군요. 그때까지 제겐 아이가 없었기 때문에 백지 상태에서 그 작업을 시작했습니다. 시중에 나와 있는 어떤 제품에도 영향을 받지 않았지요. 저는 그간의 경험을 되살려 아름답다고 생각하는 것들을 만들었습니다. 드디어 박람회가 열리는 날 부스를 설치하고 제가 만든 유아용과 어린이용 제품들을 전시했지요. 전 커버를 씌운 안전 시트와 수를 놓은 침대보 등을 선보였습니다. 모두 세상에 없는 것들이었지요. 저는 아이들 제품을 만들면서 정말 즐거웠습니다. 그래서 성인용 제품을 그만두고 유아용과 아동용 제품에 전념하기로 마음먹었어요. 그것은 지금껏 제가 내린 결정 가운데 최고로 잘한 일이었어요."

웬디는 아이들이 태어나기 전 2년 동안 사업에 전념했다. 남편 조는 그녀의 사업 파트너이다. 그는 마케팅과 홍보를 전담하고 있다. 이젠 회사를 시작하는 것이 얼마나 힘들고 많은 시간이 소모되는지 알게 된 웬디는 창업에 관심이 있는 신참 엄마들에게 적어도 아이들이 유아원에 들어갈 때까지는 기다려야 하며, 일을 시작하기 전에 시장을 잘 알고 있어야 한다고 충고한다.

"우리에겐 그때가 적기였습니다. 아직 아이가 없었으니까요. 그래서 하루에 열여덟 시간 이상씩 일할 수 있었습니다. 저는 이틀에 한 번꼴로 울면서 더 이상 이렇게 살 수는 없다고 말했어요. 그럴 때마다 남편이 저를 달래주었죠. 하지만 정말 너무 힘들었어요."

사업을 시작하고 미국 내 수백 개의 부티크에 물건을 조달한 웬디는 10년이 지난 후 베이비스 알 어스Babies R Us 사와 독점 계약을 체결했다. 그녀는 여전히 모든 디자인을 담당하고 있지만 더 이상 바느질은 하지 않는다. 그녀는 전화도 거의 받지 않고 하루 일과가 제대로 돌아가는 데 필요한 일에만 집중하고 있다.

"저는 가족과 사업 사이에 균형을 잘 맞추고 있다고 생각해요. 그레이시와 세실리아를 학교에 데려다주고 나면 아침에 윌로와 있게 됩니다. 윌로는 6개월이 될 때까지 매일 저와 함께 직장에 있게 될 거예요. 다른 두 아이들도 그렇게 키웠으니까요. 그리고 모든 것이 지리적으로 가까이 있습니다. 달려가서 그레이시를 학교에서 데려올 수 있고 아이들과 점심도 먹을 수 있어요. 내 사업을 하는 것이기 때문에 저녁 시간엔 주로 집에서 일을 해요. 하지만 때로는 너무 힘이 듭니다. 그래서 한 달에 한 번은 실컷 울어야 속이 후련해져요. 제품 전시회가 열리기 전에는 정말 미칠 것 같습니다. 그리고 유명 인사의 아기 방을 꾸미거나 TV 쇼 녹화, 집필 같은 일이 끊임없이 이어지지요. 이렇게 일 때문에 지칠 때면 엉엉 웁니다. 아이들과 떨어져서 힘든 하루를 보내는 것이 정말 싫을 때가 있어요."

그러나 웬디는 이제야 한숨 돌릴 수 있게 되었다며 창작의 기쁨을 안겨주는 일을 지휘할 수 있게 된 게 얼마나 큰 행운인지 모른다고 말한다. "저는 가끔 '와, 내가 이걸 창조했어!' 하며 스스로 감탄하곤 합니다. 그리고 아름다운 침구들로 아이 방을 꾸미는 일이 재미있다는 부모들의 이메일을 받으면 정말 기분이 좋아져요. 저는 제가 사람들을 행복하게 만드는 일을 하고 있다고 생각합니다. 그래서 모든 것이 아주 좋습니다."

거버 유아식의 탄생

전업주부인 도로시 거버가 없었다면 아기들은 거버 유아식을 맛볼 수 없었을 것이다. 거버의 전설은 1927년 평범한 가정집의 부엌에서 시작된다. 도로시는 7개월 된 딸 샐리를 위해 딱딱한 음식을 손으로 으깨고 있었다. 하지만 너무 지친 나머지 그녀는 남편 대니얼에게 대신 좀 해달라고 부탁했다. 그가 콩을 걸러내고 있을 때 도로시는 남편이 프리몬트 통조림 회사에서 과일과 야채 통조림을 생산하고 있으니 병에 담긴 아기들을 위한 유아식을 만드는 것도 어렵지 않을 거라는 이야기를 꺼냈다. 거버 유아식은 그렇게 해서 탄생했다.

어머니 발명가는 새로운 이야기가 아니다. 특히 최근에는 자신의 기술을 이용해 아이디어를 낼 뿐만 아니라 그것을 사업적으로 성공시킬 정도로 고등 교육을 받은 여성들의 수가 엄청나게 많다. 도로시 거버의 경우처럼 필요는 발명의 어머니이다. 그리고 엄마 역할은 종종 자신의 사업을 시작하려는 여성들에게 아이디어를 제공해준다. 요즘엔 가내 사업을 시작한 여성들을 부르는 '엄마 사업가mom preneur' 라는 용어도 생겨났다. 흥미로운 것은 이런 여성들 중 많은 수가 사업을 생각해본 적이 없다는 것이다. 이들 대부분은 직장을 떠나면서 인생의 계획을 바꿔 전업주부를 선택한 여성들이다.

베스 베스너(43세)의 경우 1995년에 그 기회가 찾아왔다. 당시 그녀는 6개월 된 아들을 점심 모임에 데리고 나갔다. 그런데 아이가 닭고기가 담긴 접시를 원반 던지듯 레스토랑 반대쪽으로 던져버리는 일이 발생했다. 베스는 다시는 그런 당황스러운 상황이 벌어지지 않도록 테이블에 딱 달라붙는 접시를 구입하려고 했다. 하지만 그 어느 곳에서도 그런 물건을 찾을 수 없었다. 그래서 그녀는 그것을 직접 디자인했고 니트 솔루션스Neat Solutions라는 회사를 창업했다. 베스는 여동생 랜디와 상의한 후 레스토랑 테이블에 딱 달라붙는 일회용 플라스틱 식탁 깔개인 테이블 타퍼Table Topper를 생각해냈다. 그녀는 몇 달간 다양한 샘플들을 만들고 실패를 거듭한 끝에 여성만이 알 수 있는 생리대에서 기발한 아이디어를 얻었다.

"그것을 효과적으로 만들 수 있는 방법을 찾기 위해 몇 달을 보냈습니다"라고 세 아들의 엄마인 베스는 말한다. "한동안 중단하기도 했죠. 어떻게 만들지 확신이 서지 않았거든요. 그러던 어느 날 여동생이 우리 집에 석션 컵을 가지고 왔습니다. 그것을 본 순간 저는 화장실로 달려가 생리대 몇 개를 가지고 나와 뒷부분을 뜯어낸 다음 '바로 이거야! 이게 테이블 타퍼야!' 라고 외쳤습니다. 다음 단계는 이 제품을 생산해줄 곳을 찾는 거였죠. 생리대 만드는 회사에서 테이블 타퍼를 만들 수는 없을 테니까요. 그래서 제품 생산과 유통에 필요한 조사를 했습니다."

아이를 낳기 전에 4년 동안 파산법 전문 변호사로 일했던 베스는 자신의 법률 지식을 이용해 테이블 타퍼의 제작 및 유통에 관한 거래와 동업 계약을 협상했다. 현재 이 회사의 판매액은 1년에 1백만 달러에 이르고 있으며 공중 화장실에서 사용하는 일회용 시트인 파티 타퍼Potty Topper라는 다른 제품도 개발해냈다. 테이블 타퍼는 지금도 전국 유아매장에서 인기리에 판매되고 있다. 2년 전 베스는 회사를 매각했고 현재는 전업주부 생활을 즐기고 있다. 그녀의 아들들은 각각 아홉 살, 일곱 살, 다섯 살로 베스는 다른 사업 구상을 갖고 있지만 회사를 성공적으로 시작하고 운영하기 위해선 엄청나게 많은 시

간을 투자해야 하기 때문에 아이들이 좀 더 클 때까지 몇 년 더 기다
리고 싶다고 말한다.

"이 일이 성공하면서 엄마들의 이야기에 많은 관심이 쏠렸습니다.
많은 여성들이 창업에 관심이 있다는 걸 알게 되었죠. 실제로 테이블
타퍼에 관한 기사가 나갈 때마다 창업에 관한 조언을 구하는 여성들
의 전화를 받곤 했어요. 요즘엔 여성들이 가정을 꾸리는 시기가 늦어
지고 있기 때문에 사업을 시작할 때 더 자신감 있고 더 현명해진 것
같습니다."

암을 극복한 사업가 엄마

서른 여덟의 줄리 아이그너 클락은 곧 시판될 신제품 세이프 사이
드Safe Side의 보도 자료를 쓰느라 고심하고 있다. "제가 좋아하는 건
대본을 쓰고 비디오를 만드는 창조적인 일입니다. 보도 자료를 만들
고 제품 판매 방법을 결정하는 일은 사실 재미없어요"라고 줄리는 말
한다. "처음 베이비 아인슈타인을 만들 때는 전혀 스트레스를 받지
않았어요. 운이 아주 좋았지요. 라이트 스타트 매장에서 첫 비디오를
시판했는데 놀라울 정도로 소문이 빨리 퍼지더군요."

줄리와 남편 빌 클락이 독창성 뛰어난 비디오와 책, 장난감 등을
만드는 베이비 아인슈타인 사를 수천만 달러에 매각한 지 3년이 흘렀
다. 현재 줄리와 빌은 세이프 사이드라는 회사를 운영하고 있다. 이

회사에서도 비디오와 결합한 제품을 만들어 초등학생들에게 다양한 상황에서 어떻게 안전을 유지할 수 있는지 가르칠 계획이다.

"아이들에게 안전에 대해 아주 재미있게 가르칠 수 있는 방법을 발견한 게 시작이었어요"라고 줄리는 설명했다. 초창기 비디오에 직접 출연했던 줄리의 두 딸 애스펜과 시에라는 그 사이에 많이 성장했다. 그들은 이제 열 살과 여덟 살이다. 줄리는 딸들에게 안전교육을 시키다가 사업 아이디어가 떠올랐다고 말한다.

"아이들을 위한 안전 교육 비디오를 찾고 있었습니다. 그런데 시중에 나와 있는 제품들은 하나같이 형편없었어요. 정말 지루하더군요. 화면 가득 앵커의 얼굴이 등장해서 '낯선 사람을 따라가지 마세요'라고 말하는 식이었죠. 우리는 완전히 다른 것을 만들었습니다. 우리 비디오의 주인공은 정말 웃깁니다. 그리고 계속 엉뚱한 상황에 빠져들지요. 하지만 정말 멋지고 안전한 방법으로 위험에서 벗어납니다."

여러 가지 면에서 지금은 1995년과 비슷한 상황의 반복이라고 할 수 있다. 당시 고등학교에서 영어를 가르치다가 전업주부로 변신한 줄리는 아기를 키우면서 아기에게 자극이 될 만한 비디오를 찾았지만 시중에서 그런 제품을 찾을 수 없었다. 아기들을 위해 직접 비디오를 제작하겠다는 아이디어를 내비쳤을 때 그녀의 친구들과 가족들, 심지어 어린이 방송국에 근무하는 친구까지도 그녀를 미쳤다고 생각했다. 그들은 그런 제품을 팔 수 없을 거라고 충고했다. 아이들이 몸을 돌려서 특정 상표의 딸랑이나 분유를 사달라고 요구할 수 없다는 게 그 이유였다. 그러나 줄리는 느낌이 왔다. 라바 램프lava lamp

시력을 보호하고 마음을 안정시키는 효과가 있는 스탠드형 조명-역주 나 소용돌이치는 물건이 자신의 아기를 매료시키고 모차르트의 음악이 심술난 아이를 진정시켜주었듯이 무작위로 고른 듯 보이는 물건과 인형 또는 시를 결합시킨 비디오를 만든다면 다른 아기들도 즐겁고 편안할 거라고 생각했던 것이다.

1995년에 줄리와 그녀의 남편은 저금해둔 1만 8천 달러와 빌린 카메라, 어설픈 조명 장비만으로 자신들의 집 지하실에 임시 스튜디오를 설치했고 첫 번째 베이비 아인슈타인 비디오를 촬영했다. 누구의 것인지 알 수 없는 손들이 스크린 위에 나타났다 사라지는 조잡한 이 비디오는 7개 국어로 녹음된 엄마들의 노래와 시가 배경에 깔리면서 장난감들이 등장한다. 비디오를 촬영한 뒤 집에 있는 컴퓨터로 편집을 한 줄리는 그것을 판매할 매장을 찾아 나섰다. 그리고 결국 교육용 완구 회사인 라이트 스타트 사의 바이어를 설득하여 베이비 아인슈타인의 판매에 들어갔다.

1997년, 이 비디오는 매장에 진열되자마자 라이트 스타트 사의 베스트셀러 제품 중 하나가 되었다. 5년 동안 줄리는 9개의 아인슈타인 형제 비디오와 30권의 책을 냈다. 그러고 나서 회사를 매각했다. 현재 베이비 아인슈타인은 아기와 유아들을 위한 최고의 비디오 브랜드가 되었다. 미국에서 팔리고 있는 유아 발달용 비디오 10개 중 9개가 베이비 아인슈타인에서 제작된 것이다.

줄리는 자신이 슈퍼스타급 '엄마 기업가'가 될 줄은 꿈에도 몰랐다. 사실 그녀는 전업주부가 되고 싶었다. 그녀의 어머니도 그녀가 일곱 살이 될 때까지 집에 있었고 항상 엄마가 곁에 있다는 게 얼마나 행복했는지 그녀는 기억하고 있다. 그리고 자신이 외동딸이었기 때문에 아이들을 많이 낳아서 부모님 이외의 혈육을 만들고 싶었다.

"저는 엄마가 될 만반의 준비가 되어 있었습니다. 나중에 진짜 엄마가 되었을 때는 그것이 너무나 의미 있고 심오한 일로 느껴졌지요. 저는 그것을 포기하고 싶지 않았고 직장으로 돌아가고 싶지도 않았습니다. 베이비 아인슈타인의 성공이 우연이라고 말하고 싶진 않아요. 왜냐하면 그 일을 아주 열심히 했으니까요. 하지만 제가 엄마였기 때문에 그 일을 할 수 있었다고 생각합니다. 그것은 가정과 일 모두를 위한 최선의 선택이었고 지금도 마찬가지예요. 집에서 일을 할 수 있고 아이들에게 필요한 모든 시간을 할애할 수 있으니까요. 저 자신을 위한 시간도 가질 수 있고요"라고 줄리는 말한다.

"전업주부가 꿈이라고 말하던 시절에도 솔직히 직장생활이 조금은 그리웠습니다. 아기 분유와 침을 뒤집어쓰는 일과는 상관없는 대화도 그리웠고요. 제게 머리를 쓴다는 것은 무엇보다 중요했습니다. 아이들과 연관된 일을 한다는 점에서 이 일은 정말 멋진 기회였지요. 제가 일을 열심히 했기 때문에 회사가 이렇게 커지긴 했지만 처음부터 이런 제국을 세우려는 의도는 없었습니다"라고 줄리는 웃으며 말한다.

베이비 아인슈타인을 매각하고 1년을 쉰 줄리와 남편 빌은 〈아메리카스 모스트 원티드America's Most Wanted〉의 사회자이며 실종된 아이들의 대변인 격인 존 월시와 손을 잡고 세이프 사이드를 설립했다. 이 회사는 2004년 봄에 첫 비디오를 시판하기로 되어 있었다. 하지만 줄리가 갑자기 유방암 진단을 받으면서 일이 중단되었다.

"제가 직접 발견했어요. 몽우리 크기가 1센티미터가 좀 안 되었지요. 전 담배도 피우지 않고 과체중도 아닌데다 아주 건강했습니다. 모유로 아이들을 키웠고요. 저는 몸에 좋은 것만 했습니다. 그런데 서른일곱 살에 유방암에 걸린 겁니다. 다행히 조기에 발견해서 화학요법은 피할 수 있었어요. 하지만 저는 모든 암 조직을 제거하기 위해 두 번에 걸쳐 유방 전체를 제거하는 수술을 받아야 했습니다. 그 일이 일어났을 때 정말 큰 충격을 받았습니다. 너무 절망적이고 겁이 나서 꼭 누군가 자살폭탄을 두르고 제가 탄 버스에 올라탄 기분이었어요. 여기서 평화롭게 내 삶을 살고 있는데 갑자기 뭔가 나를 공격해서 죽이고 싶어 하는 듯한 기분, 존재 자체도 모르고 저항할 기회마저 없는 상황……. 저는 암과 싸우겠다고 결심했습니다. 그래서 더 이상 제거할 게 없을 때까지 철저하게 가슴 조직을 제거하는 것이 내가 할 수 있는 유일한 방법이라는 결론을 내렸죠. 말을 함부로 해서 죄송하지만, '엿 먹으라지, 넌 여기서 사라져줘야겠어' 하는 심정이랄까……. 여하튼 그런 기분이었습니다. 저와 같은 상황에 처한 여성들은 대부분 종양 부분만 제거하지만 저는 이런 식으로 그 문제를 해결했어요. 그리고 제 결정에 만족합니다."

수술을 받은 지 6일 후 줄리는 집 근처에 있는 언덕으로 하이킹을 갔다. 몸은 놀라울 정도로 튼튼해졌다고 느꼈지만 감정적으로는 가슴의 상실과 병으로 인한 심리적인 충격에서 벗어나지 못했다고 그

너는 말한다. 그녀가 극단적인 수술로 인한 심리적 상처를 극복하기 시작한 건 비교적 최근의 일이다.

줄리가 그렇게 수술을 받은 지 약 5개월이 지났을 즈음 나는 그녀와 다시 이야기를 나눴다. 줄리는 가슴 복원 수술을 한 상태였고 암에서 해방된 기분을 느낀다고 말했다. 그녀는 새로운 회사에 전념하고 있었다.

"수술 덕분에 제 삶에 감사하게 되었어요. 이 상태로 돌아오기까지 많은 치료를 받았습니다."

줄리는 베이비 아인슈타인 초창기 시절만 해도 생기가 넘쳐 흘렀고 비즈니스의 공격적인 측면을 의식하지 못했다. 당시의 상황을 그녀는 아주 순수한 경험으로 기억한다.

"회사가 어떻게 성장하고 성공할지 전혀 예측하지 못하는 상태에서 베이비 아인슈타인을 설립했을 때가 정말 멋졌던 것 같아요. 저는 아주 창의적이었고 집에서 아이들과 함께 일을 할 수 있었습니다. 그리고 제가 사랑하는 사람들과 함께 했고요. 그건 다소 목가적인 사업이었다고 할 수 있습니다. 그때가 그리울 때가 많아요. 하지만 지금은 어린이 방송국에서 경쟁 제품을 선보이거나 누군가 저를 고발할 걱정이 없다는 것에 대해 만족합니다. 그래도 지난 10년은 정말 멋졌습니다."

암을 극복한데다 초등학교에 다니는 두 딸의 엄마이자 성공한 비즈니스 우먼인 줄리는 여러 가지 면에서 10년 전과 아주 다른 위치에 올라 있다. 그녀는 더 이상 집 지하실에서 비디오 촬영을 하지 않는다. 지금은 로스앤젤레스로 날아가 배우들을 캐스팅하고 전문 카메라맨들을 고용한다. 제작비도 3년 전 2만 달러 미만에서 지금은 50만 달러 이상으로 껑충 뛰었다. 그녀는 자신의 노력을 지지해줄 입증된 실적을 가지고 있으며 운도 아주 좋다. 그러나 그녀가 베이비 아이슈타인으로 엄청난 성공을 거뒀다고 해서 아이들을 위한 매혹적이고 자극제가 되는 제품을 만드는 그녀의 능력을 아무도 의심하지 않을 거라고 생각한다면 그건 오산이다. 줄리 주변엔 여전히 그녀가 하고자 하는 일들을 이해하지 못하는 회의론자들이 존재한다.

"베이비 아인슈타인에 대한 아이디어를 처음 털어놓았을 때 주변에서 보인 반응들이 지금도 계속 일어나고 있습니다. 당시 그들은 눈알을 이리저리 굴리며 이렇게 말했어요. '그 영어 선생은 시를 가지고 재미있는 이야기를 만들 수 있다고 생각하더군. 말도 안 돼.' 이번 주제에 대해서도 마찬가지였어요. '낯선 사람들 안전 문제를 어떻게 재미있게 꾸밀 수 있다는 거지?' 하지만 우리가 이룬 결과물을 본다면 '오, 이제 이해가 가는군!' 하고 말할 겁니다."

엄마의 삶이 영감을 불러일으키다

서른두 살의 보니 마커스는 자신의 홈 오피스인 두 채의 작은 아파트에서 나를 기다리고 있었다. 2년 전 그녀는 문구류와 초대장 제조 업계에 일대 센세이션을 불러일으켰다. 그녀가 만든 세련된 브랜드,

스타일프레스 바이 보니StylePress by Bonnie가 바로 그 주인공이다. 보니는 이 브랜드를 통해 결혼식, 명절, 출산 등을 축하하는 축하 카드를 제작 판매한다. 나는 그녀의 홈 오피스의 핵심이 무엇인지 그리고 두 살도 채 안 된 두 아이를 둔 엄마가 어떻게 이런 놀라운 사업체를 이끌고 있는지 알아보기 위해 코네티컷으로 날아갔다.

"옆집 문을 텄을 때 아주 기뻤어요. 보시다시피 우리 아파트엔 여유 공간이 없거든요"라고 말하며 보니가 나를 안내했다. 그녀와 나는 한 줄로 서서 부엌을 지나 햇살이 비치는 사무실로 들어갔다. 그녀는 이미 모든 것이 비좁다는 언질을 주었다. 그 말은 과장이 아니었다. 여섯 명의 직원 중 절반이 일하고 있는 옆집엔 상자들이 좁은 현관에 일렬로 늘어서 있었다. 그 상자들은 우리 머리보다 더 높게 쌓여 있었다. 홀을 따라가자 대학생쯤으로 보이는 아르바이트 직원 몇 명이 긴 카드 테이블 옆에 앉아 블루밍데일스로 보내질 카드 포장에 핑크색 리본을 묶고 있었다. 다른 한편에는 그날 늦게 특급우편으로 보낼 상자들을 봉하고 있는 직원들이 보였다.

"이게 정신없는 저의 일상이랍니다"라고 보니가 아늑한 거실에서 안내를 마치며 말했다. 거실에선 베이비 시터가 4개월 된 조슈아에게 분유를 먹이고 있었고 17개월 된 벤저민은 비디오를 보고 있었다.

보니는 항상 열심히 일해왔고 머리가 핑핑 돌 정도로 많은 시간과 에너지를 쏟아야 하는 직책들을 맡아왔다. 뉴욕에서 그녀가 처음 맡은 일은 디자이너 다이앤 폰 퍼스텐버그가 1970년대의 명성을 되찾도록 돕는 것이었다. 그 후 몇 년 동안은 명성이 자자한 '92 스트리트

Y.’에서 이벤트 기획 일을 했다. 그러다가 신생 인터넷 문구회사에서 웨딩 컨설턴트로 일하게 되었다.

“결혼을 앞둔 신부들과 함께 청첩장 제작 일을 진행했어요. 그런데 그들 대부분은 시중에 나와 있는 청첩장을 마음에 들어 하지 않았습니다. 그래서 그들만의 독특한 청첩장을 디자인할 수 있도록 도와주었지요. 그들은 좀 더 세련된 것을 원했습니다. 그래서 패션 일러스트레이터와 함께 맞춤 청첩장을 디자인하기 시작했더니 다들 아주 마음에 들어 하더군요. 그래서 ‘이게 하나의 사업이 될 수 있겠구나’ 하는 생각이 들었죠.”

그 무렵 보니는 뉴욕에서 코네티컷으로 이사를 했고 왕복 세 시간에 달하는 출퇴근 시간을 견뎌내고 있었다. 그녀는 임신 초기였기 때문에 집에서 좀 더 시간을 자유롭게 쓸 수 있는 일을 하고 싶었다. 그래서 자신의 부엌 식탁에 앉아 반짝이로 장식한 청첩장을 만드는 일에 몰두하기 시작했다. 그녀는 세련되고 도회적인 인터넷 쇼핑 사이트인 데일리 캔디Daily Candy와 〈뉴욕 매거진〉에 홍보 자료를 보냈다. 그리고 곧 〈뉴욕 매거진〉의 ‘최고의 선택’ 란에 그녀의 기사가 실렸다. 소매 업계에서 그것은 복권에 당첨되거나 〈오프라 윈프리 쇼〉에 출연하는 것과 비슷한 것이었다. 〈뉴욕 매거진〉과 데일리 캔디에서 보니의 제품을 소개한 직후 미국 전역에서 수백 건의 주문이 들어왔다. 출산을 앞두고 있던 보니는 남들이 부러워할 만한, 그러나 힘든 상황에 처해 있다는 것을 깨달았다. 자신이 감당할 수 없을 만큼 너무 많은 주문이 들어왔던 것이다.

"제 카드의 특별한 점 중 하나는 모두 손으로 반짝이를 직접 붙인다는 겁니다. 남편이 치과의사라 그의 치과 도구로 카드에 반짝이를 붙였어요. 남편에게 전화를 걸어 '집에 올 때 치과 도구 좀 더 가지고 와요. 또 주문이 들어왔어요!' 라고 말하다니, 정말 웃기죠?주문은 끊임없이 이어졌어요. 〈모던 브라이드〉지에서는 자신들의 문구 용품으로 우리 카드를 사용하고 싶다고 하면서 1천 장의 카드를 주문했지요. 당시 저는 만삭이었는데 땅에 발을 붙일 틈도 없었어요. 손으로 반짝이를 모두 붙이고 직접 포장도 했습니다. 미칠 노릇이었지요."

보니의 문구류는 오프라 윈프리가 제작하는 잡지 〈O〉를 비롯해 서 〈모던 브라이드〉, 〈뉴욕 매거진〉, 〈베터 홈스 앤드 가든스 데커레이팅〉에 실렸다. 그녀가 청첩장을 처음 디자인한 지 2년 만에 회사는 전 세계 7백여 개의 매장을 거느린 기업으로 성장했다.

"이렇게 빨리 성장할 줄은 상상도 못했어요. 그냥 일 덕분에 조금은 바쁠 테고, 그래도 내 일이니까 가정에 충실할 수 있을 거라고만 생각했습니다. 그러나 지금은 사업이 커지면서 나만의 브랜드를 만드는 걸 제가 정말 좋아하고 있음을 깨달았지요."

재택근무를 하고 있는 보니는 일하는 방식을 바꿨다고 말한다.

"뉴욕에서 일할 때는 항상 저 자신이 아주 효율적이고 조직력이 뛰어난 사람이라고 생각했습니다. 하지만 아이를 낳으니 동시 다발적으로 일을 처리한다는 것이 다른 의미로 다가오더군요. 예전엔 급한 프로젝트에 매달려 긴 밤을 보내곤 했지만 지금은 베이비 시터의 스케줄에 따라 상황이 달라집니다. 그리고 프로젝트를 끝내기 위해 밤을 계속 새우지도 않고요. 하지만 놀라운 것은 훨씬 적은 시간에 거의 똑같은 양의 일을 할 수 있다는 거예요. 저는 컴퓨터와 책상 주변에 해야 할 일들의 목록을 작성해두곤 합니다. 그리고 어떤 업무에 대해 생각이 나면 그 자리에서 그것을 끝내려고 노력하지요. 잠깐 일을 미뤘다가는 무슨 일이 생길지 알 수 없거든요. 아이가 낮잠에서 깨거나 급하게 달려 나가야 할 일이 생길지도 모르니까요.”

홍미로운 것은 보니의 아이들도 회사의 운영 방향에 영향을 미치고 있다는 것이다. 그녀가 처음 문구 제품을 시작했을 때는 호화로운 결혼식이 주요 관심사이자 주요 판매 대상이었다. 그러나 현재 가장 규모가 큰 제품 라인인 ‘익스펙팅 인 스타일Expecting in Style’ 은 누구나 쉽고 저렴하게 구매할 수 있는 실용적인 제품을 선보이고 있다. 그녀의 회사에서 제일 잘 나가는 상품은 세련된 디자인으로 제작된 엄마들을 위한 일정계획표To-Do List이다. 산모용 문구 용품들과 초대장 역시 이 회사의 집중 공략 제품들이다.

“큰아들 벤저민이 글씨를 쓰기 시작하면서 어린 남자아이들을 위한 문구류도 생각하고 있습니다. 이렇듯 제 아들들과 엄마로서의 삶이 제 사업에 영감을 불어넣고 있답니다.”

7

선택의 기로에 서다

"완전히 직장을 그만두지 말고 일을 줄일 수 있는 방법을 찾는 것이 좋습니다. 그러면 어느 날 갑자기 다시 일을 시작하는 것보다 속도를 높이기가 훨씬 쉽습니다."

두꺼운 병 바닥처럼 팽팽 돌아가는 안경, 정리되지 않은 눈썹, 실오라기처럼 가는 머리카락. 이것은 힐러리 클린턴의 악명 높은 대학 시절 모습이다. 힐러리가 깔끔한 차림새를 자랑스럽게 무시하고 페미니즘 혁명의 최전선에 선, 해방된 여성의 전형이었다면 이 장에서 소개할 바버라 존슨은 정반대 진영을 대표했다. 머리를 말고, 립스틱을 바르고, 졸업 전 프러포즈를 받은 것에 행복해하는, 이제 막 싹트기 시작한 페미니즘 구호 따위는 전혀 의식하지 않는 그런 여성 말이다.

"그 시절은 여성들이 조건 좋은 남자에게 시집가기 위해 대학에 다니던 때였습니다. 당시엔 대부분의 여성들이 그랬지요"라고 58세의 바버라 존슨은 말한다. 그녀의 외모는 실제 나이보다 10년은 더 젊어 보였다.

당시 대학 교육의 목표가 신랑감 구하기였다면 바버라는 아마 우등으로 졸업했을 것이다. 대학 4학년 때 결혼을 해서 첫딸을 임신했으니 말이다. 2년 후, 그녀는 둘째아이를 임신했다. 힐러리 클린턴이 예일 법대에 들어가 계약법을 공부하는 동안 바버라는 집에서 젤리를 만들고 아기들을 돌봤다. 그러나 아이들이 좀 크고 나니 학생들을 가르치고 싶어졌다. 그래서 딸아이가 학교에 다니기 시작했을 때 오랫동안 기다려온 석사 과정을 밟기로 마음먹고 중서부의 지역대학에 등록했다.

"제가 공부를 시작했을 때 주변에는 박사 학위를 받은 사람들이 많았습니다. 그래서 '석사 과정을 중단해선 안 돼. 나도 박사 학위까지 받을 수 있어' 하고 마음을 다잡았죠."

그러나 바버라가 대학원에 다니기 시작한 직후부터 결혼생활이 삐걱이기 시작했고, 1970년대 중반에는 이혼을 했다. 따라서 그녀는 학위를 받기 위해 공부를 하는 동시에 혼자서 아이들을 돌봐야 했다. 삶을 본궤도에 돌려놓기 위해서 고군분투했던 것이다.

"그 시절에 우리는 마카로니와 치즈를 정말 많이 먹었답니다"라고 그녀는 웃으며 말한다. "차가 부서졌을 때 고칠 돈이 없어 한 달 동안 자전거를 타고 학교에 다녔던 기억이 납니다. 딸아이들이 당시 유행하던 라코스테 셔츠를 얼마나 갖고 싶어 했는지도요. 하지만 옷이 너무 비싸 모조품을 구입하곤 했죠. 힘든 세월을 보내고 난 지금 그런 것들이 가장 기억에 남는다니 재미있네요."

8년이 걸리긴 했지만 바버라는 역사학 박사 학위를 받았다. 그 무렵 그녀는 막 재혼한 상태였고, 아직 아기가 없는 새 남편과 아이를 더 낳고 싶었다. 그러나 38세에 학위를 받고 교직생활을 시작할 준비를 하던 그녀는 임신이 자신의 새로운 목표에 어떤 영향을 미칠지 몰라 두려웠다.

"임신을 하면 풀타임으로 일할 자리를 얻지 못할 것이라고 생각했어요. 그런 모험은 하고 싶지 않았습니다. 제가 전공한 분야에서 일자리가 생기고 있다는 것을 알고 있었기 때문이죠. 그 무렵 저는 자궁 내 피임 기구로 인한 감염 때문에 합병증에 걸렸다가 막 회복이 된 상태였습니다. 노력하면 다시 임신할 수 있다는 이야기도 들었고요. 갑자기 어영부영 좋은 시절을 다 흘려보내고 있다는 생각이 들더군요."

하지만 결국 바버라는 가장 현실적인 결정을 내렸다. 임신을 미루고 풀타임으로 가르치는 일을 선택한 것이다. 그러나 아이를 더 갖고 싶은 마음은 사라지지 않았다. 그녀는 다시 임신하기까지 6년 이상이 걸렸다. 결국 바버라는 마흔다섯 살과 마흔 여덟 살에 각각 딸 하나씩을 더 낳았다. 현재 바버라는 서부의 유명한 대학에서 정교수로 일하고 있다. 그녀는 일부러 비종신직 자리을 선택했다. 그것이 아이들을 키우는 데 더 적당하다고 느꼈기 때문이다.

"아이를 다시 가질 수 있다는 이야기를 들었을 때 전 너무 기쁜 나머지 다시 직장을 갖지 못하고 못하고 전업주부로 만족해야 할지 모른다는 걱정 따위는 하지 않았습니다."

바버라가 첫아이를 낳았을 때 힐러리 클린턴은 대학 3학년생이었다. 그녀가 막내딸을 낳았을 때 힐러리는 미국의 영부인이 되어 있었다. 그녀가 두 세대에 걸쳐 엄마로 보낸 세월은 시대상을 그대로 반영하고 있다. 1970년대 초만 하더라도 그녀는 딸들과 집에 있는 것이 행복했다. 하지만 1994년에 막내딸이 태어났을 때는 몇 주만 쉬고 직장으로 돌아갔다.

"저는 좀 더 느긋해졌고, 아이들을 낳은 것이 정말 좋았습니다. 그것을 큰 축복으로 생각했죠. 나이가 들면 모든 것이 너무 빠르게 지나갑니다. 몸은 좀 피곤하더라도 일이 소중하게 느껴지는 건 그 때문일 거예요."

출산 간격이 상당히 길었던 바버라의 임신 기간은 그녀에게 객관적인 시각을 갖게 해주었다. 현재 초등학교 5학년과 7학년 아이를 둔 그녀는 나이 든 엄마 축에 속한다. 바버라 밑에서 공부하는 여학생들은 그녀의 다양한 인생 경험에 매료되어 개인적인 선택을 내려야 할 때 종종 조언을 구해왔다.

"저는 여학생들에게 직장도 갖고 가정도 이룰 수 있다고 말해줍니다. 삶은 아주 길며, 그것이 인생의 좋은 점 중 하나라는 말도 해주죠. 융통성 있게 잠시 쉬었다가 다시 돌아갈 수 있는 일을 찾거나, 파트타임으로 일하는 방법도 나쁘지 않다고 생각합니다."

바버라는 10대 초반의 딸을 둔 동시에 세 명의 손자를 둔 할머니이기도 하다. 결혼한 큰딸들이 최근에 아이들을 낳은 것이다. 노스웨스트의 한 대학에서 영어 교수로 재직 중인 딸 린은 파트타임으로 강의를 하고 있다. 딸 제니퍼는 아들 곁에 있기 위해 지역 방송국의 뉴스 제작자 일을 그만두었다. 뉴욕까지 왕복 세 시간이 소요되는 일을 하는 것이 불가능했기 때문이다.

"저도 큰딸들이 학교에 입학할 때까지 집에 있었기 때문에 그 아이들의 결정에 대찬성입니다. 아이들의 어린 시절은 매우 소중하니까요. 린은 가르치는 일을 하고 있기 때문에 일과 엄마 역할 사이에서 균형을 잘 잡을 겁니다. 종신 교수가 되지 않는다면 가능해요. 제니퍼 같은 경우는 집에 있기로 한 것이 옳은 결정이었다고 생각합니다. 하지만 그 아이가 다시 방송 일로 돌아가기 위해 힘든 과정을 겪을 일이 걱정이에요. 제니퍼는 자신이 좋아하던 일을 그만두었죠. 하지만 정말 제 마음에 드는 것은 그것이 일종의 모험일 수 있다는 겁니다. 제 동생도 직장을 그만두고 집에 있다가 다시 직업 전선에 돌아갔지만 일은 완전히 새로운 것이었어요. 그러니 누가 알겠습니까? 제니퍼도 아이들이 큰 후에 완전히 새로운 일을 할지 말입니다."

"엄마처럼 살긴 싫어"

엄마의 인생은 딸에게 일종의 지도 역할을 한다. 딸에게 있어 엄마의 일생은 인생을 헤쳐나가는 데 필요한 안내서가 된다. 때로는 오솔길을 걷기도 하고, 때로는 곳곳에 도사린 함정을 피하기도 하면서 말이다. 그러나 모녀 관계라는 복잡한 시각을 통해 엄마의 경험을 바라보고 있는 제니퍼는 자신의 어머니가 지금까지 걸어온 길과는 정반대의 길을 걷고 있다. 제니퍼는 어머니가 이룬 직업적 성취를 인정하고 존경하지만 모든 것을 얻기 위해 힘들게 살았던 모습을 지켜보는 것이 그리 편하지만은 않았다.

"어머니가 직업적 책임과 여동생들의 학교생활 사이에서 너무 많은 것을 하시려고 했다는 생각이 들어요. 저는 어머니에게 일을 줄이라고 계속 말합니다. 그로 인한 스트레스가 어머니의 건강과 삶의 속도, 그리고 때로는 당신이 최우선으로 생각하는 일들에 영향을 미치고 있으니까요. 저는 어머니에게서 아주 많은 것을 배웠습니다. 하지만 어머니와 저는 아주 다릅니다. 아마도 그것이 결혼한 나이와 연관이 있다고 생각해요. 저는 어머니보다 열 살 정도 늦게 결혼했고, 결혼 당시 직장 경력을 이미 탄탄히 쌓았기 때문에 일에 싫증이 나 있었습니다. 제게는 휴식이 필요했죠. 사무실의 고위직 사람들처럼 평생 일을 하며 살고 싶진 않았거든요. 저는 여행도 충분히 다녔고, 어머니가 결혼해서 아기를 낳기 전보다 훨씬 오랫동안 혼자서 독립적으로 살았지요. 결혼하기 전에는 일이 제 삶의 중심이었습니다. 하지만 지금은 가족과 친구들이 저의 세계가 되었어요. 그리고 그런 생활이 아주 멋지다고 생각하고요. 저는 어머니보다 훨씬 '전통적인' 아내이며 엄마입니다. 그리고 인정하긴 싫지만 저 자신은 그런 성장기를 놓쳤다고 생각해요."

이것이 일하는 엄마의 또 다른 측면이다. 텅 빈 집에 남겨져 베이비 시터의 보살핌을 받거나 부모가 집에 돌아올 때까지 TV 앞에 앉아 있던 첫 세대들은 어머니가 일하는 모습은 존경하지만 어머니 같은 삶을 살고 싶지는 않다고 종종 말한다. 그래서 어떤 여성들은 적어도 당분간만이라도 집에 있고 싶다며 전통적인 삶으로 돌아가고 있다. 제니퍼 역시 그런 부류이다. 제니퍼는 이렇게 말한다.

"저는 영원히 전업주부로 있을 타입은 아니에요. 아이들이 학교에 들어가고 나면 지루해질 테니까요. 일을 하면서 가정 경제에 도움이 되고 싶습니다. 그런 직업윤리는 모두 부모님께 배운 것이죠. 그리고 어머니는 하나의 본보기가 되어주셨어요. 아마도 저는 예전과 완전히 다른 일을 하게 될 겁니다. 과거에 했던 일로 돌아가진 않을 거예요. 하지만 아직은 뭘 해야 할지 모르겠어요. 어쨌든 지금은 다른 어떤 것보다 좋은 일을 하고 있다고 생각해요. 그동안 제가 했던 일 중에 가장 힘들면서도 가장 보람된 일이거든요. 아이는 제가 제작한 어떤 뉴스보다 큰 의미가 있으니까요."

제니퍼는 〈뉴욕 타임스〉 2003년 10월호에서는 소위 모든 것을 다 이룬 세대에 대한 반격이라 이름 붙인 '자진 퇴진 혁명' 현상의 대표적인 예라고 할 수 있다. 요즘 제니퍼 같은 30~40대의 커리어우먼들은 엄마라는 이름으로 안식년을 갖기 위해 직장에서 물러나거나 자진해서 그만둔다. 물론 자진해서 일을 그만두는 것은 많은 여성들이 누릴 수 없는 사치이다. 그러나 그것은 일의 '선택권'을 갖고 있는 사람들 사이에서 뜨거운 논쟁을 불러온 주제이다.

'일을 할 것인가, 말 것인가.'

이것은 수많은 X세대 여성들 사이에 엄청난 불안감을 야기했다. 대체 무슨 일이 벌어지고 있는 것일까? 여자들은 정말로 전통에 매료되어 제니퍼처럼 집으로 돌아가고 있는 걸까? 아니면 일을 그만두는 것이 실제로는 자신이 원했던 선택이 전혀 아닌 것일까?

　제인 버킹엄은 시장조사 회사인 유스 인텔리전스의 설립자이자 사장이다. 회사는 X세대와 Y세대에 초점을 맞춘 컨설팅 및 트렌드 예측을 주로 하는 곳이다. 그녀는 또한 〈코스모폴리탄〉지의 객원 기자이기도 하다. 그녀는 1천여 명의 여성들을 대상으로 일과 결혼, 엄마 역할 등에 관한 설문 조사를 했는데 오늘날 여성들이 그토록 심한 갈등을 느끼는 것에 대해 전혀 놀랍지 않다고 했다. 제인은 다음과 같은 의미심장한 말을 남겼다.

　"X세대 여성들은 자신들이 속았다고 느끼는 것 같습니다. 우리는 멋진 직업과 가족을 모두 거머쥔 슈퍼우먼이 될 거라고 생각했지요. 그리고 다른 사람보다 그것을 더 잘해낼 수 있을 거라고 생각했습니다. 그런데 막상 목적지에 도착해보니 갑자기 이런 생각이 드는 거예요. '그거 알아? 우리 엄마는 일을 했어. 그리고 별로 행복하지 않았지. 우리 할머니는 일을 하지 못하는 것 때문에 스트레스를 받았고. 그렇다면 우린 어떻게 해야 하지?' X세대는 정말 혼란스러워하고 있어요. 그리고 그 때문에 무엇을 해야 할지 모르고 있습니다. 그들은 일을 하고 아이를 유아원에 데려다주면서 모든 것에 완벽하고자 애쓰고 있습니다. 젊은 세대들은 우리를 보며 이렇게 말할 겁니다. '좋아. 그런 건 잊어버리자. 모든 걸 다 갖는 건 불가능해' 라고요. X세대들에게도 이런 경향을 볼 수 있어요. 주위를 보면 부품 회사의 평범한 부사장이 되느니 엄마로 성공하겠어' 라고 말하는 여성들을 많이 볼 수 있을 겁니다. 그들은 자신이 가장 훌륭하고 똑똑하며 세상을 바꿀 힘을 갖고 있다는 믿음으로 성장한 세대였습니다. 그런데 정작 직장에 가서는 복사 심부름처럼 의미 없는 일들을 했죠. 그래서 일시적이나마 만족감을 주는 가정에 머무르려고 하는 것입니다."

일을 잠시 떠나 있을 때

서른네 살의 제시카 스피라는 아기를 낳고 집에 있을 생각은 없었다. 그녀의 말처럼 일과 살림 어느 쪽이든 가능했지만 출산 휴가 중에 일어난 9.11 테러로 인해 생각이 달라졌다. 검은 연기가 맨해튼 시내를 삼키고, 미국이란 나라가 외부의 공격에 취약하다는 것을 뼈저리게 깨닫고 나서 제시카는 삶의 우선순위를 다시 생각해보았다. 그리고 결국 일터로 돌아가지 않기로 결정했다. 그녀는 당시 4개월이던 아들과 집에 함께 있고 싶었다. 그러나 3년이 지난 후 9.11 테러의 충격이 서서히 사라지고 삶이 예전처럼 흘러가기 시작하자 집에 있기로 한 그녀의 마음도 조금씩 바뀌어갔다. 그건 제시카가 과거에 출판사의 마케팅 부서에서 맡았던 일들을 좋아했기 때문이었다. 또한 대부분의 일하는 여성들처럼 직장 경력은 그녀의 정체성을 형성하는 데 도움이 됐고, 높은 보수도 그녀에게 경제적인 자유와 자신감을 주었다. 실제로 제시카는 한 번도 자신감을 잃어본 적이 없다. 그녀는 고등학교를 반에서 1등으로 졸업했고, 뉴욕의 바너드 대학에서 역사를 전공한 후 일본의 시골 마을에서 영어를 가르치며 2년간 외국생활을 하기도 했다.

만일 제시카에게 하루 종일 집에 있는 것이 행복하냐고 물어본다면 그렇다고 대답할 것이다. 하지만 좀 더 깊이 파고 들어가면 내면의 불안과 공포를 발견할 수 있다. 다른 전업주부들과 어울릴 때는 그런 감정을 애써 무시할 수 있다. 그러나 편한 복장으로 유모차를 밀고 기저귀를 사러 가다가 한껏 멋을 부리고 급하게 달려가는 동창을 우연히 만났을 때 그런 불안감은 스멀스멀 표면으로 올라온다. 집으로 날아온 동창회보를 읽다가 옛 친구들이 자신보다 풍요로운 삶을 살고 있음을 알게 될 때면 우울해지기도 한다.

"집에서 제가 하는 일이 우리 아이들에게 도움이 된다고 전 생각합니다. 저는 아주 운이 좋은 사람이에요. 그리고 아이들과 많은 시간을 보내는 것도 좋습니다. 하지만 몇 주 전에 제 고등학교 동창에 관한 기사를 읽고 심난했어요. 공부도 잘 못하고 주목도 별로 받지 못하던 아이가 지금은 애틀랜타에서 세 아이를 둔 방사선과 의사가 되어 있더군요. 그 순간 저는 '왜 나는 일을 하지 않는 거지?' 하는 생각이 들더군요. 바로 그럴 때 전 불안감을 느낍니다."

제시카는 아들이 유아원에 다니기 시작하면서 주부들의 세계가 바뀌고 있다는 것을 깨달았다. 아들이 다니는 반 아이들의 명단이 도착했을 때 자신이 엄마들 중 유일한 전업주부라는 사실을 알고 깜짝 놀란 것이다. 또한 현실적인 측면에서 더 이상 자신에게 친구가 없다는 사실에 절망했다. 다른 엄마들은 모두 직장에 다니기 때문이었다. 그리고 그런 사실이 일을 하지 않는 것에 대한 그녀의 불안감을 다시

한 번 건드렸다.

한동안은 제시카도 파트타임으로 일을 했다. 그때는 가계 수입에 기여하고, 일하는 사람들과 유대감을 계속 이어나간다는 사실이 제시카의 자존감을 높여주었다. 그러나 둘째아이가 태어난 지금은 일할 시간도, 그러한 여력도 없다. 제시카는 앞으로 무슨 일을 해야 할지 곰곰이 생각하곤 한다. 대학원에 진학할지, 직업을 바꿀지에 대해서도 고민한다. 때가 되면 전도유망한 사업가가 되어볼까 하는 생각도 한다. 하지만 그녀는 일에 다시 전념하는 것은 아이들이 좀 더 자란 뒤로 미루고 싶다는 의사를 분명히 밝혔다.

"제가 뭔가를 하고 싶다면 어느 정도는 할 수 있을 것이라고 확신합니다. 저는 여러 가지 일에 관심이 많아요. 그리고 많은 일을 하는 것에서 행복을 느낍니다. 하지만 어떻게 다시 일터로 돌아갈지 걱정입니다."

퇴직과 재취업

경제학자이자 작가인 실비아 앤 휼렛은 제시카의 걱정에는 그럴 만한 이유가 충분히 있다고 설명한다. 휼렛은 유니레버, GE, 존슨 & 존슨 등 24개 국 민간 회사와 법률 회사들의 협조로 오늘날 미국에서 일어나고 있는 여성 인재들의 '감춰진 두뇌 유출' 에 대한 조사를 실시했다. 연구에 따르면 여성은 점점 길어지는 노동 시간 때문에 자진해서 회사를 그만두고 있다고 한다. 이러한 노동 시간의 증가는 실제로 10년 전에 비해 일과 가정생활의 병행을 더 힘들게 만들고 있다. 그러나 조사에 응한 여성 중 3분의 2가 5년 정도 쉰 다음 풀타임으로 직장에 복귀하고 싶다고 대답했다. 5년이라는 기간은 많은 여성들이 집에 머물고 싶어 하는 '마법의 숫자' 이다.

"그 정도 기간이 지나면 그들의 나이가 37~41세가 될 것이고, 아직 생산적으로 일할 수 있는 기간이 몇 십 년 남아 있을 겁니다. 그리고 이제 기업들도 사람의 인생이 서른일곱 살에 끝나지 않는다는 것을 인식하고 있는 것 같아요."

하지만 휼렛은 여성들이 떼를 지어 행복한 마음으로 일터를 떠나는 소위 '자진 퇴진 혁명' 의 문제점은 그것이 선택된 소수 여성들의 틀에 박힌 모습을 대변하는 데 있다고 말한다.

"그런 여성들은 엄마 역할이라는 새로운 우선순위에 열정적으로 몰두하다가 어느 정도 시간이 흐른 후에는 대부분 다시 열정적으로 일터로 돌아가려고 합니다."

하지만 직장으로 돌아가는 길은 생각만큼 쉽지 않다. 휼렛은 여성들이 여러 가지 방식으로 자신을 보호할 수 있다고 생각한다.

"완전히 직장을 그만두지 말고 일을 줄일 수 있는 방법을 찾는 것이 좋습니다. 그러면 어느 날 갑자기 일을 다시 시작하는 것보다 속도를 높이기가 쉽지요. 주당 55시간의 노동 시간과 꼬마 둘을 감당하는 건 아주 힘든 일이에요. 그러니 방법을 찾지 못하면 일을 그만둘 수밖에 없어요. 아이들은 정말 중요하니까요. 게다가 어린 시절은 여러 가지 면에서 인생에 아주 큰 영향을 미칩니다. 그것을 증명하는 연구 자료들은 많습니다. 하지만 아주 신중해야 합니다. 미래에 어떤 회사가 자신을 필요로 할지 염두에 두면서 그와 연관된 지식으로 자신을 무장하고 인맥을 계속 유지해야 해요. 중요한 자원 봉사 같은 활동도 해야 하고요. 서로 연관이 없는 자원봉사를 여러 가지 하지 마십시오. 그건 절대 안 됩니다. 인맥을 보강하거나 유지할 수 있는 일만 집중해서 하세요. 그것이 일터로 돌아가는 데 아주 중요한 역할을 할 테니까요"라고 휼렛은 말한다.

나는 이번 책을 위해 조사를 하면서 많은 전업주부들이 일을 다시 시작하는 데 어려움을 겪고 있다는 것을 알게 됐다. 특히 여러 해 동안 직장을 쉬었을 경우엔 더욱 그랬다. 그들 대부분은 일을 그만둔 것을 후회했다. 전직 회계사인 줄리 로빈슨(40세)은 구직 사이트를 둘러보다가 절망했다고 한다. 12년 전 줄리는 4대 회계법인 중 한 곳을 그만두고 새로 태어난 아기를 돌보기로 결심했다. 적절한 보육 시설을 찾을 수 없다고 생각했기 때문이다.

"당시 언론에선 숟가락으로 아이의 머리를 때리는 난폭한 베이비시터들의 모습을 많이 보여줬어요. 그래서 아이를 낯선 사람에게 맡겨놓고 출근하는 모험을 하고 싶지 않았죠."

그로부터 2년 후, 줄리는 둘째아들을 낳았다. 그리고 아이가 유치원에 다니기 시작했을 때 다시 일터로 돌아갈 준비를 했다. 그러다가 세 번째 아이를 임신한 것을 알게 되었다. 그녀의 아이들은 현재 열두 살, 열 살, 다섯 살이다. 그리고 줄리는 자신의 선택을 후회하고 있다.

"전업주부가 되기 위해 일을 완전히 포기하는 대신 일과 가정 사이에서 보다 균형 잡힌 삶을 찾을 수도 있었다고 생각합니다. '학교에서 공부도 잘했고, 공인회계사였던 내가 고작 가정주부란 말인가?'라는 자조적인 생각이 종종 들어요. 그런 식으로 표현하긴 싫지만 현실이 그렇습니다. 조금만 지나면 아이가 대학에 갈 텐데, 이제는 우리 집 경제 사정이 걱정입니다."

카드로 만든 집

"15년 전만 해도 저는 유명 인사가 될 거라고 생각했습니다."

서른다섯 살의 앨리슨 부시가 하는 말이다. 앨리슨은 항상 꿈이 컸다. 그녀는 초등학교부터 고등학교 때까지 줄곧 반장을 했고, 가장 성공할 것 같은 학생으로 뽑히기도 했다. 고등학교 졸업반 때는 2천여 명 앞에서 졸업 연설을 하기도 했다. 그때 그녀는 팔을 멋지게 뻗으며 이렇게 선언했다.

"우리는 모든 것을 가질 수 있는 세대입니다!"

대학을 졸업한 후 앨리슨은 워싱턴 D.C.에서 전국여성기구의 간사로 뽑혔고 종종 기구를 대표하는 공식적인 인물로 TV에 출연하기도 했다. 현재 그녀는 뉴욕의 작은 법률 회사에서 노인법 전문 변호사로 일하고 있다. 앨리슨은 변호사 집안에서 태어났다. 그녀가 변호사가 된 것은 가족 중 서른네 번째, 여성으로는 처음이었다. 앨리슨은 또한 세 살 난 아들과 6개월 된 딸의 엄마이기도 하다. 지금 그녀를 알아보는 사람은 그다지 많지 않지만 자신이 기대했던 명성 없이도 자신은 행복하다고 말한다. 지금으로선 두 아이와 주당 사흘만 일하는 업무 스케줄에 그녀는 만족하고 있다.

"제가 일주일에 사흘만 일하는 변호사라고 말하면 사람들은 저를 의아한 듯 쳐다봅니다. 저의 업무 스케줄은 아주 훌륭하죠. 이처럼 유연한 스케줄로 일하는 것이 전 정말 행복해요."

우리가 그녀의 환상적인 파트타임 업무 일정에 대해 이야기를 나눈 것은 이 책을 쓰기 몇 개월 전이었다. 그런데 어느 날 대낮에 놀라운 이메일을 내게 보내왔다. 메일에는 정말 미안하지만 자신은 더 이상 이 책에 적합한 인물이 아니라고 적혀 있었다. 그녀는 아직 용기가 남아 있을 때 가능한 한 빨리 법률회사를 그만둘 거라고 했다.

나는 무슨 일이 있었는지 궁금했다. 내가 전화했을 때 그녀는 그새 많은 일이 일어났다고 했다. 앨리슨은 둘째아이를 낳기 몇 주 전에 뉴욕에서 교외 지역으로 집을 옮겼다. 과거엔 직장까지 지하철로 20분이면 충분했지만 지금은 매일 두 시간씩 출퇴근을 하고 있다. 밤새 아기가 잠을 자지 않을 경우엔 앨리슨은 너무 지쳐 미치기 일보직전까지 가곤 했다. 그녀는 신경이 너무 날카롭고 피곤해서 사건을 기소할 기운조차 없다는 것을 깨달았다. 게다가 큰아이가 유치원에 다니기 시작했는데 운전을 못하는 베이비 시터 때문에 더 큰 스트레스를 받았다. 큰아이의 베이비 시터는 임신 중이라 운전은 고사하고 15분밖에 안 걸리는 유치원까지도 오갈 수 없었다. 게다가 앨리슨이 고용한 운전사는 중요한 순간에 나타나지 않기 일쑤였다. 이런 여러 가지 요인이 뒤엉켜 앨리슨을 벼랑 끝으로 몰아갔다. 그녀가 그 정도까지 지치지 않았다면 직장에서 스트레스를 적절히 해소하거나 새로운 베이비 시터를 구할 여력이 남아 있었을 것이다. 그러나 전체적인 상황이 잘 풀리지 않았고, 그녀는 지금 엄청난 변화를 감행하려 했다.

"일하는 엄마들은 카드로 집을 짓고 그것을 유지하는 삶을 살아요. 베이비 시터가 아픈 경우처럼 카드 하나가 일시적으로 약해지더라도 나머지가 튼튼하면 집이 유지될 수 있습니다. 하지만 카드 한 장이 완전히 빠졌는데 남편이나 조부모처럼 도와줄 수 있는 사람마저 가까이 있지 않아 나머지 카드가 제대로 지탱해주지 않으면 집 전체가 무너질 것이고, 결국 그 조각 하나하나를 주어야 할 겁니다. 그건 너무 힘든 일이지요. 일하는 여성들이 어떻게 그런 스트레스 속에서 그 모든 것을 유지하고 사는지 정말 존경스러워요. 그런 상황은 심각한 수면 부족과 스트레스에 시달리는 우리 같은 사람들에게 위협이 될 수 있습니다. 저 자신이 실패자처럼 느껴져요. 더 이상 이 상태를 유지할 수 없을 것 같습니다. 저는 내리막길을 걷기 시작했어요. 그 원인 중 대부분이 일과 가정에서 비롯된 피로 때문입니다. 하지만 저를 아껴주는 회사에서 5년간 일을 잘해왔으므로 그들이 저에게 '아이 둘을 낳기 전까지는 그래도 훌륭했는데……' 라는 말을 하기 전에 그만두고 싶습니다"라고 앨리슨은 말한다.

앨리슨은 자신을 위한 최선의 선택이 집에서 혼자 일하는 것이라고 생각한다. 그녀는 삼촌의 도움으로 고객 명단을 작성해 집에서 일을 한다면 보다 융통성 있는 생활을 하면서도 현재 월급만큼의 돈을 벌 수 있을 것이라고 생각하고 있다. 하지만 5년간 일해온 회사를 그만두는 것은 늘 정해진 틀대로 살아온 여성에겐 갑작스러운 결정이다. 그러나 그녀는 선택의 여지가 없다고 생각한다. 현재의 방식이 그녀에게 잘 맞지 않는 것이다.

"그만둬야 할 것 같아요. 하지만 그것이 과연 자진해서 그만두는 걸까요? 저는 그만둔다는 말이 편치 않습니다."

앨리슨은 아이를 낳고도 계속 일하는 쪽을 선택해왔다. 그러나 자신과 가족을 위해 무엇이 최선인지는 아직 파악하지 못했다. 그녀는 육아 문제가 불안정하고 만족스럽지 못하게 되자 집에 있어야 한다는 압박감을 느끼게 되었다. 그리고 그 생활 스트레스를 상쇄할 만큼 많은 돈을 벌지도 못했다. 실제로 세금과 육아 비용을 제하면 그녀는 일주일에 겨우 1백 달러를 번 셈이다. 그녀는 일에서 더 이상 특별한 재미도, 애정도 느끼지 못한다고 했다.

앨리슨의 경험은 수많은 엄마들이 일과 엄마 역할의 기로에서 겪고 있는 일이다. 앨리슨이 표현한 '카드로 만든 집'은 지극히 위태로운 구조이다. 튼튼한 기초는 훌륭한 육아, 행복한 부모, 건강한 아이로 이루어진다. 결국 앨리슨은 실비아 휼렛의 충고를 따르기로 했다. 그 충고가 일을 줄이는 것을 의미하긴 하지만 최선을 다해 경기를 지속할 수 있도록 힘을 기르는 것도 지금은 중요하다.

몇 주 후 앨리슨은 회사에 퇴직 의사를 밝혔다. 그녀는 스스로를 배반한 것처럼 느꼈다. 그러나 며칠 후 직장으로 가는 통근차 안에서 그녀는 두 살 된 아이를 유아원에 맡기러 가는 부부를 만났다. 그들과 대화를 시작한 앨리슨은 곧 자신의 사업을 시작할 것이라고 말했다. 그들은 앨리슨에게 그녀의 첫 고객이 되고 싶다고 말했고, 약속을 잡기 위해 전화까지 해주었다.

"차 안에서 허심탄회한 대화를 나눈 것이 효과가 있었어요"라고 앨리슨은 행복하게 말했다. 덕분에 그녀는 자신의 결정에 자신감이 생기고 불안감은 줄어든 듯 보였다. 많은 엄마들의 경우처럼 앨리슨도 모든 것을 지탱하는 약한 그물망은 쉽게 찢어질 수 있다는 사실을 깨달았다. 그래서 그녀는 나름대로 손상되지 않은 그물망을 유지하는 방법을 찾고 있다. 그러나 잘 짜여진 계획도 흔들릴 때가 있다. 그리고 삶은 예기치 않은 방법으로 혼란을 가져온다. 그러므로 우리는 좀 더 안으로 깊이 파고 들어가 자신이 과거에 생각하지 못한 방식으로 용기를 낸다면 과거보다 훨씬 변화되고 강한 모습으로 일어설 수 있을 것이다.

타이밍이 중요하다

서른세 살의 게일 그린버거는 에너지 넘치고, 표현이 확실한 여성이다. 그녀는 따뜻하고 항상 자신감이 넘친다. 오늘도 그녀의 스케줄은 여느 때와 다름없이 빡빡하다. 한 시간 후면 학교에서 아들을 데려다가 병원 치료를 받게 하고, 집으로 급히 돌아와 코네티컷에 있는 매장에 납품할 12개의 스카프를 만들어야 한다. 최근 게일과 여동생 헤더는 라 폴리La Folie라는 회사를 창업했다. 그것은 고급 부티크에 납품하는 멋진 모자와 스카프, 액세서리 등을 만드는 소규모 니트 업체이다. 게일은 9개월 전 사업을 시작한 이후부터 전업주부와 일하는 엄마라는 두 세계에 양다리를 걸치고 있다. 그녀의 사업가 기질은 최근에 부각된 것이다. 그것은 엄마 역할만으로는 채워지지 않는 알 수 없는 공허함을 메우고자 하는 의식적인 욕망에서 시작되었다.

게일은 '백마 탄 왕자와 그 후로 오래오래 행복하게 살았다' 라는 동화를 믿으며, 목가적인 뉴저지 교외 지역의 전통적인 가정에서 성장했다. 그녀의 어머니는 전업주부였다. 전도유망한 산부인과 의사이자 우주의 중심이었던 아버지는 딸들에게 세계를 정복하라고 용기를 불어넣었다. 아버지는 늘 "평범한 일이 아닌 전문직을 가져야 한다"고 강조하셨다. 학업 면에서 게일은 아버지를 실망시키지 않았다. 그녀는 고등학교 때 뛰어난 성적을 기록했고, 노스웨스턴 대학을 졸업하기 전에 심리의학 과정의 입학 허가서를 받았다. 그러나 졸업도 하기 전에 그녀는 자신이 진정 무엇을 원하고 있는지 갈등을 느꼈다.

"나 자신과 부모님을 기쁘게 하고, 뭔가 대단한 사람이 되고 싶었어요. 하지만 일을 하기 위해 전력을 다하진 않았던 것 같아요. 속으로는 별로 일을 하고 싶지 않았거든요. 제가 박사 과정에 들어간다고 해도 제 손으로 가족을 부양하게 될 거라고는 생각하지 않았어요. 제가 원하는 건 저를 부양해줄 남자를 만나는 것이었죠. 어머니도 그랬으니까요. 그래서 전 일이 필수가 아니라 보너스라고 생각했습니다.

하지만 박사 과정 수료가 다가올수록 불안감은 점점 커졌습니다. 저는 인턴 과정을 미루고 계속 시간을 벌었어요. 그리고 결혼에 전력을 다하기 시작했습니다. 그러다가 드디어 결혼을 했어요. 그래서 또다시 인턴 과정을 미뤘지요. 그러고는 임신하려고 노력했고요. 일에 대한 욕구는 엄마가 되고 싶은 욕구로 바뀌었고, 불임 문제가 불거지자 또 다른 핑곗거리가 생겼습니다."

결혼한 지 2년이 지나자 게일과 남편 해리스는 아이를 갖기 위해 노력했다. 그녀는 몇 개월이면 임신할 수 있을 것이라고 생각했고, 만약 그렇게 되면 양가 부모님을 멋진 저녁 식사에 초대해서 아주 극적이고 깜짝 놀랄 방법으로 임신 소식을 알릴 것이라고 생각했다. 그러고는 서로 기뻐하며 포옹과 키스와 눈물이 이어지는 순간을 상상했다. 태어날 아기를 위해 건배를 하는 순간을……. 그녀는 머릿속으로 수십 가지의 시나리오를 그려보았다. 그리고 영화 〈신부의 아버지 2〉 같은 장면도 꿈꿨다. 그러나 6개월이 지나도 임신이 되지 않았고, 게일은 결국 불임 전문의를 찾아갔다. 그는 그녀에게 임신할 수 없는 중대한 의학적인 문제들이 있음을 알려주었다. 그녀가 임신을 시도한 지 거의 2년이 지났다. 불임 치료를 계속 받아온 그녀는 마침내 쌍둥이를 임신했다.

첫아이를 쌍둥이로 낳는다는 것은 그녀가 생각했던 것보다 훨씬 더 힘들고 피곤했다. 곧 현실로 닥칠 엄마 역할에 대한 그녀의 감정은 우쭐함과 우울함 사이를 오갔다. 그리고 종종 그 중간의 거대하고 어두컴컴한 회색 지대에 머물기도 했다. 그녀는 엄마 역할이 자신에게 최고의 만족감을 가져다줄 거라고 생각했다. 하지만 간절히 바란 평생의 꿈이 그녀를 이상하리만큼 불안하게 만들자 혼란스러웠다. 아기가 아장아장 걷기 시작하고 생활의 리듬이 좀 느슨해지자 게일은 다시 의학 공부를 시작했고 오랫동안 미뤄왔던 박사 학위 논문을 준비하기 시작했다. 그녀는 자신이 더 이상 엄마 역할에만 안주하지 않는다는 사실에서 자신감을 얻었고, 두뇌 활동도 활발해졌다. 그녀는 여전히 미래의 의사선생님이었던 것이다.

마침내 게일의 삶은 안정된 것처럼 보였다. 그리고 그녀는 박사 학위를 마치면서 얻게 될 지적인 자극을 기대했다. 그 무렵 해변에서 집으로 돌아가는 길에 그녀는 백미러로 자고 있는 아이들을 보며 이보다 더 아름다운 삶은 상상할 수 없을 거라고 남편에게 속삭였다. 하지만 여전히 게일을 괴롭히고 있는 것이 있었다. 그녀는 그것을 마음 깊숙한 곳에 덮어두었다. 그것을 생각할 때마다 자제력을 잃기 때문이었다. 몇 주 후 그녀는 육아 지침서를 보다가 아들이 그 나이 대에 보여야 할 행동을 하지 않고 지나쳤음을 깨달았다. 그녀는 남편과 친정 어머니에게 그 문제를 상의했지만 두 사람은 너무 예민해서 그렇다며 걱정할 필요가 없다고 말했다. 그러면서 이제 곧 쌍둥이가 한 살이 되면 정기 검진을 받을 것이며, 그러면 곧 모든 것이 괜찮다는 걸 알게 될 거라고 그녀를 안심시켰다. 그러나 게일은 의사를 찾아갔고, 아들에게 심각한 문제가 있을 수 있다는 이야기를 들었다. 의사는 특별한 도움이 필요한 아기들을 검사하고, 필요한 의학 서비스를 제공해주는 프로그램을 그녀에게 소개시켜주면서 연락해보라고 했다.

"저는 의사가 '게일, 걱정 말아요. 곧 개월 수에 맞는 행동을 할 거예요. 별일 아닙니다'라고 말해주길 기대했어요. 그런데 의사는 뭔가 잘못됐다고 말했습니다. 그날 저는 의사가 알려준 곳에 전화를 걸었어요. 그들은 검사를 하려면 2주를 기다려야 한다고 했고, 저는 당장 도움이 필요하다고 우겼죠. 그러자 그들이 이틀 후에 집으로 와 아들을 검사했어요. 결과는 참담했어요. 도저히 그들이 말한 내용을 믿고 싶지 않았죠. 그래서 전 개인적으로 검사를 받기 위해 다음날 아침 급하게 아이를 데리고 뉴욕으로 갔습니다. 발육소아과 전문의의 이야기를 듣고 저는 집으로 돌아와 엉엉 울었습니다. 닷새 동안 잠옷도 벗지 않고, 집 밖으로 나가지도 않았어요. 마냥 울기만 했죠. 그런 저 자신이 하염없이 불쌍했습니다. 그러다가 엿새째 되는 날 잠에서 깨어 다른 의사들에게 도와달라는 전화를 걸었습니다."

현재 세 살 반인 레비는 PDD라는 전반적인 발달장애를 앓고 있다는 진단을 받았다. 그것은 최근 몇 년 동안 미국에서 전염병처럼 퍼진 기이한 질병이다. PDD는 약한 수준의 자폐증으로, 전문가들에 따르면 그 병에 걸린 아이의 운명은 초기 치료의 질과 양에 따라 달라질 수 있다고 한다. 3년 전, 의사가 집에 방문한 이래로 게일은 모든 에너지를 아들을 돌보는 데 쏟아 부었고 가능한 한 최고의 치료를 받게 했다. 물론 장애가 전혀 없는 딸 라야도 돌보면서 말이다.

"저는 매순간 레비를 위해 싸우면서 제가 그 아이의 삶을 이끌어가고 있는 듯한 기분이 듭니다. 저는 레비의 치료사나 선생님들에게 필요한 자료들을 정리하면서 하루하루를 보내요. 그런 노력에 대한 결과가 나타나길 바랍니다. 무슨 일이 일어나고 있는지 알고 싶거든요. 도저히 그냥 가만히 있을 수가 없습니다. 뭔가를 계속하지 않을 수 없죠. 그것을 부인하고 싶은 기분이 때때로 들지만, 실제로 벌어지고 있는 일들을 부인할 수는 없습니다. 저는 하루 중 90%는 레비를 위해 씁니다. 유치원 선생님들은 우리 부부 같은 부모를 본 적이 없다고 말하더군요. 그들의 입장에선 제가 가시 같은 존재일 겁니다. 그래서 때로는 미움을 받기도 하죠. 하지만 상관없습니다. 나중에 뒤돌아보면서 아이를 위해 더 많을 것을 해줄 수 있었는데 그러지 못했다며 후회하고 싶진 않으니까요.”

게일은 1년 전 포드햄 대학에서 연구 과정을 받다가 중단했으며 공식적으로 박사 논문과 학위를 포기했다. 일주일에 35시간씩 레비에게 매달리고 딸까지 돌보면서 공부하는 것은 불가능했기 때문이다.

“저는 전화번호부에서 F로 시작하는 페이지를 펼쳤을 때 나오는 포드햄 대학의 구내번호들만 보면 속이 뒤틀립니다. 학위를 끝내지 못한 것이 정말 속상해요. 아마 뭔가를 성취했다는 기분을 느끼기 위해 학위가 필요했던 것 같아요. 그래서 지금 엄청난 상실감을 느끼는 거고요. 그런 공허함은 아주 근원적인 것입니다.”

언뜻 보면 게일은 시대착오적인 삶을 사는 것처럼 보인다. 바버라 존슨 시대로 퇴보한 사람처럼 말이다. 처음부터 그녀는 아이를 낳은 후 일을 하고 싶어 하지 않았다. 그러나 게일의 입장에서 보면 그녀의 삶은 방향을 예측할 수 없는 잔인한 커브볼을 그녀에게 던졌다. 평범한 엄마일 뿐만 아니라 아들의 인생을 위해 자신의 모든 것을 버려야 칠 수 있는 커브볼 말이다. 그러나 게일에게 흥미로운 점은 이런 슈퍼맘이 되면서 직업적인 자아에 대한 욕구를 새롭게 발견했다는 것이다.

게일이 늘 상상해온 '그 후로 그들은 영원히 행복했다' 식 그림은 모호한 추상화로 변했다. 그녀는 현재 뉴욕에서 북서쪽으로 5백95킬로미터가량 떨어진 부유한 코네티컷 마을에 살고 있다. 그 동네의 엄마 대부분은 일을 하지 않고 아이도 돌보지 않으면서 베이비 시터를 두는 사람들이다. 게일은 그런 그들에게 자신의 복잡하고 가슴 아픈 이야기를 털어놓지 않는다. 심리학자가 되고자 했던 그녀의 좌절된 계획을 아는 사람은 거의 없다. 그녀가 아이들을 유아원에 데려다준 후 커피 모임에 참석하는 것 이외에 다른 일을 하고 싶어 한다는 것도. 그래서 불안감을 느낀다는 것도 이해하는 사람은 없다. 게일은 항상 엄마가 되고 싶었고, 직업은 그저 칵테일 파티 때 자신을 멋지게 소개하거나 이름 옆에 붙은 멋진 직함이 필요할 때나 아쉬운 정도라고 생각해왔지만, 이제는 직업인으로서의 정체성을 가질 기회를 놓친 것에 대해 괴로워하고 있다.

"제 마음속 깊은 곳에는 제가 항상 대단한 사람이 될 것이라는 생각이 자리 잡고 있었던 것 같습니다. 좋은 엄마가 되는 것이 근사할 거라고 생각했지만 막상 엄마가 되고 나니 그것이 멋져 보이지 않았어요. 하지만 레비의 상태가 나아지는 걸 보면 기분이 좋습니다. '이 아이가 잘 자랄 수 있도록 내가 토대를 만들어주었구나' 하는 생각이 들지요. 하지만 나를 위해서도 뭔가 필요하다는 생각을 해요. 자긍심을 느낄 수 있는 그 무엇 말이에요. 전 항상 테니스를 치고 한가하게 점심 모임을 갖는 전업주부를 꿈꿔왔기 때문에 이런 기분이 우스꽝스럽게 느껴지기도 해요. 물론 저는 레비를 돌보면서 많은 일을 하고 있습니다. 그러나 다른 세계가 그리울 때면 현재의 제 삶이 별로 즐겁게 느껴지지 않아요. 그 점만 빼면 괜찮습니다."

게일은 자신이 운영하는 니트 사업이 잃어버린 자존감과 목표의식을 돌려주고 있다고 말한다. 그것은 그녀가 박사 과정을 그만둔 후 느껴온 공허감을 채우는 데 도움이 되었다. 하지만 한편으로는 그 일이 그냥 '뜨개질' 이기 때문에 때로는 당황스럽고, 때로는 방어적이 되기도 한다.

"전 제 인생에서 더 많은 것을 해야 하고, 또 할 수 있다는 생각을 지우려고 애쓰고 있습니다. 제 가능성들을 충족시키지 못하고 있는 느낌이 들어서요. 꼭 한 단계 미끄러져 내려간 것 같은 기분이에요."

나의 직업은 무엇?

한편 게일의 동생 헤더 보른 에르베는 〈섹스 앤 더 시티〉 시리즈가 시작되기 전부터 그러한 삶을 이미 살고 있었다. 헤더는 현재 언니 게일과 함께 '라 폴리' 라는 니트 업체를 운영하고 있다. 코넬 대학의 전국 장학생이었던 헤더는 대학을 졸업한 후 화려한 직업들을 두루 거쳤다. 〈인스타일〉지 팬이라면 누구나 부러워할 만한 그런 직업들 말이다. 그녀는 세계에서 규모가 가장 큰 에이전시 중 한 곳에서 홍보 일을 했고, 그다음엔 잡지 홍보 쪽으로 자리를 옮겼으며, 그 후엔 〈엔터테인먼트 투나잇〉의 프로듀서로 일했다.

헤더는 세련되고 유행을 앞서가는 너무나 뉴요커다운 여성이었다. 그녀는 항상 완벽한 핸드백을 들고 다녔으며, 머리는 늘 최신 스타일이었다. 형언하기 어려운 묘한 광채를 내뿜는 매혹적인 그녀는 누구나 부러워하는 〈섹스 앤 더 시티〉 같은 환상적인 세계에서 살았다. 영화 시사회와 파티, 패션쇼 참석은 기본이고, 나이트클럽에선 늘 VIP 대접을 받았다. 뉴욕에서 가장 성공한 독신 남자들과 데이트를 하기도 했다. 그중엔 NBC 방송의 〈투데이 쇼〉 공동 앵커인 매트 라우어와 코미디언이자 토크쇼 사회자인 존 스튜어트도 포함돼 있다. 그러나 연예계라는 상당히 화려해 보이는 세계는 그녀에게 큰 타격을 안겨주었다. 스트레스에 지친 헤더는 스물아홉 살이 되었을 때 변화를 감행해야 한다는 걸 깨달았다.

“정체불명의 안구 통증이 심해졌습니다. 의사를 찾아갔지만 병명을 알 수 없었죠. 그러다가 ‘클럽 메드’ 리조트로 휴가를 갔는데 갑자기 그 증세가 사라지는 거예요. 휴가에서 돌아와서는 그동안 미처 보지 못한 일주일치 녹화 테이프를 틀자 시그널 뮤직이 흐를 때부터 눈이 아프기 시작했습니다. 음악만 들었을 뿐인데 말이죠. 그 순간 ‘내 인생에서 이런 육체적인 고통을 감수하는 것보다 더 중요한 일이 있을 거야’ 라는 생각이 들었어요. 물론 그것은 단순한 안구 통증이었습니다. 하지만 스트레스와 불안감으로 인한 증세였고, 뭔가 변화가 필요하다는 신호였죠."

그녀는 일을 잠시 쉬는 대신 획기적인 직업적 변화가 필요하다고 느꼈다. 만일 클럽 메드가 통증을 치료하는 데 도움이 됐다면 자신이 일할 곳도 바로 그곳이라는 생각이 들었다.

헤더는 〈엔터테인먼트 투나잇〉과 연봉 10만 달러의 재계약을 앞두고 있었지만 한 달에 5백40달러의 보수를 받는 일을 선택하고 플로리다로 날아갔다. 그녀의 부모님은 깜짝 놀랐다. 그 소식을 들은 어머니는 코피를 흘리셨다. 하지만 헤더는 뉴욕을 떠나 처음엔 플로리다의 클럽 메드에서, 그 다음엔 바하마의 클럽메드에서 일을 하며 행복을 느꼈다. 그곳에서 그녀는 체크인부터 리조트 뮤지컬 공연 진행에 이르기까지 모든 일을 해냈다.

클럽 메드에서 일하는 동안 헤더는 리조트에서 일하는 잘생긴 프랑스 남자와 사랑에 빠졌다. 두 사람은 결혼 후 시카고에 둥지를 틀었고, 헤더는 TV 프로덕션에서 일하게 되었다. 자신도 모르는 사이에 예전 생활로 돌아가 있었던 것이다. 헤더는 엄마가 되었고 얼마 지나지 않아 자신의 삶을 되돌아보기 시작했다. 그녀의 남편은 풀타임으로 일하며 밤엔 경영대학원에 다녔기 때문에 헤더는 직장에서 길고 힘든 하루를 보낸 후 집으로 돌아와 다시 육아와 가사를 전담해야 했다. 장은 밤 11시에 보았고, 아들과 보낼 시간은 거의 없었다. 게다가 가정생활을 존중하는 것과 거리가 먼 환경에서 일하고 있었다. 그래서 헤더는 아들이 한 살 때 일을 그만두었다.

"물론 경제적인 손실이 있었습니다. 하지만 그래도 일을 계속할 수는 없었어요. 제가 일하는 것이 나와 가족에게 전혀 도움이 되지 않았으니까요."

하지만 헤더는 전업주부가 된 지 몇 달 후부터 불안해지기 시작했다. 그녀는 자신의 에너지를 쏟아 부을 창의적인 배출구가 그리웠다. 그래서 언니 게일과 스카프를 떠 코네티컷 주 명절 품평회 때 팔기 시작했다. 스카프는 히트를 쳤고, 라 폴리가 탄생했다.

"할머니께서 언니와 제가 뜨개질을 하는 걸 아신다면 아마 무덤 속에서 벌떡 일어나실 겁니다. 할머니는 철저한 비즈니스 우먼이셨거든요. 저희 둘 다 직업을 갖길 바라셨고요. 우리를 봤다면 할머니는 아마 새파랗게 질리셨을 거예요."

대학 장학생이자 홍보의 달인이며 TV 프로듀서였던 헤더는 그동안 정신없는 삶을 살아왔다. 그러나 이제 그녀는 자신의 창의적인 표현 수단인 라 폴리와 함께 전혀 색다르고 보다 가벼운 행보를 하고 있다. 크건 작건 간에 이런 변화로 인해 그녀도 언니와 마찬가지로 자신의 정체성과 씨름하고 있다.

"저는 구두중독자였어요. 주로 마놀로 블라닉 구두를 신었지요. 자선 경매 행사 때는 부츠 하나에 4백 달러를 쓰기도 했습니다. 하지만 지금은 구두 가게에 들어가면 당황스럽습니다. 마놀로를 구입할 만큼 돈도 벌지 못하지만, 엄마로서 어떤 구두를 사야 할지도 모르겠거든요. 놀이터에 하이힐을 신고 갈 수는 없으니까요."

요즘 헤더는 자신이 누구이며, 직업이 무엇인지 표현하기가 두렵다. 그녀는 학교 서류와 병원 서류의 직업란을 채워 넣을 때마다 주눅이 든다고 말한다.

"가끔씩 '내 직업이 뭐지? 그래, 난 엄마야. 하지만 그 이상인 것 같은데……. 그럼 액세서리 회사 사장인가?' 하며 당황스러워합니다. 그 무엇도 100% 정확하진 않으니까요."

학교를 졸업하고 약속된 미래를 향해 질주해야 하는 우리 세대의 많은 여성들은 엄마 역할에 전념하는 것과 그것이 가져다주는 허탈감 때문에 힘들어한다. 헤더처럼 전업주부의 길을 선택한 많은 엄마들은 금세 자신이 전념할 수 있는 일에 뛰어들고 싶어 몸이 근질근질해진다. 헤더는 현재 자신의 새로운 사업이 성장하길 바라고 있으며, 라 폴리를 인생의 또 다른 장으로 생각하고 있다.

"때론 〈엔터테인먼트 투나잇〉을 영원히 떠나는 대신 몇 달 쉬기만 했더라면 인생이 어떻게 달라졌을지 궁금하기도 합니다. 어느 날 밤 욕실 청소를 하다가 문득 텔레비전을 보니 존 스튜어트가 에미상 사회를 보고 있더군요. 그 순간 '저게 내 인생이 될 수도 있었을 텐데……' 라는 생각이 들었습니다. 그때와 비교하면 지금의 삶은 화려하지 않습니다. 제가 가는 유일한 파티는 아들 친구의 생일 파티뿐이죠. 이제는 운동도 하지 않습니다. 문화생활도 올해 들어 영화 다섯 편을 본 게 전부예요. 하지만 제 아들 메이든과 함께하는 삶은 과거와 비교되지 않을 정도로 풍요롭습니다. 물론 청구서를 지불하고, 융자금을 내고, 아들을 돌보는 일이 스트레스를 주기도 하죠. 하지만 하워드 스톤이나 캐롤린 베셋 케네디의 머리염색 담당자와의 독점 인터뷰 같은 것이 제게 가장 중요한 일이었다는 것을 생각해보면 제 결정이 얼마나 현명한 것이었는지 확실해집니다."

일에 대한 목표와 자신에 대한 기대가 전혀 다른 곳에서 출발한 두 자매는 현재 같은 것을 원하고 있다. 그들은 뜨개질 이외에 더 의미 있는 무언가를 할 수 있다거나 혹은 해야 한다는 생각으로 고민하고 있지만 자신들이 신생 사업을 운영하고 있고, 자신의 삶을 스스로 통제할 수 있다는 것에서도 희열을 느낀다. 인터뷰를 마치며 헤더는 이렇게 말했다.

"삶이 어디로 흘러갈지 누가 알겠어요? 우리는 이제 막 삶이라는 것을 알아가기 시작했는걸요."

8

여성들이여, 새로운 판을 짜라

일 문제에 있어 여성에게 선택권이 거의 없다는 것은 엄청난 모순이다. 아이를 기피하는
사회가 되길 원치 않는다면 육아를 담당하는 여성들이 새로운 규칙을 만들어야 한다.

쓸쓸한 어느 가을 오후, 타임스스퀘어 광장이 내려다보이는 건물 30층에 1백50명의 여성들이 모여 점심 뷔페를 먹고 있었다. 다양한 직업을 가진 이 여성들은 몇 명씩 그룹을 지어 담소를 나눴다. 그들은 두 개의 이름표를 달고 있었는데 하나에는 자신의 이름과 직업이, 다른 하나에는 아이들의 이름과 나이가 적혀 있었다. 그들은 '임원직 엄마들Executive Moms' 의 연례 가을 모임에 참가하기 위해 이곳에 모였다. 오늘의 의제는 '직장생활을 하면서 학급 활동에 적극적인 엄마가 되는 방법' 이었다.

오랫동안 〈인사이드 에디션〉의 진행자로 활동해왔고 다양한 수상 경력이 있는 저널리스트 데보라 노빌(그녀 역시 세 아이의 엄마이다)이 사회를 보는 가운데 엄마들이 일을 하면서도 아이들의 학교생활에 적극적으로 참여할 수 있는 방법에 대해 토론의 시간을 가졌다.

“제 하루는 이걸로 시작합니다”라며 데보라 노빌은 자신의 무선 단말기 블랙베리를 흔들었다. 그녀는 블랙베리에 적힌 내용을 읽기 시작했다.

“오늘 저의 첫 이메일은 오전 7시 47분에 학교 선생님으로부터 온 것입니다. ‘댁의 아드님과 저는 서로를 차츰 알아가고 있고, 서로를 좋아합니다. 단, 한 가지 놀라운 점은 아드님의 라틴어 성적이 좋지 않다는 겁니다. 여름방학 동안 라틴어를 모두 잊어버린 것 같습니다……’ 계속 이런 식이에요. 전 살인이라도 하고 싶은 심정입니다.”

TV에서 밝고 씩씩한 모습만 보여주었던 그녀는 여기에서만큼은 자신의 속마음을 감추려 하지 않았다.

“여성 여러분, 우리는 모든 것을 책임지고 있다고 느낍니다. 그래서 사는 게 쉽지 않지요. 우리는 노동 시장의 피그펜 같은 존재입니다. 혹시 만화 〈찰리 브라운〉에 나오는 피그펜이라는 인물과 그 아이에게는 늘 오물이 붙어 있던 걸 기억하십니까? 그처럼 우리에겐 죄책감이 딱 달라붙어 있습니다. 저는 아들의 비참한 라틴어 성적 때문에 죄책감을 느낍니다. 제가 여름 내내 퀴즈를 냈다면 아이는 모든 걸 기억했을 거예요. 하지만 저는 그러지 못했습니다. 엄마로서 우리는 모든 것을 할 수 없어요. 우리가 할 수 있는 것은 가정 내에서의 책임과 직장생활을 병행할 수 있는 최선의 방법을 찾는 것입니다.”

그녀의 이야기는 오늘날 일과 육아를 병행해야 하는 엄마들의 고민을 정확히 대변하고 있었다. 그러나 오늘의 주제는 학교이다. 그리고 요즘 부모들의 가장 큰 관심사 중 하나가 교육이라는 여론조사 결과에서도 알 수 있듯이 이렇게 많은 엄마들이 모인 것은 그리 놀라운 일이 아니다. 패널 중 한 사람은 이렇게 충고했다.

"남몰래 기금을 모금하는 자원 봉사는 하지 마세요. 아이들이 당신을 볼 수 있는 교실에 시간을 투자하십시오. 교실에 들어가 책을 읽어주고 과제를 도와주는 겁니다. 눈에 보이는 것이 중요해요."

그것은 좋은 충고 같았다. 나는 당장 아들의 유아원 기금 모금 위원회에서 탈퇴하고 교실로 들어가 책을 읽어줘야겠다고 생각했다.

나는 그 행사장을 돌아다니다가 다른 일하는 엄마들과 유대감을 쌓기 위해 이곳에 처음 참석했다는 두 명의 변호사를 만났다. 본래 나이보다 훨씬 젊어 보이는 서른일곱 살의 샤론은 고용법을 전문으로 하는 법률회사의 공동 경영자이다. 세 살과 18개월 된 아이를 둔 그녀는 매일 11시간씩 일한다. 전직 전문 요리사인 그녀의 남편은 아이들과 집에 머물며 요리를 비롯한 모든 가사를 도맡고 있다.

샤론은 남편이 전업주부 역할을 하고 있는, 비교적 새로운 부류의 여성 가장이다. 실제로 미국 인구 조사국이 2002년 3월에 발표한 조사에 따르면 부모가 둘 다 있는 가구 중 18만9천 명의 아이들이 전업주부 아빠의 보살핌을 받고 있다. 전업주부 엄마들과 비교하면 미미한 숫자이지만 전업주부 아빠의 수는 1994년 이후 18%나 증가했다(엄마가 전업주부인 경우는 13% 증가했다). 그것은 합리적인 타협의 결과이다. 그리고 샤론의 경우 보모나 보육원이 아닌 아이들의 아빠가 일차적으로 아이를 돌보기 때문에 죄책감을 덜 느낀다. 그러나 직장 생활이 행복하냐는 질문에 그녀는 어깨를 으쓱했다.

"글쎄, 비참하진 않아요. 하지만 정말 행복하다고 말할 수는 없을 것 같아요. 지금의 생활이 너무 단조롭거든요. 주중엔 아이들이나 남편, 저 자신을 위한 시간이 거의 없어요. 보통 저녁 8시까지 일을 해야 하거든요. 제 하루는 정말 길고 힘들어요. 3년 전에 공동 경영자가 된 후로는 점점 더 힘들어지고 있지요. 뭔가 다른 방법을 찾아야 할까 봐요. 캐서린과 얘기해보세요. 그녀는 저와는 아주 다른, 좀 더 멋진 삶을 살고 있으니까요."

마흔세 살의 캐서린 릴리는 이렇게 말한다.

"전 일을 5분의 3 정도로 줄였어요. 그리고 그런 스케줄이 마음이 듭니다. 전 지금 공동 경영자 과정을 포기한 상태예요. 파트타임으로 일하면서 경영자가 될 수는 없으니까요. 하지만 그 정도로 만족해요. 파트너가 되기 위해 풀타임으로 다시 돌아갈지는 모르겠어요. 가족들과 보내는 시간이 너무 좋거든요."

두 살과 다섯 살배기 아이들을 둔 캐서린은 아침 9시부터 오후 5시까지 일한다. 주당 40시간의 노동 시간은 파트타임으로 간주되기 때문에 그녀는 스스로 운이 좋다고 느낀다. 아마 일을 5분의 3으로 줄였다는 시간이 주당 40시간인 곳은 법조계와 투자 금융계밖에 없을 것이다. 나는 그녀가 그런 상황에 만족한다는 이야기를 듣고 놀라움을 감출 수 없었다. 하지만 다른 변호사들의 생활과 비교해볼 때 캐서린이 운이 좋다고 스스로 느낄 만한 이유는 충분히 있었다. 매일 저녁 집에 가서 아이들과 저녁을 먹고, 숙제도 도와줄 수 있다는 그녀의 대답이 바로 그것이었다.

같은 회사에서 같은 업무를 맡고 있는 샤론과 캐서린은 아주 다른 삶을 살고 있다. 어쩔 수 없어서, 그리고 서로 다른 방향을 선택했기 때문이다. 샤론은 보수가 좀 더 높지만 덜 가정적인 공동 경영자 과정을 선택했고, 캐서린은 보수는 적지만 가족과 많은 시간을 보낼 수 있는 좀 더 여유 있는 길을 선택했다. 캐서린은 남편보다 보수가 많기 때문에 가정에서 그녀의 경제적 기여도는 아주 중요하다. 그녀는 일주일에 40시간씩 일하면서 직장생활을 계속하고 있다. 하지만 계속 파트타임으로 일하면 경영자가 절대 될 수 없다. 그래도 그녀는 상관없다고 생각한다. 한편 샤론은 파트타임으로 일할 수 없는 형편이다. 그녀가 가정의 주 수입원이고, 직장에서 공동 경영자로 받는 수입이 가정에 경제적인 안전과 편안한 미래를 보장해주기 때문이다. 이처럼 일하는 엄마들이 어떤 식으로 이력을 쌓아가든 '선택'은 결국 개인의 상황에 따라 각각 다를 수밖에 없다.

엄마 역할의 왕도

나는 이 책을 쓰기 위해 조사를 하면서 엄마들이 어떻게 그 모든 일을 다 할 수 있는지 깔끔하고 명쾌한 해답을 찾으려고 애썼다. 나는 1백여 명의 전문직 여성들을 대상으로 설문조사도 실시하였다. 하지만 깊이 파고 들어갈수록 넓은 붓 터치로 이처럼 복잡한 그림을 그리는 것은 불가능함을 깨달았다. 모든 것은 그림자와 세부묘사, 그리고 그림을 걸어놓는 액자에 따라 달라진다. 무엇보다 일하는 엄마들의 생활을 가능케 해주는 주위의 지원과 인프라가 중요했다.

누가 아이들을 돌보는가? 아이들을 돌보는 사람은 믿을 만한가? 육아비를 감당할 만한 돈은 충분한가? 배우자가 있다면 그의 직업은 무엇인가? 배우자는 육아와 가사를 어느 정도 분담하는가? 누가 경제적으로 집안의 가장이고, 자신의 수입이 가정 경제에 얼마나 중요한가? 일은 즐거운가? 그 일은 시간이 융통적인가? 오래 근무해야 하는 극단적인 일인가, 아니면 정시에 출퇴근할 수 있는 일인가? 그리고 당신은 일상생활에서 아이들과 어느 정도 함께해야 한다고 느끼는가? 어느 시점에서 아이들을 떼어놓기가 힘든가? 개인적으로 모든 환경이 급작스럽게 뒤바뀐 순간은 언제인가?

이런 질문에 대답하는 엄마들의 답변은 사람마다 다르다. 그러나 내가 발견한 공통점은 바로 융통성에 대한 욕구였다. 물론 이것은 여성들만의 문제가 아니다. 2000년 해리스 여론조사에 따르면 20~30대 남성의 80% 이상이 가족과 시간을 보낼 수 있는 일이 도전적이거나 보수가 많은 일보다 낫다고 답했다. 또한 이 설문조사는 남성이나 여성 모두 융통성을 직업 만족도의 가장 중요한 요인 중 하나로 꼽고 있지만 직장에서 그것을 허용한다고 하더라도 남성들의 경우 유연한 업무 일정을 선택하는 것이 여성들보다 훨씬 적다는 것을 보여주고 있다. 월스트리트에서 일하는 한 남자 변호사는 이렇게 말했다.

"유연한 근무 시간을 요구하는 것이 자신의 직업을 진지하게 생각하지 않는 것으로 간주되는 분위기 때문에 그것을 물어보는 것은 현명한 처사가 아니라고 생각합니다."

직장에서의 유연성 문제에 대해 유럽인들의 태도가 미국인보다 훨씬 진보적이라는 것은 별로 놀라운 일이 아니다. 실제로 1980년대 네덜란드에서는 실업을 해소하는 방법으로 시간제 근무를 권장하기 시작했다. 시간제 근무자들에겐 정규직 근무자들과 똑같은 혜택과 교육의 기회가 주어졌다. 현재 네덜란드 남성의 20%, 여성의 73%가 시간제 근무를 하고 있다. 이에 비해 미국에선 18세 미만의 자녀를 둔 엄마들 중 17%만이 시간제 근무를 하고 있고, 49.6%가 정규직으로 근무하고 있다. 그리고 어린아이들을 둔 네덜란드 부모의 10%는 일주일에 나흘만 일하는 쪽을 선택하고 있다. 하지만 미국은 유럽인이 누리는 삶의 기쁨을 결코 수용하지 않고 있다. 그래서 미국은 진보적인 사회 문제에 있어 그들보다 늘 몇 단계 뒤처져 있다. 미국 남성의 대부분은 여전히 유연한 업무 일정을 선택하는 데 지나치게 신중하지만 여성들, 특히 엄마들은 융통성이야말로 최선의 방법이자 직장을 그만두지 않는 필수 요건이라고 생각한다.

사회 통념에 대항하기 시작하다

데보라 엠스타인 헨리는 스물일곱 살 때 대부분의 법대 졸업생이나 연방 지역 판사 서기관이 하지 않는 일을 했다. 임신을 한 것이다. 앳된 얼굴에 임신을 한 이 빨강머리 여성은 뉴욕 롱아일랜드의 어두

컴컴한 판사실에서 너무나 이례적인 존재였기에 변호사들은 대개 그녀를 비서로 착각했다.

"다들 제가 판사 서기관이라는 걸 믿지 못했습니다"라고 데보라는 말한다. 그녀는 뉴욕의 한 법률 사무소에서 2년간 풀타임으로 일한 후 마케팅 기획자인 남편의 직장 때문에 필라델피아로 집을 옮겼다. 당시 그녀는 둘째아들을 임신 중이었고 큰 법률 회사에 자리를 얻었다. 그녀는 당시로선 다소 이례적으로 정규직 근무 시간의 75%만 일하기로 계약을 맺었다. 회사에서 사흘 동안만 정식으로 일하고 나머지는 집에서 일을 하는 형식이었다. 데보라는 그런 계약에 만족했지만 자신이 사회적으로 적합하지 않은 사람처럼 느껴졌다. 그녀는 정규직 변호사들의 세계에 속하지 못했고, 전업주부들과도 어울리지 못했다. 소외감을 느끼던 데보라는 시간제 근무자들이 직면한 문제에 대해 어떻게 대처해야 하는지 논의하기 위해 점심시간을 이용하여 다른 시간제 변호사 세 명과 모임을 갖기 시작했다.

"저는 정말 고군분투했어요. 그래서 일과 가정생활을 균형 있게 유지해나가는 방법에 대해 이야기를 나눌 사람들이 필요했고요. 그리고 저처럼 시간제 근무를 하고 있는 다른 변호사들과 이야기를 하면서 그들도 저와 똑같은 경험을 하고 있다는 걸 알게 됐죠. 그들 역시 소외감을 느끼며 고군분투하고 있었습니다. 그래서 매달 함께 모여 이 문제를 논의해서 서로 정리한 내용을 비교하면 어떨까? 하는 생각이 들었어요."

1999년 데보라는 필라델피아에 사는 여섯 명의 시간제 변호사들에게 이메일을 보냈다. 후원 단체 같은 것을 만들기 위해 자신의 회사에서 모임을 갖는 게 어떻겠느냐고 의견을 물은 것이다. 소문은 빠르게 퍼졌고, 1백50명의 변호사들이 그녀에게 답장을 보내왔다.

"엄청나게 많은 답장을 받은 것이 확실한 증거였습니다. 제가 문제의 정곡을 찔렀고, 저만 힘들었던 것이 아니라는 것을 깨달았죠. 당시엔 일과 가정생활의 균형 문제에 대해 누구도 말을 하지 않던 때였기 때문에 저의 제안이 침묵을 깨는 계기가 되었던 것 같습니다."

데보라는 그 기회를 놓치지 않고 그 해에 플렉스 타임 로이어Flex-Time Lawyers LLC를 만들었다. 시간은 흘러 2004년 9월, 서른여섯 살에 세 아들(각각 8세, 6세, 3세)의 엄마가 된 데보라는 맨해튼 중심부에 자리한 사무실 건물 50층에서 변호사들을 맞이했다. 5년 반이 지난 지금 데보라의 이메일 명단은 여섯 명에서 1천3백 명으로 늘어나 있었다. 이 모임은 더 이상 평범한 점심 모임이 아니라 초대 손님을 모시는 조직적인 행사로 발전했다. 2년 전 그녀의 단체는 뉴욕으로 확대됐고, 지금은 뉴욕의 한 대형 법률 회사에서 풍성한 출장 요리를 제공하는 월례 모임을 주관하고 있다. 이 모임은 남성을 차별하지 않는다. 실제로 그날도 두 명의 남성이 방 뒤쪽으로 가서 자리에 앉는 모습이 목격되었다. 그러나 여자들이 지배적인 모임인 것은 확실했다. 이날 그곳엔 약 1백 명의 변호사들이 모였다. 출산 휴가 중인 한 여성은 유모차에 8주 된 아기를 데리고 와서 맨 앞줄에 자리를 잡았다. 회사에 유동적인 근무 시간을 요구하는 것이 불안해진 그녀는 가장 좋은 협상 방법이 궁금하여 이곳에 왔다.

이날의 초대 손님은 세계에서 규모가 가장 큰 상법 전문 법률 회사의 공동 경영자인 영국인 변호사 주디 클락이었다. 그녀는 현재 10대인 두 아들을 두고 있다. 영국에서 수년간 주 4일제 근무를 해오고 있다는 주디는 자신의 일정을 좀 더 자유롭게 조절하고 싶어 하는 여성들에게 융통성이 왜 경제적으로 타당한가에 대해 설명했다.

"제가 다니는 회사에선 융통성의 문제를 비즈니스적인 측면에서 보고 있습니다. 그것은 정치적인 문제가 아닙니다. 여성들만의 문제도 아니고요. 융통성은 모든 사람을 위한 것이어야 합니다. 즉 여성들에게 유연한 근무 시간을 허용하는 데는 중요한 사업적인 이유가 있습니다. 영국의 통계를 보면 지난 10년간 법조계에 지원한 여성들의 수가 128% 증가했어요. 반면 남성들은 26% 증가하는 데 그쳤죠."

지난 10년 동안 미국의 여성 변호사 수가 영국만큼 극적으로 증가한 것은 아니다. 그러나 페미니즘 시대 이후, 여성 변호사의 수는 기하급수적으로 늘었다. 1972년에는 법대 졸업생 중 12%만이 여자였지만 30년 후엔 49%로 증가했다. 해마다 대형 법률 회사에 입사하는 신입 변호사의 절반이 여성이지만 공동 경영자가 되는 비율은 16%뿐이다. 주디는 영국 법률 회사들이 직원들, 특히 여성들을 더 배려하는 이유는 최고의 인재들을 놓치고 싶지 않아서라고 설명한다.

"런던에서 여성 인재를 채용하는 것은 거의 전쟁과 같습니다. 그것은 여성 인재를 고용하게 만든 중요한 변화들이 있었기 때문이지요. 그리고 그 근본적인 수혜자는 여성입니다."

미국 법률 회사에 여성 공동 경영자가 극히 적은 이유는 여성들이 아이를 낳은 후 일을 종종 그만두기 때문이다. 많은 연구들을 보면 잔인할 정도로 긴 근무 시간, 엄청난 작업량, 그리고 융통성 없는 스케줄이 일과 가정생활을 병행할 수 없게 만든다는 것을 알 수 있다. 플렉시 타임 로이어의 설립자인 데보라는 법률 회사들이 여성 인력을 확보할 수 있는 적절한 방법들을 검토하기 시작해야 한다고 생각한다. 그렇지 않으면 비용이 많이 들기 때문이다. 데보라는 법률 회사들이 직원 한 명당 20만 달러에서 50만 달러를 투자하고 있기 때문에 직원들, 특히 여성 직원들을 좀 더 배려하지 않을 수 없다고 한다.

"법률 회사에 다니는 것이 너무 힘들기 때문에 많은 여성들과 비주류 변호사들은 재택 법률 상담을 선호하고 있습니다. 그리고 그들은 자신의 처지를 좀 더 배려해줄 수 있는 법률 회사를 원하죠. 엄격히 말해 그것은 비즈니스적인 문제이며 법률 회사의 우선순위를 바뀌게 하는 가장 중요한 방법이기도 합니다. 또 다른 급박한 문제는 현재 법대 졸업생 중 50% 이상이 여성이기 때문에 법률 회사들이 이 절반의 인재들을 기용하지 않을 경우 회사 자체를 운영할 수 없다는 거예요. 그리고 일단 그들을 고용하고 나면 나중에 잃었을 때 많은 손해를 보게 되지요. 그리고 변호사들이 자신들의 생각을 교환하고 일과 가정생활의 균형이라는 문제를 공론화하기 시작했기 때문에 고용주들은 경쟁력 유지를 위해 더 많은 관심을 기울여야 합니다."

1882년 매사추세츠 주 최초의 여성 변호사인 라일라 로빈슨은 여성 변호사와 법대생으로 이루어진 단체에 다음과 같은 질문을 던졌다.

"여성이 아내와 엄마, 변호사로서의 의무를 동시에 성공적으로 완수하는 것이 현실적으로 가능한가?”

19세기 말에는 이러한 이질적인 역할들을 병행하는 것이 여성에게 부적합할 뿐만 아니라 비현실적이라는 결론을 대중들은 내렸었다. 지난 한 세기 동안 문화의 규범은 발전해왔지만 현실은 그리 많이 변하지 않았다. 최근 같은 질문을 여성 변호사들에게 던졌을 때 그중 3분의 1이 세 가지 역할을 병행하는 것이 현실적으로 가능하지 않다고 대답했던 것이다.

많은 사람들이 알고 있듯이 변호사들은 행복을 모르는 사람들이다. 그리고 거기엔 그만한 이유가 있다. 지난 20년간 근무 시간이 급격히 증가했기 때문이다. 미국 법률 회사에 근무하는 대부분의 변호사들은 연간 2천 시간 이상의 기소 시간을 채우기 위해 주당 최소한 60시간을 일해야 한다(공동 경영자 과정에 있는 영국 변호사들은 한 해 평균 1천2백 시간의 기소 시간을 채운다). 그것은 대형 법률 회사들과 비교할 때 상대적으로 준수한 근무 시간이다. 대형 법률 회사들은 일반적으로 그보다 훨씬 많은 노동시간을 요구한다. 이처럼 무자비한 생활 방식이 균형을 잃은 변호사를 양산시켰다는 것은 놀라운 일이 아니다. 아이가 있는 변호사 중 4분의 3은 직장의 요구와 개인적인 요구 사이에서 가까스로 균형을 맞춰가고 있다고 대답했다. 그리고 일과 가정생활을 성공적으로 병행할 수 있는지에 대해 회의적인 태도를 보이는 여성의 수는 지난 20년 동안 거의 세 배로 증가했다.

하지만 데보라는 직장 내 융통성이 근 한 세기 동안 법조계를 지배해온 딜레마를 해결해줄 것이라고 확신한다. 그녀가 만난 여성 변호사들은 다양한 것을 원하고 있었다. 어떤 여성은 공동 경영자 과정에 있지 않은 것에 만족하는 반면, 또 어떤 여성은 공동 경영자가 되길 원하지만 파트타임으로 일함으로써 좀 더 천천히 그곳에 도달하길 원했다. 하지만 데보라는 모든 사람들이 보다 건강하고, 가정 중심적이며, 삶을 윤택하게 만드는 업무 스케줄을 바라고 있다고 믿는다.

"제가 만난 변호사들 중 절대 다수가 유연한 근무시간을 원하고 있습니다. 그들은 자신의 삶을 스스로 통제하고 예측할 수 있기를 원해요. 그것이 가능할 때 그들은 더 행복할 수 있습니다."

해답은 융통성에 있다

내가 조사한 내용도 데보라의 생각과 크게 다르지 않다. 나는 투자회사와 마케팅 분야에서 의료 및 홍보업계에 이르기까지, 다양한 분야에서 일하고 있는 대다수의 엄마들이 보다 유연한 업무 일정을 위해 자신의 직책과 수입을 기꺼이 희생하고 있음을 발견했다. 장거리 통신을 이용하거나, 금요일에 쉬거나, 자신만의 스케줄을 만듦으로써 융통성 있게 일하는 운 좋은 엄마들은 고용주에 대한 충성심이 강하며 직장을 떠날 계획이 없다고 말했다. 여성들은 또한 아이와 더 많은 시간을 가질 수 있다면 일을 줄이는 것이 편하다고 대답했다. 실제로 내가 조사한 7세 미만의 아이를 둔 여성들은 모두 승진보다 현재 직책에 머무는 것을 선호했다. 아이가 어린 대부분의 여성들은 보수를 더 많이 준다고 해도 승진을 해서 더 많은 책임감과 스트레스를 받고 싶지 않다고 말했다.

나는 이러한 결과가 여성들이 자신의 일에 헌신적이지 않다는 것을 의미하는 것은 아니라고 생각한다. 내가 인터뷰한 거의 모든 여성들은 일이 꼭 필요하기 때문에 하기도 하지만 자기가 좋아서 일을 하고 있다고 대답했다. 일은 자신을 정의하는 데 도움이 된다. 그것은 아이를 더 잘 이해하게 해주고, 여성들이 갈망하는 정신적·심리적 자극을 주며, 집 밖에서 성공할 수 있도록 도와준다. 실제로 경제적인 이유 때문에 일을 해야 하는 거의 모든 여성들은 현재의 위치보다는 창업을 하거나 자선단체 또는 비영리기관 같은 데서 일하고 싶다고 대답했다. 전업주부가 매력적으로 느껴진다는 여성은 얼마 되지 않았다. 그들도 생각이 흔들릴 때는 있지만 결국엔 그런 생활에 점점 싫증을 느낄 것을 두려워했다.

무모한 전쟁은 그만

2002년 10월 〈뉴욕〉지 커버스토리에는 '누가 더 훌륭한 엄마인가? 일하는 엄마와 전업주부의 커져가는 갈등' 이라는 헤드라인이 실렸다. 표지엔 정장 차림으로 서류가방을 든 거만해 보이는 여성과 머리가 두 개 달린 어린아이의 사진이 실렸다. 그 아이는 엄마와 마주서서 바라보고 있었다. 물론 그 이미지는 '일하는 엄마' 를 대변하는 것이었다. 반면 전업주부는 필라테스로 다져진 몸매와 근육 잡힌 팔을 자랑하는 자그마한 체구의 금발 여성이었다. 그녀는 소매 없는 운동 셔츠를 입고 허리춤에 무표정한 아기를 데리고 있었다.

잡지를 펼치자 '엄마 대 엄마. 일하는 엄마와 전업 주부 중 누가 더 나은 부모인지, 그리고 누가 더 멋진 성생활을 하는지를 두고 학교 운동장에서 주먹다짐이 벌어지다' 라고 씌어 있었다. 맙소사! 게다가 이 기사는 가정주부가 일하는 여성보다 섹스를 더 자주 한다고 주장 했다. 에너지가 더 많다는 것이 그 이유였다. 그렇지만 요가로 몸매를 다진 그들을 실제로 보았을 때 그들 역시 자신의 삶에 초연하지 못한 것 같았다. 베이비 시터가 있더라도 집에 있는 것 역시 힘들었던 것이 다. 잡지에는 한 전업주부의 다음과 같은 항변이 실려 있었다.

"일하지 않는 엄마는 모순된 용어입니다. 저는 집안일을 열심히 합 니다. 두 아이를 키우면서 건강도 신경 쓰고 있고요."

그 기사는 일하는 엄마들은 너무 바빠서 아이들의 학교 문제나 교 우관계에 대해 전혀 알지 못할뿐더러 섹스를 하기엔 너무 지쳐 있다 고 쓰고 있다. 그리고 헬스클럽에 갈 시간이 없어서 펑퍼짐한 자신의 몸매에도 불만을 가지고 있다고 주장한다. 그 기사는 읽는 것만으로 도 역겨웠다. 그것은 '일하는 것이 너무 일상화 되어 이젠 일하지 않 는 것이 신분을 말해준다' 고 주장하는 뻔뻔하고 편협한 특권층에 대 한 아부에 불과했다. 나는 그 기사를 무시하려고 했고, 그것을 역겨 운 과장으로 치부했다. 하지만 뉴욕에선 전업주부와 일하는 엄마를 대비시킨 이런 식의 풍자만화들이 오랫동안 논쟁을 불러일으켰다.

그래서 여성들은 2년이 지난 지금도 그 기사를 언급하곤 한다.

과연 그것은 언론이 야기시킨 여자들끼리의 말다툼에 불과할까, 아니면 정말 심각한 문제일까? 엄마들은 실제로 놀이터에서 서로 경계를 긋고 있을까? 내가 여성들에게 던진 많은 질문 중 하나가 '엄마들의 전쟁'이 존재한다고 생각하느냐 하는 것이었다. 그에 대한 대답은 다양했다. 어떤 여성은 그런 것이 있는지조차 몰랐다. 하지만 어떤 여성은 전쟁은 이미 시작되었고, 포위공격을 당하고 있다고 말했다.

"엄마들 사이의 전쟁은 텍사스 깊숙한 곳에서도 진행 중입니다"라고 변호사이자 한 아이의 엄마인 어떤 여성이 말했다. 그녀는 최근 뉴욕을 떠나 고향 휴스턴으로 이사를 했다.

"뉴욕에서 전업주부는 최고급 아파트나 다이아몬드 세 개짜리 약혼반지처럼 사회적 지위를 상징합니다. 그들은 자신들의 생각에 사로잡힌 나머지 일하는 엄마들이 가정과 일을 병행할 수 있으며 아이들은 균형 있고 행복하게 키울 수 있다는 가능성을 아예 부정하지요. 하지만 지금 제가 살고 있는 휴스턴에선 전혀 다른 전쟁이 일어나고 있습니다. 그것은 우리 부모님 세대부터 이어져온 전쟁입니다. 많은 남자들은 아내가 일하는 것을 남성다움에 대한 도전으로 생각하고 있어요. 그리고 많은 다른 여성들은 왜 여자들이 일을 하고 싶어 하는지 이해하지 못합니다. 하지만 그들은 맨해튼의 전업주부들과 달리 자신의 생각을 대놓고 표현하진 않습니다."

그런 긴장감은 양쪽 모두에게 해당된다. 몇몇 일하는 엄마들은 전업주부들을 솔직히 무시한다고 인정했다. 코네티컷 교외에서 랍비로 일하는 한 여성은, "좀 심하게 들릴지 모르겠지만 전 하루 종일 집에만 있는 엄마들보다 많은 일을 하고 있다고 느낍니다"라고 말했다.

일을 한다는 이유로 전업주부들이 자신을 존경할 것이라고 믿는 여성도 있었다. 대부분의 엄마들은 이 '전쟁'을 양 진영 모두의 불안과 좌절감에서 비롯된 타오르는 분노 정도로 생각하고 있었다. 한 엄마는 "현재 자신이 가진 것에 만족하는 사람은 아무도 없을 거예요. 바로 그것이 이런 전쟁을 부추기는 요인일 겁니다"라고 말한다.

엄마들 사이의 전쟁을 해결하는 일이 중동 분쟁을 해결하는 것만큼 어려운 일일까? 서로 뭉칠 수 없을 정도로 뜨거운 감정이 양 진영에 그토록 깊이 스며들어 있을까? 전 주지사였던 제인 스위프트는 여성들이 하나로 뭉칠 수 있다고 믿는다. 그녀는 이런 감정싸움에 감정을 갖는 자체가 여성 모두에게 해가 된다고 생각한다. 그것은 엄마들이 직면하는 근본적인 문제를 무시하고 있기 때문이다.

"이런 종류의 전쟁 속으로 깊이 들어가 보면 선택권을 충분히 갖지 못해 좌절하는 사람들이 있습니다. 저는 두 가지 이유에서 '엄마 전쟁'을 부추기는 언론에 화가 나요. 첫째, 남자라면 답할 필요가 없는 질문을 해대며 여성에게만 답을 하도록 강요하고 있습니다. 언론은 엄마들이 어떤 특혜를 받는지, 그리고 여자들이 일정 기간 쉬는 것이 공평한지의 문제를 들고 나옵니다. 둘째, 이런 기사들의 밑바탕엔 모든 사람들에게 선택의 자유가 있다는 가정이 깔려 있습니다. 하지만 현실적으로 대부분의 부모는 둘 다 일을 해야 합니다. 어떤 여성이 내린 결정에 대해 논쟁을 벌일 힘이 있다면 차라리 그 관심을 많은 부모들이 갖지 못한 선택의 자유의 문제를 해결하는 쪽으로 돌리는 것이 낫습니다. 누가 옳고 그른가를 판단하려고 애쓰기보다 좀 더 많은 사람들이 올바른 선택을 내릴 수 있도록 노력해야죠."

스위프트 전 주지사는 자신이 엄마들끼리 싸우게 만들고 여성이 내린 '선택'에 트집을 잡는 이런 악의적이고 이분법적인 논쟁의 희생자일 뿐 아니라 '엄마는 이래야 한다'라는 신화적인 이미지의 희생자라고 느끼고 있다. 그녀는 공직에서 물러났을 때 그런 고정관념이 얼마나 뿌리 깊게 남아 있는지 절감했다. 그녀는 이렇게 말한다.

"만일 남자 후보가 여론 조사에서 형편없는 지지를 받고 엄청난 반대에 부딪쳐 선거를 포기하고는 당과 자신의 주를 위해, 그리고 가족과 더 많은 시간을 보내기 위해 출마하지 않겠다고 발표한다면 모든 언론은 그가 이길 수 없기 때문에 포기했다고 쓸 겁니다. 하지만 제가 연단에 서서 똑같은 말을 했을 때 언론은 제가 좋은 엄마가 될 수 없어서, 혹은 양쪽 모두를 다 가질 수 없어서 출마를 포기했다고 보도했습니다. 성에 대한 고정관념이 발동한 거죠."

간절히 원하면 이루어진다

뎁 버만은 '모든 것을 다 가졌다'는 말에 주눅이 든다. 하루 종일 바쁜 직장에서 성취한 것에 자부심을 느끼며 가족도 소중하게 생각한다. 하지만 내가 만난 대부분의 여성들처럼 '모든 것을 다 가졌다'

라는 말을 좋아하지 않는다. 그 말 속에는 모든 것이 완벽하다는 의미가 담겨 있기 때문이다. 그녀는 정규직으로 일하면서 가정을 꾸리고 아이를 키우는 여성은 결코 완벽할 수 없다고 말한다. 어떤 사람은 훌륭한 산부인과 의사인 뎁이 자학적인 삶을 살고 있다고 말한다.

우리는 뎁의 어린 자녀들이 잠자리에 든 후 전화로 이야기를 나눴다. 대화가 한 시간쯤 흐르자 나는 분만과 출산에 시달리는 그녀의 이야기를 들으면서 놀라움과 피곤함을 동시에 느꼈다. 그러나 정작 나를 가장 놀라게 한 것은 그녀가 모든 일을 정말 능숙하게 할 뿐만 아니라 아주 즐겁게 하고 있다는 사실이었다.

뎁은 사람들이 자신을 왜 '재수 없어' 하는지 잘 알고 있다. 엄청난 스트레스와 살인적인 근무 시간을 자랑하는 산부인과 레지던트 과정을 견디면서 하나도 아닌 두 아이를 낳는 사람이 어디 흔하겠는가? 그러나 미시간 대학에서 4년간 레지던트 과정을 거치면서 그녀는 환자들의 아기를 받을 준비가 됐을 뿐만 아니라 자신의 아기도 가질 준비가 되었다고 생각했다. 그녀는 항상 의사로 일하는 동시에 엄마가 되고 싶었다. 부모님이 성공적으로 일하는 모습을 지켜본 그녀는 훌륭한 역할 모델을 가지고 있었다. 그녀의 아버지는 로스앤젤레스에서 방사선과 의사로 일하고, 그녀의 어머니는 암 연구학자이자 UCLA 대학의 교수이다. 어머니는 일주일 내내 항상 따뜻한 식사를 늘 차려주었고, 그녀나 남동생의 학교 행사에 빠진 적이 한 번도 없었다.

뎁은 엄마 역할과 직장생활을 어떻게 병행할지 계획하면서 병원 교수직 과정을 시작할 때까지 기다리느니 레지던트 과정 때 아기를 낳는 것이 현명한 결정이라고 생각했다. 사실 그녀는 신참내기인 자신이 출산 휴가를 가게 되면 사람들이 자신을 게으르거나 진지하지 않다고 여길까 봐 걱정했다. 그녀는 어머니와의 대화가 임신 시기를 결정하는 데 큰 영향을 미쳤다고 말한다.

"한번은 어머니가 이렇게 말씀하셨어요. '아이를 갖기에 좋은 시기란 절대 없단다. 그렇다고 나쁜 시기도 없고.' 그 말은 제 머릿속을 떠나지 않았습니다."

아기를 갖기에 좋은 시기란 없을지도 모른다. 그러나 뎁의 경우처럼 일주일에 1백 시간 이상 일해야 하는 시기보다는 좀 더 나은 때가 있을 것이다. 그러나 정신과 레지던트였던 남편 리치와 그녀는 일 때문에 주저하기보다는 일단 저지르기로 결심했다. 뎁은 임신하기까지 1년 이상이 걸렸다. 그녀는 레지던트 2년 차 때 아기를 낳고 싶었지만 4년 차로 접어든 지 두 달 만에 아기를 낳았다. 그리고 아들을 낳은 지 3개월 반 후 다시 임신한 사실을 알았다.

"아기를 촉박하게 낳는 것이 그다지 현명한 결정은 아닐 거예요. 하지만 그때 둘째아이를 낳은 게 전 너무나 기뻐요"라고 뎁은 말한다.

뎁의 아이들은 13개월 반 터울이 진다. 뎁과 리치 부부의 빡빡한 일정을 고려한다면 그건 굉장히 힘든 상황이었다. 그러나 뎁에겐 많은 지원군이 있었다. 실제로 그녀의 동기들은 산부인과 레지던트 역사상 아주 특별한 경우에 해당되었다. 아이러니컬하게도 산부인과는 가정을 이루고 싶어 하는 여성들에게 호의적이지 않은 전공 분야이다. 그럼에도 전원 여성이었던 뎁의 동기들은 레지던트 시절에 아이를 낳았다. 그리고 뎁을 포함해 다섯 명 중 세 명이 4년 차 때 둘째아이를 임신했다.

뎁에게 힘든 임신과 두 아이의 출산과 육아, 그리고 살인적인 업무 스케줄을 어떻게 견뎌냈는지 물어보라. 살살 구슬리면 그것이 힘들었다고 솔직히 인정할지 모른다. 그러나 뎁은 불평을 늘어놓는 타입이 아니다. 그녀는 고통과 싸우며 목표에 도달하는 데 익숙한 체조선수 출신이다. 그녀에게 지속적인 집중력과 강철 같은 의지는 기본적인 것이었다. 평행봉 실력 덕분에 전액 체조 장학생으로 미시간 대학에 입학한 그녀가 가정과 직장생활을 균형 있게 잘 헤쳐 나가는 건 어쩌면 당연한 일인지도 모른다.

"제겐 기본적으로 '내가 자진해서 시작한 거야'라는 생각이 있는 것 같아요. 저는 임신이나 건강, 혹은 시간 부족을 불평하지 않습니다. 다만 제가 그다지 건강한 편이 못 되기 때문에 그 점이 힘들었어요. 전신 신경장애를 앓았거든요. 그래서 제 손과 발은 감각이 없습니다. 그런데도 저는 하루에 12시간 이상 일했습니다. 손에 꼭 끼는 장갑을 이중으로 끼어야만 감각이 돌아왔지요. 그리고 임신한 동기들이 모두 출산 휴가를 떠났을 때는 빈자리를 메워야 한다는 점도 정말 힘들었습니다. 손놓고 기다리고만 있을 수 없는 게 바로 산부인과 일이거든요."

분만실 병동의 수석 레지던트였던 뎁에겐 출산일이 다가와도 그것이 일상이었다.

"아들을 낳기 사흘 전엔 배가 정말 남산만 했어요. 어디에선가 갑자기 비명 소리가 들렸을 때 저는 분만실 책상 옆에 앉아 있었어요. 분만 병동에서 그런 비명을 들으면 지체하지 않고 달려가야 해요. 그래서 저는 자리에서 일어나 장갑을 쥐고 소리 나는 방향으로 뒤뚱뒤뚱 걸어갔지요. 그랬더니 현관에 누워 있던 여자가 '아기가 나오려고 해요!' 라며 소리를 지르더군요. 저는 장갑을 끼고 몸을 천천히 바닥에 낮춘 후 제 큰 엉덩이를 바닥에 붙이고 앉았습니다. 그리고 부드럽게 말했지요. '힘을 주세요.' 이미 아기의 머리가 거의 나와 있었어요. 그 순간 제 뒤엔 엘리베이터가 있고, 앞쪽엔 현관홀이 있다는 것을 깨달았습니다. 그녀가 힘을 주자 아기의 어깨가 나왔고 그때 '딩' 하는 소리와 함께 엘리베이터 문이 열리면서 10여 명의 사람들이 내렸습니다. 사람들은 그 끔찍한 광경을 목격했어요. 배가 남산만한 여자가 현관에 앉아 마찬가지로 배가 남산만한 여자의 출산을 돕고 있는 장면을 말이에요. 저는 몸을 부드럽게 돌려 이렇게 말했습니다. '다시 엘리베이터로 돌아가 2층을 누르고 잠깐 위로 올라가 계시겠어요?' 산모는 점점 불안해했고 힘을 주기 위해 제 배를 발로 찼습니다. 그래서 저는 발을 제 배에서 치우라고 말했어요. 당신의 아기를 돌봐줄 테니 당신도 내 아이를 돌봐달라면서요."

뎁은 자신이 아기를 낳을 때까지 수십 명의 아기를 받은 후 분만실로 들어갔다. 그날 그녀는 14시간 동안 서 있었고 다섯 번의 제왕절개 수술을 했다. 지쳤다는 말로는 표현이 부족하다. 남편과 침대로 기어올라가 그녀는 곧 뇌사상태에 빠진 것처럼 잠이 들었다. 그리고 잠에서 깼을 때 침대가 젖어 있음을 알았다. 양수가 터진 것이다. 그녀와 남편은 방금 떠나온 분만 병동으로 향했다. 뎁은 결국 5주 일찍 아들을 낳았다. 그녀가 8주간의 출산 휴가를 보내고 직장에 복귀하자 이번엔 남편이 두 달간 육아 휴가를 받았다. 열성적인 모유 수유론자인 뎁은 두 번째 임신 기간 내내 첫아들에게 수유를 했고, 이제 10개월이 된 둘째아이에게도 모유를 계속 먹이고 있다.

"무엇인가 간절히 원할 때 그 일이 실제로 일어나는 것을 보면 정말 놀랍습니다. 저는 집에 큰애가 있고, 둘째아이를 임신한 상태에서 일주일에 1백10시간씩 일해야 했어요. 아기들을 받는 사이사이에는 젖을 짰고요. 한번은 어머니가 로스앤젤레스에서 오셔서 병원을 방문했을 때 저는 여직원들이 '젖방'이라고 부르는 수유실에서 양쪽 가슴에 유착기를 댄 채 컴퓨터로 타이핑을 치고 있었어요. 어머니가 들어오시자 저는 '오셨어요'라고 인사했지요. 어머니는 깜짝 놀라셨고, 걱정스러운 표정을 지으셨습니다."

현재 뎁은 대학을 졸업하고 미시간 의대에서 학생들을 가르치고 있어 아직 레지던트 과정에 있는 남편보다 시간이 많은 편이다.

"그래도 전보다는 좀 느슨해진 편이죠"라고 뎁은 웃으며 말한다. 뎁은 아침 7시 30분에 두 아이를 근처 놀이방에 내려준다. 그러고 나서 학생들을 가르치거나, 수술을 하거나, 환자를 진찰하거나, 아기를 받기 위해 병원으로 출근한다. 뎁과 남편은 저녁 6시에 함께 아이들을 데리러 간다. 저녁 6시부터 8시까지는 온전한 가족 시간이다. 저녁을 먹고, 함께 놀고, 목욕을 하고, 아이들을 재운다.

"사람들은 우리 집에 베이비 시터나 가정부가 없다는 사실에 기겁을 합니다. 아이들을 놀이방에 맡기는 것을 미쳤다고 생각하는 것 같아요. 제가 매일 일하러 가기 전에 아이들을 놀이방에 내려준다는 걸 상상하기 힘든가 봐요. 아이들을 놀이방에 보내는 것도 이러쿵저러쿵 말이 많은 것 같고요. 하지만 우린 그곳을 좋아하고 존중합니다. 그리고 그들도 우리 가족이라고 생각해요. 저는 근처에 사는 가족이 없기 때문에 여러 가지 면에서 힘이 듭니다.”

뎁은 자신과 같은 생활방식을 비판하는 전업주부들이 있다는 것을 알고 있다. 그래서 그녀는 다른 여성들에게 어떤 식으로 삶을 꾸려나가야 하는지 쉽게 충고하지 않는다. 그러나 그녀 자신은 현재 생활방식에 아주 만족하고 있다.

“저희 어머니는 남에게 함부로 충고하지 말라고 말씀하셨어요. 그래서 제 방식을 다른 사람에게 늘어놓지 않죠. 아마 우리집에 빨랫감이 쌓여 있고, 방구석에 먼지 뭉치가 떠다니는 것은 아무도 모를 거예요. 전 이 방식이 옳은지 그른지는 잘 모르겠습니다. 다만 현재로선 별 문제 없습니다. 만약 문제가 생기면 그때 다시 생각해보렵니다.”

뎁은 자기네 부부가 아이들과 보내는 저녁 시간을 소중히 여기며 가족과 보내는 주말을 에너지 충전 시간으로 생각한다고 말한다.

“일을 할 때는 정말 일만 해요. 집에 있을 때는 철저히 집만 생각하고요. 남편은 제 행복과 역할에 꼭 필요한 사람이에요. 저는 육체적으로나 정신적으로나 현재 하는 일에 집중하는 것이 중요하다고 생각합니다. 산더미 같은 빨랫감이 쌓여 있어도 아들과 마룻바닥에 앉아 두 시간 동안 성냥갑 자동차를 가지고 노는 쪽을 전 선택할 겁니다. 시간은 너무 빨리 흐르기 때문에 몇 년 후면 제 아들도 엄마와 바닥에서 앉아 자동차 놀이 같은 것을 하고 싶어 하지 않겠죠.”

뎁은 지금 논문을 제출할 준비를 하고 있다. 또 향후 3년간 까다롭다는 조산 분야의 연구원 과정을 밟을 것도 고려 중이며, 운동을 다시 해서 임신 전 몸매를 회복하려고 노력한다. 또한 그녀는 남편과 영화도 보러 가고 칵테일파티에도 참석할 수 있도록 베이비 시터를 고용할 생각이다. 두 사람은 지난 2년 동안 단둘이 외출해본 적이 없다. 뎁은 자신에게 가장 힘든 것이 일을 줄이는 것이라고 말한다. 항상 일이 넘치기 때문이다.

“우리는 잠자리에 들어서도 ‘내일 의학서적을 읽어야 하는데, 논문의 연구 초본을 시작해야 하는데, 빨래를 해치웠어야 하는데……’ 하고 생각합니다. 그것이 제가 늘 씨름하는 일상생활이죠. 하지만 전반적으로 저는 아주 행복합니다. 건강한 두 아이가 있고 제가 정말 좋아하는 일을 하고 있으니까요. 그건 축복이죠. 우리가 제대로 하고 있는지는 모르겠지만 못하고 있다고는 생각하지 않습니다.”

관행의 값비싼 대가

내가 서른여섯 살의 사만다 골드먼을 만났을 때 그녀는 하루 종일 기다리던 중요한 전화 통화를 하고 있었다. 소아과 의사와 세 살배기 딸아이의 용변 가리는 문제를 상담하고 있었던 것이다. 사만다가 소아과 의사와 상담을 하는 것은 모순이 아닐 수 없다. 작년까지만 해도 그녀 자신이 소아과 의사가 되기 위해 공부를 하고 있었기 때문이다. 사실 의사는 사만다가 꿈꾸던 직업은 아니었다. 하지만 그녀는 다른 사람을 돕는 일을 좋아했다. 스탠퍼드 대학 시절에는 학대받는 여성들을 위한 쉼터에서 일했고, 아이들을 가르치거나 동료들에게 상담을 해주었다. 그러다가 대학 졸업 후에는 월스트리트에서 일을 했다. 하지만 그녀는 곧 단순히 돈을 버는 일이 자신을 만족시키지 못한다는 사실을 깨달았다. 그녀는 세상을 변화시키는 일을 하고 싶었다. 그러던 차에 소아과 의사라는 직업이 매력적으로 다가왔다. 그래서 학교로 돌아가 의예과 수업을 들었고, 나중에 의과대학에 지원했다. 대부분의 학생들보다 나이가 많았던 사만다는 스물아홉의 나이에 미국에서 가장 권위 있는 대학 중 한 곳에서 의학 공부를 시작했다.

"동료나 선배들에게 일과 가정생활을 병행할 수 있는 방법에 대해 물어보면 다들 이렇게 대답하더군요. '의과대학 3학년 때 임신을 해야 해요. 4학년이 되면 시간이 많거든요. 그리고 나서 레지던트 과정을 시작하고 그 사이에 다시 아기를 낳으면 돼요.' 저는 그 말을 철석같이 믿었습니다. 마치 임신과 관련된 모든 것을 완벽하게 통제할 수 있는 것처럼요. 하지만 3학년 때 유산을 하면서 처음으로 난관에 부딪쳤습니다. 그 순간 '이 문제는 내 생각대로 풀리지 않겠구나' 싶었지요."

얼마 후 사만다는 다시 임신을 했고 의과대학 4학년 때 성공적으로 출산했다. 딸아이가 3개월이 됐을 때 그녀는 교대근무 순서에 따라 정신과에서 일하게 되었다. 그때 두 대의 비행기가 세계무역센터에 부딪쳤다.

"그때 저는 정신과 환자들과 완전히 격리된 층에 있었습니다. 우린 TV를 보고 있다가 두 번째 건물이 붕괴되는 장면을 목격했지요. 건물이 무너지는 광경을 보면서 그것이 그리 멀게 느껴지지 않았습니다. 그리고 환자들을 보니 이런 생각이 들더군요. '내가 살고 있는 세상은 어떤 곳인가? 나는 지금 정신병자들 속에서 살고 있지 않은가? 세계무역센터를 폭파한 것도 이런 정신병자나 할 수 있는 일이 아니겠는가?' 저는 그 경험을 바탕으로 이렇게 생각했습니다. '잠시 숨 좀 돌려야겠어. 난 내 아기도 제대로 보지 못하면서 살고 있잖아. 1년간 쉬면서 내가 무엇을 원하는지 찾아보자' 라고요."

하지만 사만다는 안식년이 시작되기 전에 둘째아이를 가졌다. 의과대학에서 보낸 마지막 날이자 둘째아이를 임신한 지 22주째 되던 날 사만다는 소아과 병동에 있었고, 갑자기 출혈이 시작됐다. 분만병동에 입원한 그녀는 목숨이 왔다 갔다 하는 상황에서 10주 동안 침대에 누워 있어야 했다.

"제 생명이 위험했습니다. 아기의 생명도 위험했고요. 제가 얼마나 오래 임신 상태를 지속할 수 있을지 도무지 알 수 없었습니다. 침대에 누워서 쉬면 괜찮아지는 상황이 아니라 매일 아기가 무사하도록 기도해야 하는 절박한 상태였죠. 어느 누구도 아기가 25주에서 30주 사이에 나온다면 마냥 기뻐할 수만은 없을 겁니다. 게다가 그 일은 제 큰딸에게 엄청난 충격이었습니다. 저와 남편 모두 집에 없었기 때문이지요. 남편은 매일 밤 병원에서 제 곁을 지켰습니다. 그동안에는 시집 식구들이 집에 와서 큰애를 돌봐주었죠. 제가 아기를 낳을 때 병원 측에서 이렇게 말했습니다. '당신은 죽을 수도 있어요. 출혈이 심해 수술 도중 사망할 수도 있다는 사실을 알려드립니다.' 그들은 분만이 아니라 수술이라고 표현했습니다."

사만다의 딸은 두 달 먼저 태어나긴 했지만 의사들도 놀랄 정도로 아주 건강했다. 사만다는 출산 후 대수술을 받았고, 2주 후에는 딸과 함께 기적적으로 퇴원할 수 있었다.

"아기보다 제 상황이 더 나빴습니다. 퇴원했을 때 정신적인 충격이 너무 컸어요. 집으로 돌아온 후 저는 의과대학에 있는 모든 사람들에게 조언을 구했습니다. 레지던트 과정에 지원하는 문제를 어떻게 처리해야 할지 모르겠다고요. 다들 지원해야 한다고 하더군요. 모두 아기가 있다는 말은 꺼내지도 말라고 충고했죠. 저는 모든 것이 잘될 거라고 생각했습니다."

사만다가 레지던트 과정을 시작했을 때 그녀의 딸들은 두 살 반과 한 살이 채 안 된 상태였다. 사만다에게 할당된 첫 번째 근무 부서는 소아 장기 이식 병동이었다. 사만다는 근 세 달 동안 환자로 누워 있었고, 자신만의 생활은 거의 없었던 데다가 집에 어린 두 아이가 있었던 상태라 감정적으로 탈진해 있었다. 정신없는 스케줄에 따라 일하는 레지던트 생활이 너무 벅차다는 것을 그녀는 곧 깨달았다.

"저는 매일 아침 6시 30분에 병원에 도착해서 저녁 7시에 집으로 돌아오곤 했습니다. 레지던트 과정 2주째에 접어들었을 때 작은딸의 첫 생일이 돌아왔죠. 그래서 저는 아이가 잠들기 전에 집으로 돌아가게 해달라고 애원해야 했습니다. 그 순간 내 아이는 돌보지 않으면서 남의 아이는 돌본다는 것이 미친 짓처럼 여겨졌어요. 불현듯 '이젠 이 일을 할 수 없어. 더 이상 하고 싶지 않아' 하는 생각이 들더군요."

사만다는 레지던트 책임자에게 이 과정이 너무 힘들어서 더 이상 할 수 없을 것 같다고 말했다. 책임자는 제정신이 아니라면서 정신과 의사와 상담해볼 것을 권했다. 그러자 정신과 의사는 그녀의 감정이 너무나 당연한 것이며 레지던트 책임자에게 이야기하면 시간을 좀 더 유연하게 사용할 수 있게 해줄 거라고 말했다. 그러나 그들은 양보하려 하지 않았다. 그녀에게 계속 공부할 수 있을지 스스로 결정하라며 며칠간 말미만 주었을 뿐이다. 결국 몇 주 후 사만다는 병원을 그만두었다.

사만다가 소아과 레지던트 과정을 그만둔 지 1년이 조금 지났다. 하지만 그녀는 여전히 죄책감과 불안함, 수치심 같은 것으로 괴롭다. 그녀는 가족을 위해 최선의 결정을 내렸음을 알기에 학교를 그만둔 것을 후회하지는 않지만 그럼에도 자신의 존재감과 계속 싸우고 있다.

"저는 아주 힘든 시간을 보냈습니다. 늘 일이 먼저인 삶을 살았죠. 그런데 나이 차이가 얼마 나지 않는 두 아이의 엄마로 다시 바쁜 시간을 보내게 된 겁니다. 저는 명쾌한 균형을 찾지 못했습니다. 제가 힘든 것도 바로 그 때문이에요. '왜 어떤 여성들에겐 그것이 그렇게 힘들지 않을까? 왜 그들은 아이들과 오래 떨어져 있어도 걱정하지 않을까? 직업이 없다는 것을 전혀 개의치 않는 여자들은 왜 그럴까? 어떻게 걱정하지 않을 수 있을까?' 하는 의문이 끝없이 들었지요. 저는 일을 그만둔 것이 정말 불안했습니다. 일은 제 정체성과 연관이 있으니까요. 저는 소아과 의사가 되려고 했습니다. 많은 사람을 돌보는 일이지요. 그런 식으로 세상에 보답함으로써 기분이 좋아질 것 같았습니다. 그것은 제가 어떤 사람인지를 말해주는 핵심이었죠. 하지만 소아과 의사를 포기한 지금 전 이제 어떻게 세상 사람들을 도울지, 그리고 내가 어떤 사람인지 잘 모르겠습니다."

사만다는 심리학 박사 과정을 마치지 못한 게일 그린버그와 경우가 비슷하다. 게일처럼 사만다도 정체성을 찾고 있었다. 그녀는 6년 동안 매진했던 소아과 의사 대신 할 수 있는 일을 찾고 있었다. 사만다는 항상 무엇이든 할 수 있다고 생각했기 때문에 학업을 끝내지 못했다는 사실을 받아들이기 힘들었다. 그녀는 모든 것을 자기 탓으로 돌렸다.

"제게 조언해주던 주변 사람들에게 일을 그만둘 거라는 이야기를 꺼내기까지 한 달이 걸렸습니다. 제가 일을 할 수 없다는 사실이 너무 창피했거든요. '나는 왜 이걸 할 수 없지? 반드시 할 수 있어야 하는데 도대체 뭐가 잘못된 거지?' 라는 생각이 들었습니다. 스스로 선택을 내리긴 했지만 그것이 전혀 선택처럼 느껴지지 않았어요. 제가 그 일을 할 수 없다고 느껴졌을 뿐이죠. 도저히 그 문제를 어떻게 해결해야 할지 몰랐습니다."

《서른에 찾아온 중년의 위기Middlelife Crisis at 30》의 저자인 케리 루빈에 따르면 오늘날 젊은 여성들은 일과 엄마 역할을 병행하지 못하는 이유가 직장 구조나 직업적인 특성이 아닌 개인적인 문제로 생각하기 때문에 자신을 비난한다고 했다.

"20~30대 여성들은 무엇이든 가능하다고 배웠던 '걸 파워' 메시지를 왜곡하여 받아들입니다. 전례 없는 기회를 물려받은 세대임에도 불구하고 여전히 존재하는 진정한 장애물을 극복하지 못한 자신을 조용히 탓하는 거지요. 비슷한 시점에서 유사한 장애물을 만난 젊은 여성들은 베이비 붐 세대 여성들이 젊은 시절에 그랬던 것과 달리 '시스템'의 잘못된 점에 항거하기 위해 힘을 모으지 않습니다. 대신 X세대, Y세대 여성들은 '내게 무슨 문제가 있는 거지?' 하며 스스로에게 반문하죠."

사만다는 다음 단계를 모색하고 있다. 그녀는 의사지만 진료를 할 수 없다. 그녀에겐 모범으로 삼을 만한 전례가 없다. 그래서 혼자 힘으로 길을 개척하려고 노력한다. 현재 그녀는 연구직에 있는 내과의사와 함께 일을 하고 있으며, 곧 몇 편의 논문도 발표할 예정이다. 그녀는 또한 심리학 박사 학위를 받기 위해 몇 년 후 학교로 돌아갈 계획도 검토하고 있다. 병원 환자들과 진행했던 임상심리학 분야에 매력을 느꼈기 때문이다. 그녀의 이러한 관심은 자신도 환자였던 경험에서 비롯된 것이다.

"사람들은 말합니다. '3년 후에 돌아가서 레지던트 과정을 마치는 게 어때?' 라고요. 하지만 잘 모르겠습니다. 아마도 다른 일과 병행할 수 있는 레지던트 과정이나 파트타임 과정이 있다면 가능할 수도 있겠죠. 예전에는 실제로 이런 과정이 소아과에 있었습니다. 하지만 제가 바라는 것은 3년 후에 나를 흥분시킬 만한 일을 발견하여 한때 제가 레지던트 과정을 끝마치지 못해 소아과 의사가 되지 못했다는 사실을 무덤덤하게 여기는 겁니다."

사만다는 엄마 역할이 자신의 허를 찌른 느낌이었다고 말한다. 아이를 낳아도 그다지 어렵지 않은 것처럼 말한 다른 사람들의 이야기대로 자신도 모든 과정을 수월하게 따라갈 수 있을 것이라 생각했다. 그러나 삶은 때때로 우리의 계획과 전혀 다른 방향으로 전개된다. 위험했던 두 번째 임신과 뒤이은 조산, 잔혹한 업부 스케줄 그리고 엄마 역할을 둘러싼 갈등이 그녀의 인생 경로를 바꾸어놓았다. 그리고 그것은 스스로를 놀라게 하는 동시에 두렵게 만들었다. 내가 만난 다른 여성들처럼 그녀 역시 딸들에게 자신이 한 번도 듣지 못한 충고를 해주고 싶다고 말했다.

"저는 아이들에게 자신이 원한다면 일을 할 수 있다고 가르치고 싶습니다. 그들에게 만족스러운 일을 할 수 있음을 보여주는 것은 중요하죠. 그렇다고 의사나 대법원 서기관이 될 필요는 없습니다. 아이들은 자신에게 무엇이 합당하고 자신의 삶에 어떤 일이 적합한지 찾아야 할 거예요."

사만다는 지금도 자신의 삶을 합리적으로 살기 위해 애쓴다. 그녀는 여러 직업을 두루 맛보고 싶진 않다. 그녀는 일관된 경력을 원한다. 그것이 어떤 일이 될지는 아직 모르지만 말이다.

"저는 여자들도 자신이 진정 원하는 일을 하고 싶어 한다고 생각합니다. 그리고 엄마 역할을 희생하지 않는 방식으로 그 일을 해야 한다고 생각해요. 그것이야말로 우리 모두가 해결해야 할 과제입니다."

뎁과 사만다는 두 아이를 키우며 의사가 되는 방법을 찾다가 전혀 다른 경험을 했다. 그렇다면 한 여성이 다른 여성보다 더 성공한 것일까? 한 엄마가 다른 엄마보다 더 나은 엄마일까? 삶을 비교하는 것은 불가능하고 불공평한 일이다. 내가 다른 사람들의 얘기를 통해, 그리고 내 경험을 통해 배운 것이 있다면 그것은 각자 해결하는 방식이 다르다는 것이다. 한 엄마에게는 효과적인 방식이 다른 엄마에겐 불편하게 느껴질 수 있다. 직장과 가정생활이 균형을 이루는 비율은 아이의 나이와 일의 강도, 가족과 남편의 상황에 따라 달라질 수 있다. 우리 모두는 아이들을 사랑한다. 그러나 우리가 아이들로부터 원하는 것과 일을 통해 얻고자 하는 것, 그리고 우리가 제정신을 유지하기 위해 필요한 수면 시간은 극히 개인적인 것이다. 사만다의 경우 기존의 방식을 따랐던 것이 도움이 되지 않았다. 그녀의 현재 목표 중 하나는 미국의학협회와 협의하여 보다 많은 엄마들이 효율적으로 시간을 관리할 수 있도록 파트타임 레지던트 코스를 선택 과정으로 만드는 것이다. 현재는 극소수의 대학만이 파트타임으로 레지던트 과정을 이수할 수 있도록 허용하고 있다.

"현 시스템은 여성들을 수용하는 방법에 별 관심이 없는 남자들이 운영하는 것입니다. 그렇기 때문에 능력 있는 여성들이 제대로 실력 발휘를 하지 못하는 경우가 많지요."

여자의 삶은 지그재그 인생

전 미 국무장관인 매들린 올브라이트는 1997년, 〈타임〉지 기자에게 이렇게 말했다.

"여성의 삶은 직선으로 진행되지 않습니다. 언제나 지그재그로 움직이지요."

아마도 현대 미국 역사상 올브라이트 장관만큼 인생을 성공적이고 우아하게 지그재그로 산 여성도 없을 것이다. 미국 역사상 최고의 자리에 오른 여성인 올브라이트는 세 아이가 학교에 들어가고 나서 서른아홉 살이 될 때까지 학계나 정치계에서 보수를 받으며 일해본 적이 없다. 그녀는 2003년 〈모닝 매거진〉지에 다음과 같이 털어놓았다.

"집에 있으면서 제가 하고 싶은 일이 정말 무엇인지 고민했습니다. 많은 사람들은 저를 이상한 여자로 생각했어요. 그 나이의 여성들은 대부분 전업주부가 되어 아이들과 집에 있기 때문이었지요. 그런 면에서 오늘날의 상황은 다소 뒤바뀌었다고 볼 수 있습니다."

올브라이트의 딸들도 현재 모두 엄마이고, 셋 다 직업을 가졌지만 각자의 일정대로 살고 있다. 세 딸 중 둘은 변호사이고 한 명은 은행가이다. 두 변호사 딸 중 한 명은 좀 더 여유 있는 시간을 갖기 위해 다른 여성 파트너와 법률 회사를 차렸다. 다른 딸은 풀타임으로 일하면서 여기저기 출장을 다닌다. 또 다른 딸은 출산 휴가 이후 융통성 있게 일하고 있다.

NBC 방송 〈데이트 라인〉의 프리랜서 프로듀서이며 세 아이의 엄마인 린 켈러(40세)는 이렇게 말한다.

"올브라이트를 보면 우리도 일의 압박에서 자유로울 필요가 있다는 생각이 듭니다. 반드시 20~30대에 모든 것을 성취할 필요는 없어요. 40대 이후에도 삶은 계속되니까요. 그리고 우리는 무엇이든 선택할 수 있습니다. 제가 다음 단계로 가기 위해 조바심을 내지 않는 건 지금이 처음입니다. 저는 늘 당장 다음에 해야 할 일을 계획하며 살아왔는데 말이에요. 하지만 지금은 한 가지 일에 정착한 것이 너무나 행복해요."

대부분의 여성들은 남자들처럼 일직선으로 움직이지 않는다. 임신과 육아라는 현실적인 문제가 전혀 예측하지 못한 방식으로 직장생활에 영향을 주기 때문이다. 그것은 다양한 직업 사이를 지그재그로 오가고, 사업을 시작하고, 학교로 돌아가고, 한동안 가정에 머무는 것을 의미하기도 한다. 오늘날 여성들은 일하는 엄마라는 패러다임을 다차원적인 삶에 맞도록 재창조하고 있다.

나는 일하는 엄마들에게 이상적인 상황이란 과연 어떤 것인지 또다시 궁금해졌다. 그래서 인터뷰를 한 모든 여성들에게 이 질문을 던졌다. 그러자 모두들 좀 더 유연한 업무 일정이나 파트타임을 원한다고 대답했다. 어떤 여성은 일주일에 닷새간 아이들이 학교에 가는 오전 9시부터 오후 2시까지 일하는 것이 가장 이상적이라고 말했다. 또 어떤 여성은 일주일에 사흘씩 풀타임으로 일하는 쪽이 더 좋다고 대답했다.

직장생활을 하는 엄마들은 거의 만장일치로 자신의 경력을 포기하고 싶지 않으며 다만 다른 식으로 일하고 싶을 뿐이라고 말했다. 퓰리처상을 수상한 경제 전문기자이자 작가인 앤 크리텐든은 아기를 낳은 후 여자들이 다른 식으로 일을 하고 싶어 하고, 또 그렇게 하는 것이 합리적이라고 말한다. 그녀는 직장에서 시간을 유연하게 쓸 수 있다면 엄마들 삶의 질이 향상될 뿐만 아니라 실제로 경제에도 득이 될 것이라고 믿고 있다.

"많은 여성들은 주당 근무일을 줄이고 싶어 합니다. 그렇게 되면 많은 문제들이 해결될 거예요. 자신들이 배운 일을 하면서도 힘들게 오래 일하지 않아도 되지요. 그리고 제가 보기에 그것은 실현 가능합니다. 직원들은 사서 고생하고 싶어 하지 않습니다. 짧은 시간 내에 일하려면 다른 사람에게 일을 위임해야죠. 그렇게 되면 좀 더 많은 여성들에게 선택의 기회가 돌아가고 여성의 수입과 가정의 수입이 높아질 수 있습니다. 그리고 미국 전체에 더 많은 돈이 돌게 될 거고요. 소비자 경제에선 여성이 많은 선택권을 갖고 있습니다. 하지만 가장 중요한 부분이라고 할 수 있는 일 문제에 있어서는 여성에게 거의 선택권이 없다는 것은 엄청난 모순입니다. 그러므로 우리는 노동 구조의 선택의 폭을 넓혀야 해요. 지금까지의 모든 규칙은 육아를 하지 않는 사람들을 위해 만들어진 것이었죠. 그러므로 아이를 기피하는 사회가 되길 원치 않는다면 육아를 직접 담당하는 사람들이 새로운 규칙들을 만들어야 합니다. 요즘은 높은 교육을 받은 여성일수록 아이를 낳지 않으려고 하지요. 육아가 너무 큰 부담이 되니까요."

엄마의 더 나은 삶을 위하여

　1959년, 니타 로위(67세)가 매사추세츠에 있는 마운트 홀리요크 대학을 졸업했을 때는 시대가 지금과 전혀 달랐다. 로위의 동기 중에서는 단 세 명의 여학생만이 법대에, 그리고 소수의 여학생만이 의대에 진학했다. 그녀는 광고회사에 취직했고, 결혼을 하고 몇 년 후에 일을 그만두었다. 그리고 아기를 낳았다. 하지만 로위는 그냥 집에서 살림만 하고 있지 않았다. 그녀는 우연한 기회에 이웃에 살던 마리오 쿠오모 전 뉴욕주지사와 가까이 지내게 됐고, 퀸즈 지역의 정치계에서 정신없이 바쁘게 활동했다. 전국학부모협회 회장이자 세 아이의 엄마이며 여섯 명의 손자를 둔 로위는 워싱턴에서 가장 막강한 인물 중 한 명이다. 그녀는 민주당 지도부의 일원으로 일했고, 민주당 국회 선거위원회의 회장을 역임한 8선 국회의원이다.

　나는 그녀가 강철 같은 이미지일 것이라고 생각했다. 하지만 직접 만나본 그녀는 아주 온화해 보였다. 그러나 워싱턴 정계 사람이라면 누구나 알고 있듯이 로위는 맹렬한 정책입안자이자 자금 모금원이며, 국회에서 가장 영향력 있는 사람 중 한 명이다.

　나는 그녀가 현재의 위치에 오르게 된 과정 때문에 그녀에게 매료되었다. 로위는 타고난 정치가임에 틀림없다. 하지만 50세가 될 때까지는 출마를 해본 적이 없는 그녀였다. 사실 로위는 막내가 아홉 살이 될 때까지 보수를 받는 어떤 일도 해본 적이 없다.

"저는 동시에 모든 일을 한다는 것이 아주 어렵다고 생각해요. 그러나 인생은 하나의 사이클입니다. 제게는 아이들을 키우는 일이 가장 중요했습니다. 아이들이 어렸을 때 이 일을 했다면 아주 힘들었을 거예요."

나는 열정적이고 야망이 큰 로위에게 집에서 아이들을 키우는 일이 만족스러웠는지 물어보았다. 그러자 그녀는 잠시 생각에 잠기더니 그렇다고 대답했다. 하지만 또다시 잠시 말을 멈추고는 이렇게 덧붙였다.

"당시 제가 지금과 같은 국회의원이 될 줄 알았다면 모든 일에 훨씬 여유가 있었을 겁니다. 당시엔 무슨 일을 하고 싶은지 몰라서 초조했거든요."

그 후 몇 개월간 그녀의 말이 내 머릿속을 떠나지 않았다. 나는 많은 엄마들이 불안감을 느끼는 것은 자신이 어디를 향해 가는지 모르기 때문이라고 생각한다. 특히 일을 줄이거나 직업을 바꾸거나 직장을 완전히 그만둔 경우 더욱 그렇다. 우리가 미래를 볼 수 있고 자신이 바라는 대로 모든 일이 풀릴 것이라고 가정해보자. 로위의 경우처럼 국회에서 가장 막강한 인물이 될 것임을 알았다고 해보자. 그렇다면 아마 우리는 인생의 여정을 제대로 평가하고 아이들의 어린 시절을 받아들이며 우리의 직업적, 경제적 미래가 위험에 빠질 걱정은 하지 않을 것이다. 정해진 인터뷰 시간이 끝나고 다음 모임을 위해 선거인들 사이를 빠져나가면서 그녀는 부드러운 미소를 지으며 말했다.

"아이들과 즐거운 시간을 보내세요. 어린 시절은 한때뿐이니까요."

나는 그것이 마음에서 우러나온 할머니의 진심 어린 충고라는 것을 안다. 하지만 사람들이 내게 그런 말을 하는 것이 정말 싫다. 그것은 순간을 소중히 여기라는 강요처럼 느껴지고, 내가 아이들을 충분히 아끼지 않는다는 불안감을 주기 때문이다. 내가 일 때문에 죄책감을 느낀다거나, 가능한 한 많은 일을 해야 한다는 사실에 화가 나는 것도 한 가지 이유이다.

하지만 한 걸음 뒤로 물러나 생각하면 아이들과 즐거운 시간을 보내는 것이 내 일을 즐길 수 없다는 의미는 아닐 것이다. 나는 계속 성장해야 하고, 자신에게 도전해야 한다. 엄마 역할에 완벽한 만족감을 느끼지 못하는 나 자신을 변명하거나 창피함을 느끼는 것이 나는 진저리가 난다. 내가 만난 대부분의 여성들처럼 나도 뇌가 좀 더 창조적으로 움직일 때 더 행복하고 나은 엄마가 될 수 있다고 생각한다. 전업주부 역할에 100% 만족하는 여성도 있다. 그러나 내가 만난 여성들은 역동적인 일을 원했다. 동기 부여가 되고 에너지를 주는 일, 가정생활과 분리된 다른 어떤 일을 말이다. 나처럼 그들도 임신하는 동안 직장에 계속 나가고 싶었다. 그것은 부끄러운 일이 아니다. 그리고 그것은 불가능한 일도 아니었다. 모든 것을 조금씩 가져 나가는 것이 중요한 것도 바로 이런 이유 때문이다.

옮긴이 _ 한은숙

연세대학교 독어독문학과, 고려대학교 신문방송학과 졸업. 〈쉬즈〉, 〈엘르〉, 〈바자〉 등의 잡지에서 영어와 독일어 번역 작업을 했다. 번역서로 〈올림포스 산의 신들〉, 〈우리는 하루의 1/3을 물건 찾는 데 허비한다〉 등이 있다.

에코의서재

성공한 엄마들은 어떻게 그 많은 일을 했을까?

지은이 | 웬디 삭스
옮긴이 | 한은숙

1판 1쇄 펴낸날 | 2006년 5월 25일
1판 2쇄 펴낸날 | 2008년 6월 20일

펴낸이 | 조영희
편집 | 이한나
외부교정 | 전남희
디자인 | 나무디자인 정계수

펴낸곳 | 에코의서재
주소 | 서울시 마포구 서교동 395-180 서주빌딩 201호
전화 | (02)720-7875
팩스 | (02) 6365-6924
출판등록 | 2005년 1월 20일 제300-2005-62호

ISBN 89-956889-4-7 03320

* 책값은 뒤표지에 있습니다.